大学生职业规划
与就业指导教程

DAXUESHENG ZHIYE GUIHUA
YU JIUYE ZHIDAO JIAOCHENG

◎ 胡沿林／主编

东北师范大学出版社
长 春

图书在版编目（CIP）数据

大学生职业规划与就业指导教程 / 胡沿林主编.
—长春：东北师范大学出版社，2023.7
ISBN 978 - 7 - 5771 - 0384 - 6

Ⅰ.①大…　Ⅱ.①胡…　Ⅲ.①大学生－职业选择－高
等学校－教材　Ⅳ.①G647.38

中国国家版本馆CIP数据核字（2023）第 132563 号

□策划编辑：石　斌
□责任编辑：刘　颖　□封面设计：张　然
□责任校对：石　斌　□责任印制：许　冰

东北师范大学出版社出版发行
长春净月经济开发区金宝街 118 号（邮政编码：130117）
电话：0431—84568023
网址：http：∥www.nenup.com
东北师范大学音像出版社制版
吉林市海阔工贸有限公司印装
吉林市恒山西路花园小区 6 号楼（邮政编码：132013）
2023 年 7 月第 1 版　2023 年 7 月第 1 次印刷
幅面尺寸：185mm×260mm　印张：12.5　字数：274 千

定价：39.00 元

前　言

近年来，我国高校毕业生人数连年攀升，就业竞争日趋激烈，这就要求各高校把握新发展阶段，贯彻新发展理念，构建新发展格局，加强大学生职业生涯规划与就业指导教育。面对就业竞争，大学生必须提早做好准备，迎接挑战，更深入地了解自我、了解职业世界，提高自己的综合能力和职业竞争力，从而使自己获得更好的发展。

本书契合当前大学生就业的新形势和就业指导工作的实际需要，按照大学生职业生涯规划教育的逻辑关系布局谋篇，力图构建起比较完整的课程内容体系。全书分为规划谋职、应聘求职和上岗入职三个模块，共有九个任务，分别是认识职业生涯规划、认识自我、认识职业世界、职业生涯决策、制定与实施职业生涯规划、准备就业、制定求职策略、保障合法就业权利、提升就业能力。

本书在编排上注重理论与实践相结合，突出实践环节，分别设置了学习目标、拓展阅读、经典案例、课后拓展等特色板块，旨在提高学生的学习兴趣，通过可读性强的材料，延伸介绍相关知识，拓展学生的知识面，促使学生用正确、科学的世界观、人生观和价值观进行对自我需要和他人需要的认知，树立正确的择业观，从而明确自己更为崇高的人生使命和更为远大的人生目标，满足国家建设和社会发展的需要，激发服务国家的情怀。

本书可作为普通高等院校大学生职业规划与就业指导课程的教材，还可供职业指导、咨询与培训机构从业人员学习和参考。

本书在编写过程中参阅了大量文献资料和职业规划与就业指导教材，还参考借鉴了许多专家学者的研究成果，在此，谨向相关作者致以衷心的感谢！

由于作者水平有限，书中难免存在不足之处，敬请专家及广大读者批评指正。

编　者

目　录

模块一　规划谋职

模块二　应聘求职

模块三　上岗入职

模块一
规划谋职

GUIHUA MOUZHI

任务一 认识职业生涯规划

任务一

学习目标

1. 对职业与职业生涯有初步认识。
2. 了解职业生涯发展的相关理论。
3. 熟悉职业生涯规划的步骤。
4. 明确职业生涯规划的意义，了解职业生涯规划的常见误区。

子任务一 了解职业与职业生涯

一、职业

（一）职业的含义

在汉语中，"职"指职务，即执掌之事，《尚书·周官》中有所谓的"六卿分职"；"业"指业务，包含学习的内容或过程。我国古代把要做的事刻到木棒上，呈锯齿状，每个锯齿代表一件事，每完成一件事就去掉一个锯齿，名曰"修业"。"职业"一词连用，曾见于《史记·孔子世家》："昔武王克商，通道于九夷百蛮，使各以其方贿来贡，使无忘职业。""职业"一词在《现代汉语词典（第7版）》中的解释为："个人在社会中所从事的作为主要生活来源的工作。"

从社会分工的角度出发，职业是指人们以社会分工为基础，在获得物质收入的同时，体现并努力实现其生活意义的社会化工作。美国社会科学家阿瑟·萨尔兹认为，职业是人们为了获得经常性收入而从事的连续性的特殊活动。这种活动具有市场价值，并且决定着人们的社会地位。现代社会中，职业是个人与特定的生产资料相结合所形成的特定劳动方式或状态，它是个人在社会中获得生存和发展的依据，是个人为社会创造财富、做出贡献的手段和前提。一个人的职业对他的思想观念、行为方式以及人格特征都会产生重要影响。职业导致了与工作相关的人群关系和社会关系的形成，构成了职业群体。

从个人角度出发，职业是指人们为了谋生和寻求发展而从事的相对稳定的、有经济收入的某种专门类别的脑力或体力劳动，是人们在不同组织、不同时间，从事相似活动的一系列工作的总称。职业是随着社会分工而出现，并随着社会分工的稳定发展而构成的人们赖以生存的不同生活方式。因此，职业是劳动者寻求生计、谋求发展、实现和创造自身价值、建立社会联系的主要途径。

综合上述观点，职业是参与社会分工，利用专门的知识和技能，为社会创造物质财富和精神财富，获取合理报酬，作为物质生活来源，并满足精神需求的社会交换形式。此观点包含以下 4 点：（1）与人类需求相关，强调社会分工；（2）与内在属性相关，强调利用专门的知识和技能；（3）与社会伦理相关，强调创造物质财富和精神财富，获得合理报酬；（4）与个人生活相关，强调物质生活来源，并涉及精神生活。职业是对人们的生活方式、经济状况、文化水平、行为模式、思想情操的综合反映，它代表了一个人的权利、义务与职责，是一个人社会地位的一般性表征。

（二）职业的功能

职业是人与社会联系的纽带，不同的职业把劳动者区分在不同的职业岗位上，相互合作。就其功能（价值取向）而言，正如黄炎培先生所概括的，职业是"为己谋生，为群服务"，这是职业不可分割的两方面。

1. 职业对社会的意义和作用

职业一旦产生，就在社会中独立存在，成为人们认识、选择、从事和发展的对象。职业具有重大的社会意义，其意义和作用表现为以下几个方面：

（1）职业的存在和职业活动构成了人类社会的基本框架；

（2）职业劳动创造出社会财富，从而为社会的存在和发展奠定了物质基础；

（3）职业的分工是构成社会经济制度运行的主体；

（4）职业也是维持社会稳定、实现社会控制的手段；

（5）职业的运动（如职业结构的变化、职业层次间矛盾的解决）是推动社会进步的一种动力。

2. 职业对个人的作用

职业对于个人的发展也是十分重要的。人作为社会成员，其需要是多方面的。

（1）职业是谋生的手段，个人通过职业满足个人和家庭生存的需要。"民以食为天"，解决好就业问题，是个人安身立命之本，是人最根本的需要。

（2）职业使人获得对社会、行业、集体、单位的归属感，提供一个最经常的社交场所，满足人们对归属和爱的需要。个人的价值不通过社会职业是不可能全部表现出来的。择业的成功和职业上的成就，能够满足人们实现社会价值的需要，让人成为在社会中有所作为的人，获得成就感，实现受到社会尊重的愿望。

（3）职业是促进个性发展的手段。世界上没有完全相同的人，这种个体差异有先天的生理和心理上的，更主要的是由后天环境、教育、机遇，特别是职业所形成的。从事不同职业的人各有特质。人们可以通过对职业的选择，发挥自己的特长，实现自己的理想，满足自己展示个性的需要。同时，人们应根据社会发展和职业的需求，不断完善自我，促进自我的全面发展。

二、职业生涯

(一)职业生涯的概念

职业生涯是指一个人一生中的所有与工作相关联的行为与活动，以及相关的态度、价值观和愿望等连续性经历的过程。美国学者罗斯威尔将职业生涯定义为人一生中与工作相关的活动、行为、态度、价值观、愿望的有机整体。对职业生涯的狭义理解，专指个体职业发展的历程，即个体从踏入社会、从事工作直到职业劳动的最后结束这段职业工作历程。广义的职业生涯，是指从职业学习、职业兴趣的培养、职业能力的获得、职业选择、就职等，直到最后完全退出职业劳动这样一个完整的职业发展过程。

世界上绝大多数人都要从事一种或几种职业。有的人在从事某一种职业时会经历岗位的变迁、职务的晋升等；也有人会经历工作内容的变化和工作单位的变动，从事一种或多种不同的职业。职业生涯的内涵绝不仅仅是个体从事工作的连续变化过程，还包含个体在职业或工作过程中的主观感受以及职业目标、生活目标的实现。

(二)职业生涯的特征

职业生涯和其他事物一样，有其自身的规律和特点。从其定义来看，职业生涯具有独特性、发展性、阶段性、终身性、整合性、互动性等特征。

1. 独特性

每个人都有自己的职业条件、职业理想、职业选择，有为实现自己的职业理想所做的种种不同的努力，从而有着与别人相区别的、独特的生涯历程。

2. 发展性

每个人的职业生涯都是一个发展、演进的动态过程。就整体而言，职业生涯是一个具有一定逻辑性的过程。

3. 阶段性

每个人的职业生涯发展过程都有着不同的阶段。人在不同的生涯阶段有着不同的目标和任务，职业生涯各个阶段之间具有递进性。

4. 终身性

每个人的职业生涯都是一种动态的发展历程，个人根据自己在不同阶段的需求而不断蜕变与成长，直至终身。"老骥伏枥，志在千里"，正反映了人生晚期在职业生涯方面的英雄气概。

5. 整合性

个人所从事的工作或职业，往往会决定他（她）的生活状态，而且职业与生活两者之间又很难区别，因此，生涯应具有整合性，涵盖人生整体发展的各个层面，而非局限于工作或职位。

6. 互动性

人的职业生涯是个人与他人、个人与环境、个人与社会互动的结果。人的"自我"观念、人的主观能动性、个人所掌握的社会职业信息、个人所掌握的职业决策技术对于其职业生涯有着重要的影响。

人们的职业生涯是一个充满着变化的历程，在这个过程中，职业道路选择、职业发展和事业成功，都会受到个人、家庭、社会多方面的影响。

（三）职业生涯的分类

一般来说，我们把职业生涯分为外职业生涯和内职业生涯。

1. 外职业生涯

外职业生涯指从事职业时的工作单位、工作地点、工作内容、工作职务、工作环境、工资待遇等因素的组合及其变化过程，在职业生涯中主要表现为工作环境、工作职务、荣誉证书、名片、工资单等。

2. 内职业生涯

内职业生涯指从事一种职业时的知识、观念、经验、能力、心理素质、内心感受等因素的组合及其变化过程，在职业生涯中一般通过从事职业时的表现、工作结果、言谈举止等表现出来。

 **拓展阅读**

职业生涯发展技巧 20 则

1. 在职业生涯发展的道路上，重要的不是你现在所处的位置，而是下一步的方向。

2. 职业生涯开发与管理：只要开始，永远不晚；只要进步，总有空间。

3. 职业生涯的每一次质的飞跃都是以学习新知识、建立新观念为前提条件的。

4. 在职业生涯早期，对自己锻炼最大的工作是最好的工作；在职业生涯中期，挣钱最多的工作是最好的工作；在职业生涯后期，最能实现人生价值的工作是最好的工作。

5. 在职业生涯发展的过程中，什么时候你的工作热情、努力程度不因工资待遇不高、上级评价不公而降低，从那时起你就要开始为自己打工了。

6. 千万不要把你的主要精力放在帮助你的上级改正缺点和错误上。用同样的时间和精力，你能从他身上学到的优点，一定多于能帮他改正的缺点。

7. 确定你的职业锚之日，就是你的职业转变为你的事业之时。

8. 在职业生涯发展的道路上没有空白点：每一种环境、每一项工作都是一种锻炼，每一个困难、每一次失败都是一个机会。

9. 在职业生涯发展的道路上，只要不放弃目标，每一次挫折、每一次失败都是有价值的。

10. 在职业生涯初期，我们可能做的是自己不喜欢而且不想从事一生的工作，但是要明白：喜不喜欢这份工作是一回事，应不应该做好这份工作、是否有能力做好这份工作是另一回事。切记：职业生涯发展是从做好本职工作开始的。当你还没有能力做好一份工作时，就没有资格说不喜欢。

11．成功的人和不成功的人就差一点：成功的人可以无数次修改方法，但绝不轻易放弃目标；不成功的人总是改变目标，可就是不修改方法。

12．职业生涯没有目标不行，目标太多不行，目标总是变化也不行。对目标的处理方法是选择、明确、分解、组合、加上时间坐标。目标分解是在现实处境与美好愿望之间建立可拾级而上的阶梯，目标组合是找出不同目标之间互为因果、相互促进的内在联系。

13．求知是自我实现的前提，求美是自我实现的过程。

14．只有暂时没有找到解决方法的困难，没有解决不了的困难。

15．自我实现让人兴奋，天人合一使人平静。

16．企业不仅是挣钱谋生的场所，更是学习进步、实现人生价值的舞台。

17．内职业生涯发展是外职业生涯发展的前提，内职业生涯带动外职业生涯的发展。

18．外职业生涯的因素通常由别人决定、给予，也容易被别人否定、剥夺；内职业生涯的因素主要靠自己探索获得，并且不随外职业生涯的因素改变而丧失。

19．外职业生涯略超前时有动力，超前较多时有压力，超前太多时有毁灭力；内职业生涯略超前时很舒心，超前较多时很烦心，超前太多时要变心。

20．正确的角色定位需要理智，及时的角色转换需要智慧。

子任务二　认识职业生涯发展理论

一、舒伯的生涯发展理论

舒伯是继帕森斯之后，在生涯规划辅导历史上又一位里程碑式的大师。他集差异心理学、发展心理学、职业社会学及人格发展理论之大成，进行了长期的研究，系统地提出了有关生涯发展的观点。他认为生涯发展是一个连续不断、循序渐进且不可逆转的过程，并将生涯发展阶段划分为成长、探索、建立、维持和衰退五个阶段。在这五个阶段中，每个阶段都有一些特定的发展任务需要完成，而前一阶段发展任务的达成与否关系到后一阶段能否顺利发展。同时，舒伯视自我概念为确立一个人终身依循的关键力量。他认为青春期中的自我觉察程度、职业的知识等与未来的职业选择和生涯成熟度有很大关系。

（一）成长阶段

年龄为0～14岁。该阶段，孩童开始发展自我概念，开始以各种不同的方式来表达自己的需要，且通过对现实世界的不断尝试，修饰自己的角色。这个阶段发展的任务是发展自我形象，发展对工作的正确态度，并了解工作的意义。到这一阶段结束时，进入青春期的少年开始对各种可选择的职业进行带有某种现实性的思考。成长阶段共包括三个时期：一是幻想期（4～10岁），它以"需要"为主要考虑因素，在这个时期，幻想中的角色扮演很重要；二是兴趣期（11～12岁），它以"喜好"为主要考虑因素，喜好是个体抱负与活动的主要决定因素；三是能力期（13～14岁），它以"能力"为主要考虑因素，能力逐渐具有重要作用。

（二）探索阶段

年龄为15～24岁。该阶段的青少年，通过学校的活动、社团休闲活动、打零工等机会，对自我能力及角色、职业做了一番探索，因此选择职业时有较大弹性。这个阶段发展的任务是使职业偏好逐渐具体化、特定化并实现职业偏好。处于这一阶段的人，还必须根据所选择职业的可靠信息来做出相应的教育决策。到这一阶段结束时，人们已经做好了开始工作的准备。探索阶段共包括三个时期：一是试探期（15～17岁），主要考虑需要、兴趣、能力及机会，做暂时的决定，并在幻想、讨论、课业及工作中加以尝试；二是过渡期（18～21岁），进入就业市场或进行专业训练，更重视现实，并力图实现自我观念，将一般性的选择转为特定的选择；三是试验并稍做承诺期（22～24岁），职业生涯初步确定并试验其成为长期职业生活的可能性，若不适合自己，则可能再经历上述各时期以确定新的方向。

（三）建立阶段

年龄为25～44岁。这是大多数人工作周期的核心部分。由于经过上一阶段的尝试，不合适者会谋求变迁或做其他探索，因此，该阶段较能确定在整个职业生涯中属于自己的"位置"，并在31～40岁时开始考虑如何保住这个"位置"并固定下来。这个阶段发展的任务是调整、稳固并求上进。通常情况下，大多数人愿意将自己定位于某一特定的职业上，然而，还是有很多人仍然不断地尝试与自己最初的职业选择不同的职业类型。建立阶段又可包括两个时期：一是试验—承诺稳定期（25～30岁），个体寻求安定，也可能因生活或工作上的若干变动而尚未感到满意；二是建立期（31～44岁），个体致力于工作上的稳固，大部分人处于最具创意时期，由于资深，往往业绩优良。

（四）维持阶段

年龄为45～65岁。这是职业生涯发展的后期阶段。这一阶段的员工由于专业知识和经验的积累，已经成为组织的骨干力量，他们往往在工作中承担了更多的责任，对新人施加了更多的影响。个体仍希望继续维持属于自己的工作"位置"，同时会面对新人的挑战。这一阶段发展的任务是维持既有成就与地位。

（五）衰退阶段

年龄在65岁以上。由于生理及心理机能日渐衰退，个体不得不面对现实，从积极参与到隐退，职业生涯接近尾声。这一阶段往往注重发展新的角色，成为年轻一代的业务顾问，寻求替代和满足需求。在这一阶段，职业生涯需要做进一步的调整，或者以另一种方式保持工作状态，从而使职业生涯能继续发展。

舒伯的生涯发展理论图示，如图1-1所示。

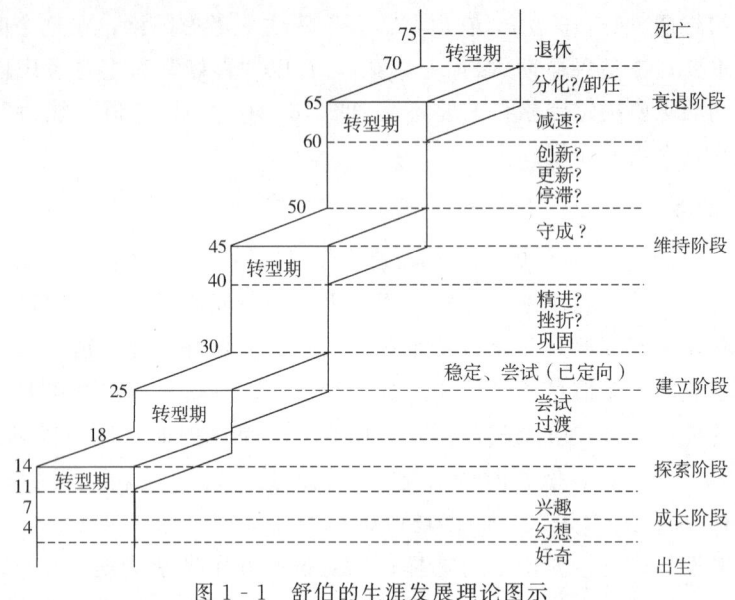

图1-1 舒伯的生涯发展理论图示

舒伯在英国进行了四年的跨文化研究，又提出了更为广阔的新概念——生活广度、生活空间的生涯发展观。这个生涯发展观中，舒伯在原有的发展阶段理论的基础上加入了角色理论，并认为生涯发展阶段与角色彼此之间存在相互影响。舒伯用色彩鲜明、层次清晰的彩虹图来阐明自己的理论，如图1-2所示。

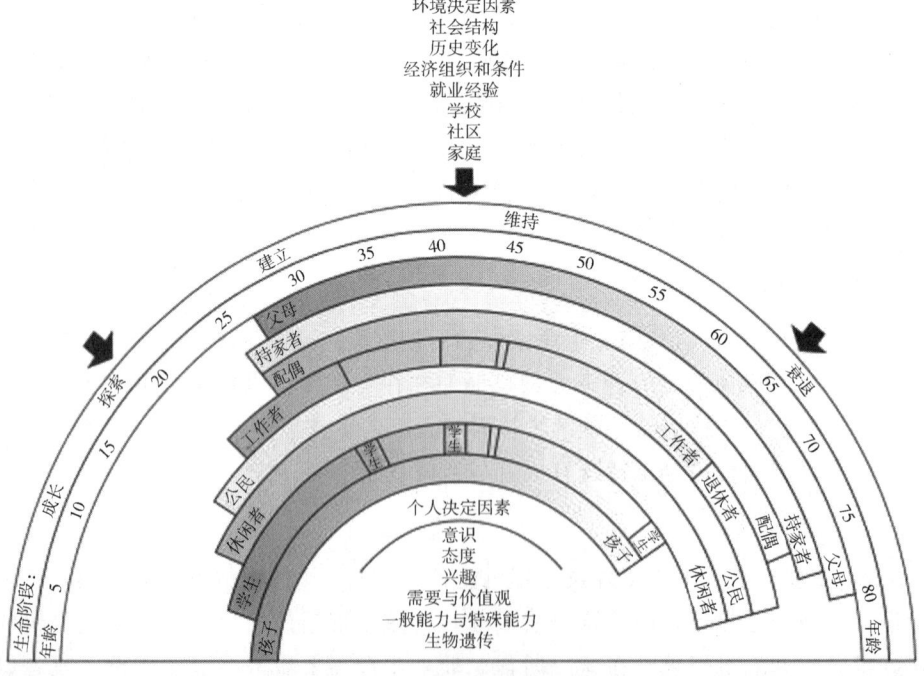

图1-2 职业生涯彩虹图

在彩虹图中，纵向层面代表的是纵观上下的生活空间，由一组职位或者角色所组成，有孩子、学生、休闲者、公民、工作者、配偶、持家者、父母和退休者九种不同的角色，它们相互影响并交织出个人独特的职业生涯类型。横向层面代表的是横跨一生的生活广度。彩虹图的外层显示人生主要的发展阶段和大致估算年龄，舒伯强调各个时期的年龄段划分有很大的弹性，应根据个体的实际情况而定。

二、金斯伯格的生涯发展阶段理论

金斯伯格，美国著名职业指导专家，生涯发展理论的先驱和典型代表人物。他研究的重点是从童年到青少年阶段的职业心理发展过程，并将这一阶段的发展分为幻想期、尝试期和现实期三个阶段。这个理论揭示了初次就业前人们职业意识或职业追求的发展变化过程。

（一）幻想期

11岁之前的儿童时期。儿童们对大千世界，特别是对他们所看到或接触到的各类职业工作者，充满了新奇、好玩的感觉。此时期职业需求的特点是：单纯凭自己的兴趣爱好，不考虑自身的条件、能力水平和社会需要与机遇，完全处于幻想之中。

（二）尝试期

11~17岁，这是由少年儿童向青年过渡的时期。此时期，人的心理和生理在迅速成长发育和变化，开始有独立的意识，价值观念开始形成，知识和能力显著增长和增强，初步懂得社会生产和生活的经验。在职业需求上呈现出的特点是：有职业兴趣，但不仅限于此，更多客观地审视自身各方面的条件和能力；开始注意职业角色的社会地位、社会意义，以及社会对该职业的需要。

（三）现实期

17岁以后的青年阶段。即将步入社会劳动，能够客观地把自己的职业愿望或要求，同自己的主观条件、能力以及社会现实的职业需要紧密联系和协调起来，寻找适合自己的职业角色。这时期所希求的职业不再模糊不清，已有具体的、现实的职业目标，表现出的最大特点是客观性、现实性、讲求实际。

三、施恩的职业锚理论

职业锚理论产生于美国著名的职业指导专家施恩教授领导的专门研究小组，该研究小组隶属于在职业生涯规划领域具有重要地位的美国麻省理工学院斯隆商学院。这一理论是以该学院毕业生的职业生涯研究演绎而成的。职业锚，实际就是人们选择和发展自己的职业时所围绕的中心，是指当一个人不得不做出选择的时候，他无论如何都不会放弃的职业中的那种至关重要的东西或价值观，是自我意向的一个习得部分。职业锚强调个人能力、动机和价值观三方面的相互作用与整合。职业锚是个人同工作环境互动作用的产物，在实际工作中是不断调整的。

专家们经过长时间的研究，对不同职业阶段的几万人进行了访谈和分析，确定了八种基本的职业锚类型，分别为：技术/职能型、管理型、自主/独立型、安全/稳定型、创业型、服务型、挑战型和生活型。

（一）技术/职能型

技术/职能型的人，追求在技术/职能领域的成长和技能的不断提高，以及应用这种技术/职能的机会。他们对自己的认可源于他们的专业水平，他们喜欢面对来自需要专业技能的领域的挑战，这样的人一般不喜欢从事管理工作。

（二）管理型

管理型的人追求并致力于得到晋升，专注于管理工作，喜欢独自负责一个部门的工作。他们喜爱并愿意承担责任，并将企业的成功与自身的成功融为一体。具体的技术/职能工作仅仅被看作通向更高、更全面管理层的必经之路。

（三）自主/独立型

自主/独立型的人希望随心所欲地安排自己的工作方式、工作习惯和生活方式，最大限度地摆脱组织的限制和制约。他们宁愿放弃提升的机会，也不愿意放弃自由与独立。

（四）安全/稳定型

安全/稳定型的人追求工作中的安全感与稳定感，他们为拥有稳定的工作而感到放松。尽管有时他们可以达到一个更高的职位，但他们并不愿意为了获取更高的职位而冒失去目前稳定工作的风险。

（五）创业型

创业型的人不愿意在别人的指挥和限制下工作，而愿意去冒失败的风险，以期获得展现自身创造能力的机会。他们想向世界证明某个企业或组织是靠自己的努力创建的。他们可能正在别人的公司工作，但实际上他们是在学习并积累经验和资源。一旦他们感觉时机成熟了，便会走出去创建自己的事业。

（六）服务型

服务型的人一直追求他们认可的核心价值，例如，帮助他人，改善人们的生活，通过新的产品消除疾病，等等。他们一直追寻这种机会，这意味着即使变换公司，他们也不会接受不允许他们实现这种价值的变动或工作提升。

（七）挑战型

挑战型的人喜欢解决看上去无法解决的问题，战胜实力强劲的对手，克服无法克服的困难和障碍，等等。对他们而言，参加工作的原因是工作允许他们去战胜各种不可能。他们需要新奇、变化和困难，如果工作非常容易，马上就会变得令他们心生厌烦。

（八）生活型

生活型的人希望将生活的各个主要方面整合为一个整体，喜欢平衡个人的、家庭的和职业的需要。因此，生活型的人需要一个能够提供"足够弹性"的工作环境来实现这一目标。生活型的人甚至可以牺牲职业的一些方面，如放弃职位的晋升来换取三者的平衡。他们将成功定义得比职业成功更广泛，相对于具体的工作环境、工作内容，生活型的人更关注自己如何生活、在哪里居住、如何处理家庭和事业的关系及怎样自我提升等。

子任务三　掌握职业生涯规划的步骤

职业生涯规划不但是要寻找自己喜欢且适合的工作，还要考虑什么样的工作会带来什么样的生活。科学的生涯规划包含了知己、知彼、抉择、制定目标和行动五大要素，具体依照以下七个步骤进行。

一、确立志向

"志不立，天下无可成之事。"综观古今中外各行各业的佼佼者，他们都有一个共同的特点，就是具有远大的志向。职业理想指人们对未来职业表现出来的一种强烈的追求和向往，是人们对未来职业生活的构想和规划。大学生树立职业理想的过程，便是在心目中进行职业生涯规划的过程，一旦心目中有了自己认为理想的职业，就会依据职业理想的目标，去规划自己的学习和实践，并为获得自己认为理想的职业而做各种准备。职业生涯是一条险象环生却也充满机遇的道路。在这条道路上，只要不放弃目标，每一次挫折、每一次失败都是有价值的。

二、自我探索

一个有效的职业生涯设计，必须在充分且正确地认识自身条件与相关环境的基础上进行。自我探索包括自己的兴趣、特长、性格、学识、技能、智商、情商、思维方式、道德水准以及社会中的自我等内容。

作为刚开始大学生活的新生，你应该尽可能多地积累知识、锻炼能力，发展自己的兴趣、爱好等。这些有助于你更好地给自己定位，发现自己在哪个方面更有潜力。对于大学生来说，由于信息的不对称，大多数学生在高考选择专业时是没有经过认真考虑和调研的。现在有足够的时间和条件来重新考虑这个问题，让你选择一个自己真正感兴趣和适合的职业。

三、了解环境和职业

每一个人都处在一定的社会环境之中，离开了这个环境，便无法生存与成长。只有对这些环境因素充分了解，才能做到在复杂的环境中趋利避害，使职业生涯与发展规划具有实际意义。

除了要正确客观地认识自我，还必须更多地了解各种职业机会，尤其是一些热门行业、热门职位对人才素质与能力的要求。深入地了解这些行业与职位的需求状况，结合自身特点评估外部事业机会，才能选择可以终生从事的理想职业。

对职业机会的评估需要理性评估，真正做到知己知彼，切忌想当然。对不熟悉的行业和职位不要抱有不切实际的想法，否则往往是费了九牛二虎之力却毫无建树。

四、确定职业生涯目标

目标是指引我们获取想要获得的东西的路标。职业生涯目标是指一个人渴望获得的与职业相关的结果。在确立目标时，可以这样去做：第一，要知道你一直以来非常想做的事，这样你会发现自己的兴趣所在。你心中始终不曾放弃的那份追求就是你非常想做的事。第二，确认你现在能做的事，依据你的知识、经验、技能、思维方式做出判断。这样能保证你找到合适的切入点。第三，确定你将来的职业期望是什么。将以上三个方面结合起来，就可以找到你的职业生涯目标。这样建立的职业生涯目标你不会不喜欢，也不会发生无法切入的问题。

生涯目标的设定，是以自己的最佳才能、最优性格、最大兴趣、最有利的环境等条件为依据的。从目前的就业环境来看，选择职业生涯目标时，切忌贪高求快。通常生涯目标按时间长短可以划分为短期目标、中期目标、长期目标。我们的目标越具体，实现的可能性就越大。一个具体的目标包括具体的行动方案、实施条件和时间计划，在确立目标时你需要问自己：我愿意为之做出多大的努力？完成大目标和小目标的时限是多久？我定的目标高到不能实现的地步了吗？怎样在实现目标之后奖励自己？

五、职业生涯路线的选择

在职业目标确定后，向哪一路线发展，还需做出选择，以便使自己的学习、工作沿着职业生涯预定的方向前进。不同的发展路线，对职业发展的要求也不同。通常职业生涯路线的选择应考虑以下三个问题。

第一，想往哪一路线发展。通过对自己的兴趣、价值观、理想、成就动机等因素的分析，确定自己的目标取向，即自己的兴趣在哪方面，最希望走哪一路线。

第二，适合往哪一路线发展。通过对自己的性格、特长、智能、技能、情商、学历、经历等因素的分析，确定自己的能力取向，即自己适合向哪一路线发展。

第三，可以往哪一路线发展。通过对自己所处的社会环境、经济环境、文化环境、组织环境的分析，确定自己的机会取向，即内外环境允许自己走哪一路线。

对以上三个问题进行综合分析，判断哪条路线可以取得发展，据此确定能实现自己目标的最佳职业生涯路线。

六、制订行动计划及措施

职业生涯路线所确定的内容很大程度上是一些阶段性目标，如，今年成为人力资源助理，五年后成为人力资源经理，八年后成为人力资源总监。要实现这些阶段性目标，我们应该制订针对每一阶段的行动计划。行动计划的主要内容包括：学历提升计划，工作经验计划，结合个人生命周期、家庭周期和职业发展周期三者的综合计划。这些行动计划及措施应该有明确的内容、完成时间、达到的效果、需要做的资源准备等详细内容。

七、评估与调整

职业生涯规划在实施过程中会受到众多不断变化的因素影响，因此，职业生涯规划也不能一成不变。为了使职业生涯规划更具有实际的指导意义，大学生应该定期或不定期地对规划进行评估与调整，并做出规划的修订方案。

对职业生涯规划的评估与反馈主要包括职业的重新选择、职业生涯路线的重新选择、人生目标的修正、实施措施与计划的变更等。这个过程可以分解为以下两个步骤：

（一）评估

为了确保规划的可行性和有效性，需要随时对职业规划的内容和成效加以评估。在实施的过程中，也会发现当初做规划时曾想到的问题与执行的困难。为保证生涯规划的效果，在每实施一段时间后，有必要对计划执行的方法和结果进行评估。

（二）反馈与修订计划

根据评估结果的反馈，可以判断需要调整和修订的内容。修订的依据除了参考评估后反馈回来的信息外，还需要综合发生变化的个体和外部环境因素，以确保修订的科学性和可行性。是否需要修订，何时需要修订，时机把握是关键。在修订时机的选择上，需要考虑以下三点：

第一，定期检测预定达成进度；

第二，每一阶段目标达成之时，要依据实际效果修订未来阶段目标可采用的策略；

第三，客观环境的改变会影响计划的执行。

子任务四 认识职业生涯规划的意义和常见误区

一、职业生涯规划的意义

经过几年专业知识的学习，大学生需要找到一个适合自身发展的平台，如果事先不进行职业生涯规划，盲目就业，必然会造成时间、精力和财力上的损失，甚至有可能影响人生的发展。因此，职业生涯规划意义重大，它对于大学生的职业发展具有以下现实意义：

（一）有利于大学生建立科学的择业观

一般来说，大学生的第一份职业通常只是父母意愿、学校推荐、社会单方面需求的结果，与大学生自身的条件（职业兴趣、职业能力）可能并不完全相符。而我们提倡的是科学择业，即求职者依照自己的职业期望和兴趣，凭借自身能力挑选职业，实现自身能力素质与职业需求的匹配和统一。

进行职业生涯规划可以帮助大学生认清自己的优势和劣势，使其客观地看待自己，树立科学的择业观，保持良好的择业心态，明确自己的发展方向，选择适合自身特点的职业，并在自己的工作岗位上脚踏实地地工作，不断积累经验、完善自我，寻求职业生涯的更好发展。

（二）有利于增强大学生应对社会竞争的能力

当今社会，竞争日益激烈，要在竞争中占据有利位置，就要找到一个适合自己发展的平台。职业生涯规划可以帮助大学生学会运用科学的方法，采取可行的步骤与措施，有针对性地学习相关知识及参加各种相关的培训和实践，充分发挥个人的长处，努力克服缺点，挖掘潜在的能力，不断增强自身的职业竞争力，从而实现自己的职业目标与职业理想。

（三）获取外部信息，规划长远发展

过去，人们把高校比作象牙塔，把大学生比作天之骄子，生活在象牙塔内的大学生们，常常缺乏对外部信息的了解。在职业生涯规划过程中，学生需要不断获取外部信息，这些信息包括职业、组织、社会等多方面。学生获得的外部信息越多，心理上的准备也就越充分，在规划自己未来发展的时候，就能够根据社会的需要，考虑眼前利益和长远发展的关系，从而合理地规划自己的职业发展方向。

（四）有利于提高求职成功率

在双向选择、自主择业的大背景下，大学毕业生很看重各种形式的人才交流会，这也是他们走向社会、选择职业的主要渠道之一。然而据统计，通过人才交流会成功求职的只有30％左右，造成这种现象的原因之一就是大学生职业生涯规划的缺失，即求职大学生职业目标相对模糊，对自我缺乏认知。科学的职业生涯规划可以使大学生明确目标，有的放矢，选择适合自己的职位，提高求职成功率。

（五）缩短职业适应期，减少职业试错过程

大学阶段正是个人职业生涯早期的学习探索阶段，处于学习生涯结束和职业生涯开始的交替时期。个人要认真地探索各种可能的职业选择，对自己的天资和能力进行现实的评价，并根据未来的职业选择做出相应的教育决策，并最终完成自己的初次就业。在这一时期，合理规划职业生涯之路不仅有助于缩短职业适应期，减少职业试错过程，而且对今后的职业发展有很大帮助。

（六）有利于稳定就业，增强发展后劲

由于缺乏职业生涯规划的指导和长远打算，不少大学生年轻时频繁地换工作，以致到了30多岁还没有准确的职业定位。这样缺少规划地更换工作，除了难以在一个合适的

领域内积累必要的工作经验外，还会影响自己职业的稳定发展。一个不具备应有的职业技能和工作经验的求职者是难以得到用人单位的青睐的。

经过系统职业生涯规划培训的大学生，一般都有明确的职业方向，在择业时都很慎重。只有这样才能在真正双选的基础上找到一个相对适合自己的职业，从而避免因人职不匹配而导致离职。

二、职业生涯规划的常见误区

当前，大学生由于种种原因，在规划自己的职业生涯时存在着许多误区。这些误区对大学生未来职业发展极为不利，需要引起当代大学生的高度重视。

（一）忽视职业生涯规划

目前，在校大学生普遍缺乏职业生涯规划意识，真正了解职业生涯规划的可谓凤毛麟角。据复旦大学学生职业发展教育服务中心的问卷调查显示，有34％的大学生对"职业生涯规划"不了解，甚至从未听说过。针对问题"你是否对自己的职业生涯有过规划"，回答"有规划"的只占被调查者的7.6％。可见，当今大学生真的不重视职业生涯规划，许多人认为职业生涯规划应该在开始工作后进行设计，工作前没必要考虑。这种择业的盲目性延长了职业生涯的试错过程，最终的结果很可能是频繁地变换工作，很难进入职业稳定期。

面对大学生就业难的问题，许多高校开展了针对毕业生的集中性就业辅导工作，如职业规划辅导、毕业生就业指导等。但仅靠毕业前的一次或几次职业辅导讲座以及为学生提供工作信息、求职技巧和适应工作技巧，并不能提高学生的职业准备能力和规划意识，许多重要的职业技能和职业品质绝不是通过短暂的求职技巧指导就能形成的。高校相关指导课程社会实用性不强，导致学生对职业规划的认可度不高，自觉性不够，就业指导沦为求职面试前的"临阵磨枪"，使其存在价值大打折扣。目前，大学生的职业生涯教育在高校由专门的机构或人员来组织，多数高校把就业指导等同于职业生涯规划，多以就业形势、就业政策、择业技巧为主要内容，却忽视了这些客观环境与学生主观状况之间的联系，使职业生涯规划失去了为在校生自我职业素养培养指明方向与提供衡量标准的作用，导致学生对职业生涯规划的内涵及意义模糊，难以将所学与自身情况相结合，从而认为职业规划的可操作性不强。

（二）一劳永逸

有些大学生在做职业生涯规划时花费大量时间和精力寻找"最佳规划"，希望"一次规划，终身受益"，不会根据变化状况和较好的时机对规划做出灵活调整。实际上，把握好职业生涯规划的时间，并根据各种变化来调整自己的规划安排是必不可少的一环。

（三）不切实际

与不愿在校期间进行职业生涯规划的大学生不一样，有的大学生为了保险起见，会规划多条发展路径，但路径间缺乏内在联系，且这些路径的发展方向模糊不清，这势必导致在实际选择中会犹豫不决，不利于生涯规划的实施。此外，许多大学生在做职业生涯规划的时候，不能根据自身实际情况很好地认识自己，分不清什么是自己擅长的，什么是自己喜欢的，也分不清什么是业余爱好，什么是职业才能，以致频繁更改自己的职业生涯规划。实际上，一个人不可能做出十全十美的职业生涯规划，由于外部环境变化、价值观的改变以及自身能力的提高，职业生涯规划需要不断调整，不断创新。做职业生涯规划时既要有挑战性，又要有可执行性，切合实际，并要对自己有一个可量化的检验标准。

（四）高学历代表高能力

很多大学生认为高学历意味着高能力，意味着高收入，一进大学就准备考研，将大部分时间投到对书本知识的学习上，很少为将来的职业问题考虑，极少参加学校活动和社会活动。这些学生只是学好了知识却忽视了对自身能力的培养，失去了与社会接触的机会。其实，学历代表的仅仅是所接收的知识量，而知识的掌握程度和运用能力是需要通过具体实践才能得到提升的。大学生的能力构成要素是多方面的，不单单是学习能力，还有诸如社交、运动、协调、组织等方面的能力。因此，大学生应该从"高学历代表一切"的误区中走出来，把"知识积累"转变为"职业生涯资源积累"。

（五）执行上大打折扣

虽然许多大学生确立了自己的职业生涯规划，但并没有把自己的行动与规划真正统一起来，没有认真按照规划去执行。自控能力差是当今大学生普遍存在的问题，一些与学习毫无关系的不良嗜好，如睡懒觉、打游戏、网络聊天等吸引了他们更多的注意力，大量的时间与精力被白白耗费。他们尽管事后也会后悔，但没有采取措施去补救，过段时间又忘了自己的规划。如此反复，使自己的职业生涯规划达不到计划的效果，这对大学生的职业发展很不利。

（六）盲目克隆他人的规划

许多大学生常会借鉴高年级学生的经验，甚至完全克隆他人的职业生涯规划，认为这是一条捷径。殊不知，这样的做法是一种投机行为，具有盲目性，是过于片面的决策行为。每个人都有不同的特长，这是内在的差异性；每个人所处的外部环境、所拥有的外部条件都是独特的，这是外在的差异性。因此，在规划自己的职业生涯时，先要考虑自己在性格、特长、学识、技能、智商、思维方式、道德水准、组织管理能力、协调能力、人际关系、适应力、创造力等方面与他人的差异，再综合自己各方面条件确立适合自己的规划。

拓展阅读

可怜的驴子

一位诚恳踏实的农民是驴子和狗的主人。驴子天天日出而作，日落而息，工作非常卖力，却觉得自己不讨主人欢心，经常自怨自艾。狗的运气比驴子好得多，它白天吃饭、睡觉，精神养得极好。当夕阳西下，主人拖着疲累的身体回到家时，摇头摆尾的狗就跟前跟后，在主人身旁逗乐。这时候，农舍外面的驴子早已因为白天工作得太累而呼噜呼噜地睡着了。长此以往，狗深得主人宠爱，驴子却更加被冷落，主人甚至不经意地自言自语说："真是养了一头懒驴，天天这么早就打盹！"

伤心的驴子满腹委屈，迫不得已向狗请教取悦主人的办法。得宠的狗很是骄傲，它指导驴子说："这很简单啊，你只要学我在白天时好好养精蓄锐，待主人回家后，主动投怀送抱，他就会对你另眼相看了。"

驴子对狗言听计从，第二天白天呼呼大睡，等到月出东山时，羞涩地走向农舍厅前，鼓足勇气学狗一般朝主人的怀里扑去。主人见状，大吃一惊，心里紧张地想："这头懒驴今晚八成是疯了，白天不干活也就罢了，竟敢在夜里袭击我！"于是，主人冲进房里取出猎枪，扣下扳机，子弹冲膛而出，可怜的驴子就这么被打死了。

这是一则令人读来感到心酸的寓言，因为现实中也存在这样的问题——机械地模仿别人，结果却适得其反。可见，我们应该把握好自己，做自己擅长的事情。

（七）自我分析片面

在职业生涯规划中，寻找差距非常重要。只有分析自己目前的状况与实现目标所需要的知识、能力、观念、心理状态等方面的差距后，才能采取有效的行动，努力缩小差距，扬长避短，制订出合理的方案。然而，部分大学生对自己的认识和分析比较极端，常因过于关注自身的不利因素，而低估自己的实际能力。大量的研究表明，用同样的时间、精力去改造自己的缺陷，与用同样的时间、精力去提升自己的优势，获得的结果是大相径庭的。所以，在职业生涯规划中，过多地纠缠在自己的劣势上，而忽视自身优势的发挥，不单单是对个人资源的浪费，更会耽误自己的前程。

（八）对外部职业信息认知不足

据调查，目前大学生了解职业信息主要还是通过间接渠道，如互联网、大众传媒、就业指导课程以及相关讲座等。尽管信息量很大，但大学生不能切身体验职场的真实状态。一些大学生参与了一定的社会实践却缺乏职业方向，未能获得有益的职业训练，缺乏对职业的感性认识。不少大学生参与社会实践的方向比较单一，有的通过做家教、业务员等方式来增加"工作经验"，而不是到一些大企业去锻炼；有的为了增加就业竞争力，通过"考证"来增加自身筹码，而忽视了必要的社会实践；还有的花了大量时间参加各种校园活动，盲目地认为"活动"可以代替一切，而忽略对就业信息的收集。

课后拓展

识别职业需求

1. 写出你对未来所期望从事职业的要求，并确定你所写的每个要求是"必须"还是"希望"。

职业要求	必须/希望
(1)	
(2)	
(3)	
(4)	
(5)	
(6)	

2. 所有的"要求"都写完后，分析你选择它们的原因及其重要性。

3. 请认真考虑，当你一个个失去它们的时候，你的感受会是怎样的，并把它们写下来。

4. 请把你不愿放弃的"要求"综合起来考虑，看哪些是你最不愿放弃的，并将它们排序。

职业要求（按重要等级排序）	
	重要 ↑ 重要等级 次要

5. 请综合考察职业锚的基本特点，以及上面你对自己职业要求的排序，综合 8 种职业锚类型描述，考察自己属于哪种职业锚类型。

6. 小组内分享自己的职业锚选择。

任务二 认识自我

1. 了解自我认知的内容，掌握自我认知的方法。
2. 了解价值观以及价值观对职业生涯规划的作用。
3. 了解兴趣与职业选择的关系。
4. 了解性格特征及性格类型与职业匹配。
5. 了解气质和气质类型与职业匹配。
6. 了解能力的概念和分类，熟悉能力与技能测评。

子任务一 明确自我认知

一、自我认知的概念

自我认知就是人在社会实践中对自己的生理、心理、社会活动以及自己与周围事物的关系进行认知，它包括自我观察、自我体验、自我感知、自我评价等。"人贵有自知之明"是自我认知的基本思想。

自我认知要求主动地、有组织地对自我进行认知，自我认知的目的是经过社会生活的实践与体验，使自我适应社会环境。美国心理学家威廉·詹姆士把自我认知分为三个要素：物质的自我，即自我的身体、生理、仪表等要素组成的血肉之躯；社会的自我，即自己在社会生活中的名誉、地位、人际关系、处境等，也包括自我在群体中的价值和作用，别人对自我的大致评价等；精神的自我，即对自己智慧、道德标准、心理素质、个性的认识，如自我的能力、性格、气质如何等。这三种自我的划分方法，在社会实践及心理分析时有一定的可取之处，它们对自我认知有不同的影响，但人的行为最终由统一的自我来完成。

二、自我认知的内容

（一）自我观察

自我观察是心理学的研究方法之一，也称内省法，由结构主义心理学创始人，德国哲学家、心理学家冯特首创。他认为自我观察是对自我所感所知、所思所想、情感、意向等内部经验感受的观察和分析，并将结果报告出来。自我观察是研究人的心理活动的基本的、简单易行的方法，但具有很大的局限性。

（二）自我感知

自我感知是对自我的认知和概括，它源于过去的经验，是人们对其自身拥有的一切信息与属性的认知。

（三）自我体验

自我体验是一个人对自身存在的体验，它包括一个人通过经验、反省和他人的反馈，逐步加深对自身的了解。自我体验是一个有机的认知结构，由态度、情感、信仰和价值观等组成，贯穿整个经验和行动，并把个体表现出来的各种特定习惯、能力、思想、观点等组织起来。

（四）自我评价

自我评价是主体对自己思想、愿望、行为和个性特点的判断和评价，是自我意识的一种形式。

三、自我认知的方法

（一）自我分析

自我分析是指对自我理性、深刻、全面的分析，包含自我认识和自我评价的内容。自我分析与自我剖析、自我研究类似，都是一个人为了更进一步了解自身，包括了解自身的优缺点，而列出相关逻辑上的分析与对比，做出相应的分析结果，进而确定相应的对策，通过定期或不定期的自我分析而不断地进行自我完善。

自我分析实际上就是自我认识的过程，它是职业生涯规划的基础。只有对自己有了充分的认识和了解，规划中的"定向""定位""定点"才能比较准确。自我认识包括对生理自我、心理自我、理性自我、社会自我几个部分的认识。对生理自我的认识，是指对自己的相貌、身体、服饰打扮等方面的认识；对心理自我的认识，是指对自我的性格、兴趣、气质、意志、能力等方面的优缺点的评估与判断；对理性自我的认识，主要指对自我的思维方式和方法、道德水平、情商等因素的评价；对社会自我的认识，主要指对自己在社会上所扮演的角色，在社会中的责任、权利、义务、名誉，他人对自己的态度以及自己对他人的态度等方面的评价。

认识自我、了解自我不是一件容易的事情。进行自我认识，一般可采用的分析方法有以下几种：

1. 橱窗分析法

橱窗分析法来源于心理学家鲁夫特与英格汉提出的"周哈里窗"（Johari Window）模式。"窗"是指一个人的心就像一扇窗。周哈里窗借助直角坐标不同象限来展示关于自我认知、行为举止和他人对自己的认知之间在有意识或无意识的前提下形成的差异，由此分割为四个范畴：一是面对公众的自我塑造范畴，二是自我有意识在公众面前保留的范畴，三是公众及自我两者无意识范畴，四是被公众获知但自我无意识范畴，也称为潜意识。因此，可以把人的内在分成四个部分：公开我、隐私我、潜在我、背脊我。在进行自我剖析时，重点要了解"潜在我"和"背脊我"两个部分。坐标橱窗如图 2-1 所示：

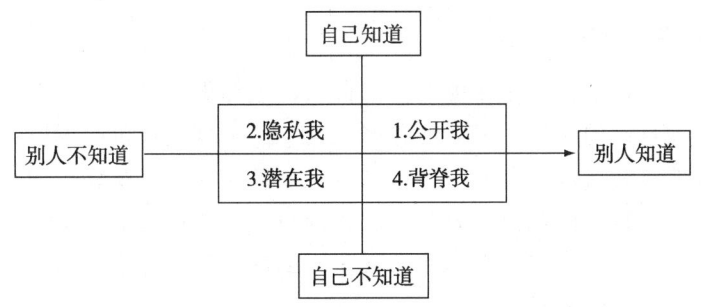

图 2-1 周哈里窗模式的坐标橱窗

橱窗 1（公开我）：自己知道，别人也知道的部分，称为"公开我"，属于个人展现在外，无所隐藏的部分。比如身高、年龄、婚姻状况等。

橱窗 2（隐私我）：自己知道，别人不知道的部分，称为"隐私我"，属于个人私有秘密部分，不外显。比如自私、嫉妒等平常自己不愿袒露的特点，以及心中的愿望、雄心、企图等不能告诉别人的部分。

橱窗 3（潜在我）：自己不知道，别人也不知道的部分，称为"潜在我"，开发潜力巨大，但通常别人和自己都不容易发觉。

橱窗 4（背脊我）：自己不知道，别人知道的部分，称为"背脊我"，犹如一个人的背脊，自己看不到，别人却看得清清楚楚。

在进行自我分析的时候，橱窗 3 和橱窗 4 是需要重点了解的部分。"潜在我"对于个人未来发展有重要影响，每个人都有巨大的潜能，这种潜能是促使人们走向成功的巨大推动力。因此，认识、了解"潜在我"，是自我认识的重点内容之一。而"背脊我"是对自我进行准确评价的重要方面，这就要求自己要有开阔的胸怀、正确的态度和有则改之、无则加勉的精神，能够诚恳地、真心实意地对待他人的意见和看法。

2. 自我测试法

自我测试法是通过自己回答有关问题来认识自己、了解自己的一种方法，比较简单方便，但测试题目必须是心理学家经过精心的研究设定的，而且个人在回答时一定要反映自己真实的想法，否则会误导自己的人生，影响自己事业的发展。自我测试的内容包括性格测试、气质测试、记忆力测试、创造力测试、智能测试、分析能力测试、人际关系测试、团队凝聚力测试、沟通能力测试、管理能力测试、职业兴趣测试、智力测试、情商测试等。测试可以采用问卷测试和计算机测试的方式。

（二）他人评价

1. 从"以人为镜"的比较中认识自己

就像用分数来比较学习能力一样，人们可以在为人处世的方法、对待感情的方式等方面与同伴进行比较，找到自己的位置。这种比较虽然常带有主观色彩，却是认识自己的常用方法，只是在比较时，要寻找环境和心理条件相近的人来进行，这样才能符合自己的实际水平和自己在群体中的位置。

2. 从别人的评价中认识自己

人人都会通过同伴对自己的评价来认识自己，也都很在乎别人怎样看待自己、评价自己。他人评价比自己的主观认识更具有客观性。如果自我评价与周围人的评价有较强的相似性，则表明自我认识能力较好、较成熟；如果他人的客观评价与自己的主观评价相差过大，则表明在自我认知上有偏差，需要调整。对待他人的评价，要有认知上的完整性，不可以依自己的心理需要而只注意某一方面的评价，应全面听取，综合分析，恰如其分地对自己做出评价和调节。

3. 正确对待他人评价

一个人最难看清的是自己，尤其是面对自己的缺点。如果一个人想要真实、全面地了解自己，想要完善自我，不仅要听得进他人的正面评价，更要能正确对待他人的负面评价。只有他人从正、反两个方面来评价自己，才能使自己在他人的评价中正确认识自我。正确对待他人评价不仅是检验自我心理成熟程度的重要手段，也是认识自我、改造自我的一种有效途径。

子任务二　理解价值观与职业

一、价值观

价值观是指个人对客观事物（包括人、物、事）及对自己的行为结果的意义、作用、效果和重要性的总体评价，是对"什么是好的，是应该的"的总看法，是推动并指引一个人做出决定和采取行动的原则、标准，是个性心理结构的核心因素之一。它使人的行为带有稳定的倾向性。

价值观受制于人生观和世界观，一个人的价值观是从出生开始，在家庭和社会的影响下，逐渐形成的。价值观是人用于区分好坏、分辨是非及其重要性的心理倾向体系。具有不同价值观的人会产生不同的态度和行为。

人的价值观建立在需求的基础上，一旦确定则反过来影响和调节人进一步的需求活动。各种事物，如学习、劳动、享受、贡献、成就等，在人们心目中存在主次之分，对这些事物的轻重排序和好坏排序构成一个人的价值观体系。

 经典案例

"共和国勋章"获得者屠呦呦以国家需求为己任

她发现青蒿素，为世界带来一种全新的抗疟药，进而挽救了全球数百万人的生命。她因此获得了诺贝尔生理学或医学奖，这是中国医学界迄今为止在世界领域获得的最高奖，也是中医药成果获得的最高奖。

她在抗疟药物研发道路上默默耕耘了40多个春秋。青蒿素的研发，是她生命中的重要历程，体现出她人生的壮丽风采。

她就是中国中医科学院终身研究员屠呦呦。

是她，让青蒿成为举世闻名的"中国神草"；也是她，让青蒿素成为中国献给世界的礼物。2019年9月17日，屠呦呦被授予"共和国勋章"。

疟疾是世界性传染病，每年都有数亿感染者，并导致数百万人死亡。20世纪60年代，很多国家都花费了大量人力和物力，希望找出有效的新药，但始终没有获得满意的结果。1969年1月，屠呦呦接到一项艰巨的任务，即国家"523"抗疟药物研究，她被任命为中医研究院中药抗疟科研组组长。

屠呦呦认为，依托中华民族悠久文明史的中医药中一定蕴藏着精华，应该在挖掘上狠下功夫。因此，她决定从本草研究入手。凭借熟悉中西医两门知识和扎实的基本功，她广泛收集整理历代医籍，并走访民间，多方请教老中医专家，仅用3个月时间，就收集了2000多个方药，并在此基础上精选编辑了包含640个方药的《疟疾单秘验方集》。她还带领课题组，先后进行了300余次筛选实验，确定了以中药青蒿为主的研究方向。

然而，结果令人失望，大量实验发现，青蒿提取物抗疟的效果并不理想。这让屠呦呦开始产生怀疑，是不是自己的路子走错了？但她没有轻言放弃，她对前期的研究工作进行了认真分析，并遍查典籍，反复研读文献。直到有一天，中医古籍《肘后备急方》中的几句话引起了她的注意。《肘后备急方》记载："青蒿一握，以水二升渍，绞取汁，尽服之。"屠呦呦忽然想到，绞汁而非煎服，温度有可能是关键所在。在这个发现的启迪下，屠呦呦带领研究团队，尝试采用低温提取，并首次以乙醚为溶剂，终于创建出低温提取青蒿抗疟有效部位的方法。1971年10月4日，青蒿乙醚中性提取物的动物抗疟实验结果出炉，对疟原虫的抑制率竟达100%，这是青蒿素发现史上最为关键的一步。后经研究证实，用乙醚提取这一步，是保证青蒿素有效制取的关键所在。

为了加速研发进度并保证患者的用药安全，1972年，屠呦呦及其他两位课题组的同志不顾安危，亲自试服该提取物并证明了其安全性。之后，课题组又分离纯化出青蒿素。1973年，课题组还首次发现了疗效更好的青蒿素衍生物——双氢青蒿素，这是屠呦呦及课题组对中国乃至世界做出的又一重要贡献。由双氢青蒿素结构中的羟基，得以制备出各类青蒿素衍生物，促使国内外对青蒿素类药物的研究不断深入。1981年10月，世界卫生组织致函中国原卫生部，提议在北京召开青蒿素国际会议，由此，抗疟新药青蒿素被世界熟悉和认可。

由于在青蒿素发现中的原创性贡献，屠呦呦获得了众多国内外奖项：2011 年，获美国拉斯克-狄贝基临床医学研究奖；2015 年 6 月，获美国华伦·阿尔波特奖；2015 年 10 月，获诺贝尔生理学或医学奖；2017 年 1 月，获 2016 年度国家最高科学技术奖；2018 年，获改革先锋称号……然而，接踵而来的荣誉，并没有让屠呦呦停下探索的脚步。鉴于青蒿素治疗疟疾的深层机制仍模糊不清，尤其是部分疟疾疫区已经出现了青蒿素耐药迹象等问题，屠呦呦仍时刻关注科研工作，期望找出解决方案。2019 年，屠呦呦团队提出了切实可行的应对"青蒿素抗药性"的合理方案，该方案发表在国际权威期刊《新英格兰医学杂志》上，影响因子 79.26，这是迄今为止，中医药学科领域成果发表的最高影响因子文章。此外，屠呦呦团队还发现，双氢青蒿素对治疗具有高变异性的红斑狼疮效果独特，这对中国乃至全球来讲，无疑又是一大喜讯。

屠呦呦说，中国科技工作者肩负着振兴中华的时代使命，奉献于祖国的科技创新发展义不容辞，这就是我们当下的责任与担当。正是因为始终把"以国家需求为己任"当作人生追求，如今已年近九旬的屠呦呦，仍继续主持着青蒿素的科学研究工作，并致力于创造出新的成果，造福于人类健康。

[来源：光明网《屠呦呦：常怀济世报国心》（2019 年 9 月 27 日），有改动]

二、职业价值观

职业价值观是人生目标和人生态度在职业选择方面的具体表现，它是个体衡量社会上某种职业优劣和重要性的内心尺度，是个人对待职业的一种信念，并为其进行职业选择、努力实现工作目标提供充分依据。

1970 年，美国职业规划大师舒伯通过实证研究将职业价值观划分为三个维度，即内在价值、外在价值和外在报酬。内在价值，是指与职业本身特质有关的一些因子，如独立自主、创造发明等；外在价值，是指与职业本身特质无关的一些因子，如同事关系、工作环境、多样变化及与上司的关系等；外在报酬，包括成就满足、名望地位、安全稳定、经济报酬和生活方式等。舒伯建立了职业价值观测量表，包括 15 个维度。（见表 2-1）。

表 2-1 舒伯的 15 项职业价值观

成就满足	希望能及时看到自己工作的成绩不断地得到领导与同事的赞扬或不断地实现自己想要做的事
管理权力	希望能在工作中获得管理支配权，能指挥或调遣一定范围内的人或事
智力激发	希望能在工作中不断地进行智力的操作，动脑思考，学习和探索新事物，解决问题
声望地位	希望自己所从事的工作在人们心目中有较高的社会地位，从而使自己得到他人的重视与尊重

续　表

美的追求	希望能够在工作中实现对美的追求，得到美的享受
利他主义	希望自己的工作能够直接为大众的幸福和利益尽一份力
创造发明	希望能在工作中不断地创造新的东西，或产生新的想法
经济报酬	希望通过工作获得优厚的报酬，使自己有足够的财力去获得自己想要的东西，使生活过得较为富足
安全稳定	希望在工作中，不管自己能力怎样都有一个安稳的局面，不会因为奖金、工资或岗位变动等经常提心吊胆
独立自主	希望能在工作中充分发挥自己的独立性和主动性，按自己的方式、步调或想法去做，不受他人的干扰
工作环境	希望能有比较舒适、优越的工作条件和环境
上司关系	希望领导人品较好，处事公平，能与之愉快地沟通、相处
生活方式	希望工作能轻松、自由，成为生活中令人享受的一部分
同事关系	希望一起工作的大多数同事人品较好，在一起相处感到愉快、轻松
多样变化	希望工作内容经常变换，使工作和生活显得丰富多彩，不单调枯燥

不同的职业，其特性不同，不同的人，其价值观不同，因此，在做职业选择时结果也不尽相同；不同的人对职业意义的认识、对职业好坏的定义不同，因此，即使同一份工作，对不同的人的意义也不一样。例如：小 A 想要当医生，是因为医生可以救死扶伤，受人尊敬，同时能实现自己的人生理想；小 B 也想当医生，是因为家里世代从医，而且医生工作稳定，薪水也稳定，同时还能实现父母的心愿。因此，在为自己做职业生涯规划之前，一定要清楚和明确自己的价值观和职业价值观。

三、价值观对职业生涯规划的作用

（一）动机作用

价值观是人们心目中用于衡量事物轻重、权衡得失的天平和尺子，是每个人生活和事业中最重要的精神追求和动力所在。

价值观的澄清有助于找到自己的动力，让生命的活水源源不绝，让人生变得充盈、欢畅，意趣无穷。

研究表明，价值观是影响职业生涯决策的重要因素之一，价值观与工作的满意度水平有关。当人们依循自己的价值观生活时，或有最大程度的幸福感和高自尊。

（二）方向作用

价值观在人们的职业生涯发展中起到极其重要的、决定方向性的作用，甚至超过了兴趣和性格对我们的影响。

（三）抉择作用

当我们在职业发展过程中出现矛盾冲突，想要妥协与放弃时，常常也是出于对价值观的考虑。我们需要对自己的价值观进行澄清和排序，才能知道如何进行取舍。

（四）辨析作用

有效的职业生涯决策与一个人对自己价值观的辨析程度有关。我们对自己的价值观越清楚，职业生涯规划的过程就越容易。因此，澄清自我价值观是有效的职业生涯规划的重要组成部分。

 **自我测试**

职业价值观自测量表

请你根据自己的实际情况回答下列每一个问题，如果你还没有正式工作，可以依照见习经验或自己心仪的工作来回答相关问题。每一个问题的分值为1~5分，在括号内填入分数（"5分"表示"非常重要"，"4分"表示"比较重要"，"3分"表示"一般"，"2分"表示"较不重要"，"1分"表示"不重要"）。

	问题	合计
第一组	1. 你的工作能为社会福利带来看得见的效果。（　　） 2. 你的工作使你能常常帮助他人。（　　） 3. 在工作中，你为他人服务，看到他人很满意，你自己也很高兴。（　　） 4. 由于你的工作，经常有许多人来感谢你。（　　）	
第二组	1. 你的工作带有艺术性。（　　） 2. 你的工作能使世界变得更美丽。（　　） 3. 你的工作成果是艺术品，而不是一般的工农业产品。（　　） 4. 你的工作需要和电影、电视、戏剧、音乐、美术、文学等艺术打交道。（　　）	
第三组	1. 你的工作必须经常解决新问题。（　　） 2. 你的工作是一项对智力的挑战。（　　） 3. 你的工作需要敏锐的思考。（　　） 4. 在工作中常常要你提出许多新的想法。（　　）	
第四组	1. 你的工作使你有不断取得成功的感觉。（　　） 2. 你能从工作的成果中知道自己做得不错。（　　） 3. 你可以预见努力工作的成果。（　　） 4. 你的工作成果常常能得到上级、同事或社会的肯定。（　　）	
第五组	1. 你能在你的工作范围内自由发挥。（　　） 2. 在工作中，你能试行一些自己的新想法。（　　） 3. 在工作中，不会有人常来打扰你。（　　） 4. 在工作中，你是不受别人差遣的。（　　）	

续 表

	问题	合计
第六组	1. 你的工作能使你的同学、朋友非常羡慕你。（　　） 2. 在别人眼里，你的工作是非常重要的。（　　） 3. 你的作风使你被别人尊重。（　　） 4. 你从事的工作经常在报刊、电视中被提到，因而在人们的心中很有地位。（　　）	
第七组	1. 你的工作赋予你高于别人的权力。（　　） 2. 你的工作要求你把一些事务管理得井井有条。（　　） 3. 你的工作需要计划和组织别人的工作。（　　） 4. 在工作中，你可能做一个负责人，虽然只领导少数几个人，但你信奉"宁做兵头，不做将尾"这一俗语。（　　）	
第八组	1. 你的工作奖金很高。（　　） 2. 只要努力，你的工资会高于同龄人，或晋级加工资的可能性要比其他人更大一些。（　　） 3. 你的工作可以使你获得较多的额外收入，比如，常发实物与商品提货券、能打折购买商品、有机会购买进口货等。（　　） 4. 你的工作有数量可观的中、夜班费，以及加班费、保健费或营养费等。（　　）	
第九组	1. 在工作中你能接触到各种不同的人。（　　） 2. 你的工作需要经常外出，要参加各种集会和活动。（　　） 3. 你的工作有可能结识各行各业的知名人士。（　　） 4. 你的工作会使许多人认识你。（　　）	
第十组	1. 不论你怎样干，你总能和大多数人一样晋级和加工资。（　　） 2. 在工作中，你不会因为身体或能力等因素而被人瞧不起。（　　） 3. 只要你干上这份工作，就不会再被调到其他意想不到的单位或岗位上去。（　　） 4. 在工作中，你不必担心会因为所做的事情领导不满意而受到训斥或经济惩罚。（　　）	
第十一组	1. 你的工作上下班时间比较自由。（　　） 2. 你的工作单位有休息室、更衣室、浴室及其他设备。（　　） 3. 你的工作场所环境整洁，灯光适度，空间宽敞，温度适宜。（　　） 4. 你的工作体力上比较轻松，精神上也不紧张。（　　）	
第十二组	1. 你的工作能使人感觉到你是团体的一部分。（　　） 2. 你在工作中能和同事建立良好的关系。（　　） 3. 你工作单位的同事和领导人品较好，相处比较轻松。（　　） 4. 你在工作中能与领导有融洽的关系。（　　）	
第十三组	1. 你的工作内容经常变换。（　　） 2. 你的工作使你有可能经常变换工作地点、工作场所或工作方式。（　　） 3. 你在工作中经常接触到新鲜的事物。（　　） 4. 你在工作单位中有可能经常变换工种。（　　）	

从合计总分最高和最低的项目中，可以大致看出你的价值倾向，在选择职业时可以加以考虑。

注意：某组分值越高，表明在该组职业价值观倾向性越强；某组分值越低，表明在该组职业价值观倾向性越弱。每组总分最高为 20 分，最低为 4 分。

职业价值观的分组及类型如下：

第一组：职业价值观的倾向是利他主义。你认为工作的目的和价值在于直接为大众的幸福和利益尽一份力。

第二组：职业价值观的倾向是美感。你认为工作的目的和价值在于能不断地追求美的东西，得到美的享受。

第三组：职业价值观的倾向是智力刺激。你认为工作的目的和价值在于不断进行智力开发、动脑思考、学习和探索新事物、解决新问题。

第四组：职业价值观的倾向是成就感。你认为工作的目的和价值在于不断创新、不断取得成就、不断得到领导和同事的赞扬或不断实现自己想要做的事。

第五组：职业价值观的倾向是独立性。你认为工作的目的和价值在于能充分发挥自己的独立性和主动性，按自己的方式、步调或想法去做，而不受他人的干扰。

第六组：职业价值观的倾向是社会地位。你认为工作的目的和价值在于所从事的工作在人们的心目中有较高的社会地位，从而使自己得到他人的重视与尊敬。

第七组：职业价值观的倾向是管理。你认为工作的目的和价值在于获得对他人或某事的管理权，能指挥和调遣一定范围内的人或事物。

第八组：职业价值观的倾向是经济报酬。你认为工作的目的和价值在于获得优厚的报酬，使自己有足够的财力去获得自己想要的东西，使生活过得较为富足。

第九组：职业价值观的倾向是社会交际。你认为工作的目的和价值在于能和各种人交往，建立比较广泛的社会联系和关系，甚至能和知名人士结识。

第十组：职业价值观的倾向是安全感。你希望不管自己的能力怎样，在工作中要有一个安稳的局面，不会因为奖金、工资、调动工作或领导训斥等而经常提心吊胆、心烦意乱。

第十一组：职业价值观的倾向是舒适。你希望将工作作为一种消遣、享受的形式，追求舒适、轻松、自由、优越的工作条件和环境。

第十二组：职业价值观的倾向是人际关系。你希望一起工作的大多数同事和领导的人品较好，在一起相处感到愉快、自然，并认为这是很有价值的事，是一种极大的满足。

第十三组：职业价值观的倾向是变异性。你希望工作的内容应该经常变换，使工作和生活显得丰富多彩。

子任务三 探索兴趣与职业

在做职业选择时，需要了解自己的兴趣，因为，不同的人有不同的兴趣。有的人对研究自然科学感兴趣，如天文、地理、生物、化学等；有的人的兴趣倾向于情感世界，活跃于人际关系领域；有的人则倾向于理智世界，在数学、逻辑领域内自由翱翔；有的人对智力操作感兴趣，对读书、写作、演算、设计之类的事情乐此不疲；有的人则对技能操作感兴趣，对修理、车、钳、刨、洗、摄影、弹琴、绘画等兴致颇浓。不同的职业也需要不同的兴趣特征。因此，兴趣在职业活动中的作用应引起人们的重视，对于初选职业的人来说更是如此。

一、兴趣与职业兴趣

(一) 兴趣

兴趣是指人力求认识和趋向某种事物并与肯定情绪相联系的个性倾向。人对有兴趣的事物总是心生向往，优先给予注意。兴趣是最好的老师，可以充分调动人的潜能，提高工作效率，发挥自己的才干。诺贝尔物理学奖获得者丁肇中说过："兴趣比天才重要。"人们对某种职业感兴趣，就会对该种职业表现出肯定的态度，在工作中保持积极性，开拓进取，有助于事业的成功；反之，强迫自己做不喜欢的工作，对精力、才能都是一种浪费。有人对美国成功人士进行了一次调查，结果表明：他们中94%以上的人都从事着自己喜欢的工作。

人的兴趣是多种多样的，但概括起来又可以分为三大类。

1. 物质兴趣和精神兴趣

物质兴趣主要指人们对具体物质（如收藏）的兴趣和追求；精神兴趣主要指人们对精神生活（如看电影）的兴趣和追求。

2. 直接兴趣和间接兴趣

直接兴趣是指对活动过程的兴趣。例如，有的学生想象力丰富，富于创造性，喜欢制作各种模型，在制作过程中，全神贯注，表现出浓厚的兴趣。间接兴趣主要指对活动过程所产生的结果的兴趣。有的学生业余喜欢绘画，每当完成一幅画，都会对自己取得的成果表现出极大的兴趣。

3. 个人兴趣和社会兴趣

个人兴趣是个体以特定的事物、活动及人为对象，所产生的积极的和带有倾向性、选择性的态度和情绪。社会兴趣指社会成员对某一领域的普遍兴趣，或社会某一领域对社会成员的普遍需求。

 **拓展阅读**

兴趣认知

兴趣是最好的老师，也是职业选择的原动力。一旦学生明确了自己的兴趣、优势和潜能，知道了要做什么、不要做什么、能做好什么，他的成就欲就会被点燃，他的主体意识就会被唤醒，渴望成功的强烈愿望将使他不可阻挡地汲取一切他所需要的知识，把学习作为事业成功的需要，从而真正成为学习的主人。

我们从英国戏剧大师莎士比亚的成功之路中就可以看到这一点。莎士比亚小时候在家乡看过几次演出，对戏剧产生了浓厚的兴趣，经常和小伙伴一起演戏玩。后因父亲经商破产，莎士比亚只读了几年书就离开了学校。但他太热爱戏剧了，非常想在戏剧界发展，所以，当他听说当戏剧家要有丰富的知识时，就刻苦自修，读了许多文学、哲学、历史方面的书籍，还学习了希腊文和拉丁文。为了走进戏剧界，他22岁从家乡来到伦敦，先在一家剧院当马夫，给乘车来看戏的有钱人照料马匹，有空他就偷着看演出，细心琢磨剧情和角色。后来，他当了一个配角演员，他在向心中渴望的目标一步步靠近。莎士比亚从23岁开始写剧本，他勤奋学习，坚持不懈地进行创作，一生写了37部戏剧，其中《罗密欧与朱丽叶》《哈姆雷特》等成了不朽的世界名作，他也成了世界上最伟大的剧作家之一。

由此可见，通过对兴趣的认知，把自己有能力做且感兴趣的事作为成功的目标，将会唤起人的主体意识，激发出人的巨大潜能，使之一步一步向目标靠近，最终不可阻挡地进入成功者的行列。

（二）职业兴趣

职业兴趣是指人们对某种职业活动的关注程度以及乐于从事某职业活动的稳定、积极而持久的心理倾向。它是一个人探究某种职业或从事某种职业活动所表现出来的特殊性格倾向，它使个人对某种职业给予优先的关注，并具有向往的情感。职业兴趣是人们职业生涯取得成功的重要推动力，浓厚的职业兴趣能够最大限度地激发人的潜能，使其长期专注于某一方向，付出艰苦的努力，并最终取得职业生涯的成功。

 **自我测试**

六岛环游游戏

你获得了一次免费度假的机会，可以去下列六个岛屿中的一个。唯一的要求是你必须在这个岛上和岛上的居民一起生活至少半年的时间。请不要考虑其他因素，仅凭自己的兴趣挑出你最想前往的岛屿。

A 岛——美丽浪漫岛

这个岛上到处是美术馆、音乐厅，弥漫着浓厚的艺术文化气息。岛民们保留着传统的舞蹈、音乐与绘画技艺。许多文艺界人士都喜欢来到这里寻找灵感。

C岛——现代井然岛

这是一个现代的、都市形态的岛屿，处处耸立着现代建筑。岛上的户政管理、地政管理及金融管理都十分完善。岛民们个性冷静保守，处事有条不紊，善于组织规划。

E岛——显赫富庶岛

该岛经济高度发展，到处都能看到高级饭店、俱乐部、高尔夫球场。岛民性格热情豪爽，善于企业经营和贸易活动。岛上往来者多是企业家、经理人、政治家、律师等。他们在岛上享受着高品质的生活。

I岛——深思冥想岛

这个岛平畴绿野，人少僻静，适合夜观星象。岛上有天文馆、科技博物馆、科学图书馆等。岛民们最喜欢天天猫在自己的小房子里钻研学问，沉思冥想，探究真知。哲学家、科学家和心理学家们常在这里聚会，讨论学术，交流思想。

R岛——自然原始岛

这是个自然生态优良的绿色之岛。岛上不仅保留了热带雨林等原始生态系统，而且建立了相当规模的植物园、动物园、水族馆。岛民以手工制造见长，自己种植花果，栽培蔬菜，修缮房屋，打造器物，制作工具。

S岛——温暖友善岛

岛民们性情温和，乐于助人，十分友善。大家互助合作，重视教育后代。每个社区都能自成一个密切互动的服务网络，处处充满着人文关怀气息。

你最想去的岛屿是哪个呢？

然后，在剩下的五个岛屿中，你最想去的是哪个呢？

最后，在剩下的四个岛屿中，你最想去的是哪个呢？

依次写下来：1. _____　　　2. _____　　　3. _____

六岛环游游戏是对霍兰德职业兴趣理论的一个简单应用，每一个岛代表霍兰德职业兴趣理论的一个类型。R——实用型，I——研究型，A——艺术型，S——社会型，E——企业型，C——事务型。你最想去的三个岛反映了你的兴趣和职业倾向（第一个是主要兴趣，第二、三个是辅助兴趣）。

二、兴趣与职业选择的关系

兴趣对人们所从事的职业有很大的影响，具体来说主要表现在以下几方面：

（一）兴趣是影响职业定向和职业选择的重要因素

人们总是带着情绪色彩和向往的心情对有兴趣的事物给予优先关注。在职业定向与选择过程中，人们往往会像在日常生活中喜欢参加自己感兴趣的活动一样，倾向于寻找个人感兴趣的职业，特别是在外界环境限制较小时，人们都会选择自己感兴趣的职业。一个人如果能根据自己的兴趣来选择职业生涯之路，从事自己感兴趣的职业，就能使个人的主观能动性得到充分发挥，并把整个身心都投入到自己感兴趣的工作中去。因此，兴趣是影响职业定向和职业选择的重要因素。

 **经典案例**

玩转舌尖上的创意
——美食爱好者沈韵的成功之路

迷上"舌尖创意设计"

80后美女沈韵，出生在上海一个知识分子家庭，画画是专业，爱好是烹饪。2000年，朋友在地铁站附近开了一家饭店，地段好，竞争相当激烈。酷爱美食的沈韵仅用一张小小的菜谱，就使朋友的餐馆门庭若市。

沈韵知道，客人大多是看菜谱上的照片点菜，而经她的手摆出来的菜就颇具艺术感。为菜谱做设计时，摆造型要从源头开始，她会苛求厨师的刀功，白菜和肉丝要切得粗细均匀、长短相近。而配料的香菇、竹笋等也要切成丝状，与白菜肉丝"身材"统一。装盘要讲究主次，盘子的中央，恰似舞台的中心，肉丝虽然不多，但肯定当主角。

由于沈韵的工作是电视广告美术指导，经常接触很多拍食品的片子，此后，她开始了解并喜欢上了"食品造型"这个行业。她从网上了解到，其实国外前几年就有食品造型师（food stylist）这个新兴职业了。确切地说，食品造型师就是给食品进行美化和造型的专业人员。他们用自己的双手为食品打造出尽可能自然完美的状态，以激发摄影师的灵感，拍出理想的姿态。

因为视觉认知是大多数人对食物的首选认知方式，所以食品造型师的工作很重要，最终目的是让人有食欲。

第一个客户是"康师傅"

2001年初，真正进入这个行当时，沈韵最早接触的客户是"康师傅"，工作内容是为福满多牛肉面"操刀"。为了做好这个造型，她需要研究怎样将牛肉颜色做得够红够漂亮，怎样通过装置做出面泡好后的热气和小气泡等。"在这期间，光是测试就做了将近两周。要把肉煮得比较有光泽，有筋有肉、肥瘦相间，而且要看上去有一点儿热气腾腾的感觉。"

为了让大家对食品造型有一个更加形象的了解，她毫不避讳地讲述了全部的制作环节。首先，把牛肉切块，胡萝卜切丁，放入沸水中翻滚。牛肉块要立即取出，"这样处理过的牛肉可以充分显出自身的纹理，但又不显老"。而胡萝卜丁必须等它有些变色后，才能捞起，再和牛肉块一起放进酱汁中浸泡着色。"生的胡萝卜颜色太艳，容易抢主角的风头"，因此要多煮一会儿。

第二步，将一束面条整齐地放入沸水中。注意，在水中稍微浸一下就要捞出，然后在碗中摆造型，不断调整，直至满意为止。紧接着，用酱汁、凉水、食用色素等调出汤底，从四边慢慢注入碗内。

接下来是最关键的一步：取出已着色完毕的牛肉块和胡萝卜丁，一块儿一块儿地堆放在面条上面。"胡萝卜和牛肉的前后关系要掌握好，包括胡萝卜丁露出多少都要仔细观察、调整，最后的画龙点睛之处就是摆上葱段，要让人看着既不觉得呆板又没有松散之感。一定要注意葱段的量及其在画面中的视觉重心和色彩比例。"就这样，一碗好看的红烧牛肉面就新鲜"出锅"了。这个广告在多家电视台播出后，给亿万人留下了深刻印象。

一个鲜为人知的秘密是，在造型过程中，她还曾经多次尝试一个步骤，即在牛肉块上淋一些用淀粉加食用色素勾芡而成的汤汁，让牛肉块显得更"水灵"。可是试拍后发现，效果并不理想，照片中呈现出的牛肉过于晶莹剔透，而失去了牛肉固有的那种粗犷感。

沈韵每天的工作时间长达12～16个小时，有时候甚至要熬夜拍摄。她说："连续拍24个小时也是常有的事，我们可能会从头一天早上六七点开始拍，一直拍到第二天中午。"

最夸张的一次，拍了整整两天两夜才结束，因为每个案子的需求不同，手法也要创新。"客户有品牌概念在里面，比如拍一个汉堡，肉的厚度或者黄瓜摆放的位置，他们都有自己的考量。"沈韵调侃说，要想成为一名合格的食品造型师，除了专业技能外，还应该加上能熬夜、体力好。否则，你会撑不住的！

沈韵曾为国际知名品牌哈根达斯做造型、拍广告。内行都知道，为冰激凌做造型的难度非常高。因为真冰激凌无论是多高级的，都不能在摄影棚的灯光下拍摄。"还没等你替它摆好造型，它就已经开始融化了。"沈韵解释说。这就需要用好几种其他材料混合做出"替代品"。

为了鼓捣出不会融化的冰激凌，她在家研究了两个多月才成功。哈根达斯老板看了觉得非常逼真，表示满意，还称沈韵是"天才创意大师"。事实上，就连一些欧美食品造型师也对拍这种广告颇感头疼，他们常用土豆泥做冰激凌。不过，土豆泥的质感还是与真正的冰激凌有很大差距，难免给人一种很假的感觉。

沈韵还透露，在食品造型界也有一定的"潜规则"。比如：用白色乳胶取代牛奶，这样浸泡的谷物看起来就不会显得潮湿；冰块可能只是手工雕刻的塑料块；食物热气腾腾的效果可能来自微波炉里燃烧过的棉球。

全中国的"十分之一"

除了经常为一些食品生产企业拍电视广告片外，沈韵也常为一些烹饪、美食及时尚类杂志推介的菜品做造型。

沈韵说，作为一个优秀的食品造型师，应该具备出色的综合素质。美术基础、摄影基础、PS基础、色彩学、几何学、厨艺、食材知识、采购常识、食品价格、成本控制、道具搭配、动手能力、创造思维，这些通通要了解。

2012年，沈韵应邀参加湖南卫视的综艺节目。当她把林林总总的制作工具在镜头前一亮相，就把很多人惊得目瞪口呆。原来，做食品造型师除了厨师的常用工具外，最常用的是镊子这类小玩意儿。"外科手术或者是牙医用的医疗器械我们用得很多，像手术刀、手术剪等。这个行业虽然并不存在什么危险性，但特别考验耐心，干这行一定要坐得住。"

正因为做食品造型如此"复杂"，这方面的人才在全世界都堪称"珍稀"。以出现食品造型师最早的北欧国家瑞典为例，全国也不过区区6人。这些食品造型师同时还是厨师、美食家、时尚造型师或者摄影师。在中国，干这行的绝对不到 10 人，且沈韵是中国唯一一位女食品造型师。尽管平时非常辛苦，但薪水也是相当丰厚的，现在沈韵每 12 小时的收入就高达 5 位数。这不能不让人对这种新贵职业惊美不已！

如今，沈韵已为康师傅、麦当劳、必胜客、哈根达斯等数十家国际知名企业"操刀"，我国半数以上电视食品广告的造型作品均出自她手。

（来源：《玩转舌尖上的创意：中国唯一女食品造型师沈韵》，有改动）

（二）兴趣可以增强人的职业适应性

研究资料表明，如果一个人对某一项工作有兴趣，就能发挥他全部才能的 80%～90%，并且能长时间地保持高效率而不感到疲劳；相反，如果对某项工作不感兴趣，那么在这方面只能发挥其全部才能的 20%～30%，还容易感到疲劳、厌倦。因此，兴趣不仅可以促进个人能力的发挥，而且广泛的兴趣可以使人善于应付多变的环境，即使变换工作性质，也能很快熟悉和适应。

（三）兴趣是保证个人职业稳定性和工作满意度的重要因素

兴趣的本质特征决定了一个人对某种事物感兴趣，会激发起他对该事物的求知欲和探索热情，促使他充分调动整个身心的积极性，使情绪饱满，智能和体能进入最佳状态，最大限度地施展才华，挖掘潜力，发挥人的主动性和创造性。一般来说，从事自己不感兴趣的职业很难让人感到满意，并由此导致工作的不稳定。

子任务四　探索性格与职业

一、性格概述

性格是一种人格特质，也是个性心理特征的核心部分。我们周围的同学，有的活泼开朗，有的深沉内向；有的踏实细心，有的粗心马虎；有的遵守纪律，有的自由散漫；有的关心集体、乐于助人，有的自私自利。这些经常性的表现及特点，就是通常所说的性格。

从心理学的角度看，性格是一个人对客观现实的稳定态度以及与之相适应的习惯化了的行为方式。也就是说，性格包含人的态度和行为方式两个方面，这两方面紧密联系，形成了具有独特性、相对性、稳定性和一致性的性格特征。个体的一时性的偶然表现不能认为是他的性格，只有经常性、习惯性的表现才能认为是他的性格。"江山易改，本性难移"说明了性格的稳定性。但性格也不是一成不变的，"近朱者赤，近墨者黑"说明性格是可以塑造的。

性格作为个人鲜明而稳定的心理特征，是由多方面的特征有机地结合而成的。每个人在其成长经历中，可能受到生理、遗传、家庭教养、文化、学习经验等因素的影响，而形成不同的性格特征，各种性格特征的不同组合带来了性格类型的差异。在性格的类型上，有多种分类，常见的有：外向型与内向型，理智型与情绪型，独立型与顺从型，等等。不同性格类型的个体在不同的情境中会表现出特定的气质和行为方式，进而影响到他们的职业发展。

二、性格的特征

从性格的组成来分析，可以把性格分解为态度特征、意志特征、情绪特征和理智特征四个成分。

（一）性格的态度特征

性格的态度特征是指一个人如何处理社会各方面的关系的特征，即对社会、集体、工作、劳动、他人及自己的态度的特征，如忠于祖国、热爱集体、认真负责、一丝不苟、谦虚谨慎、乐于助人、善待自己等。

（二）性格的意志特征

性格的意志特征是指一个人对自己的行为自觉地进行调节的特征，如有远大理想、行动有计划、有团队精神、果断、有耐心、有毅力等。

（三）性格的情绪特征

性格的情绪特征是指一个人的情绪对他的活动的影响，以及他对自己情绪的控制能力。例如，有的人善于控制自己，情绪稳定，积极乐观；而有的人感情脆弱，情绪波动较大，心境容易悲观。

（四）性格的理智特征

性格的理智特征是指一个人在认知活动中所表现出来的特征，如独立或依赖、现实感强或爱幻想、深思熟虑或人云亦云、思维精确或思维模糊等。

性格的态度特征是核心，尤其是对社会、集体的态度最为重要，因为态度直接表现出了一个人对事物所特有的、比较恒常的倾向，同时也决定了性格的其他特征。所以，分析性格时，要抓住主要特征，结合次要特征，综合分析。

在现实生活中，纯属于某一性格特征类型的人不多，大多数人属于混合型性格，在不同的场合下会显露出不同的一面。例如，鲁迅先生既"横眉冷对千夫指"，又"俯首甘为孺子牛"，可见性格的丰富性和辩证统一性。

三、性格类型与职业匹配

人的性格千差万别，或热情外向，或沉着冷静，或火爆急躁。职业心理学的研究表明，不同的职业有着不同的性格要求，例如，对驾驶员要求具备注意力稳定、动作敏捷的职业性格特征；对医生则要求具备耐心细致、热情待人的职业性格特征。当然，每个人的性格都不能百分之百地适合某一职业，但可以根据自己的职业方向来培养、发展相应的职业性格。对组织而言，性格决定了每个员工的工作岗位和工作业绩；对个人而言，性格决定着自己的事业能否成功。因此，性格是组织选人、个人择业的重要因素之一。

 经典案例

江某是一个非常活泼、外向的女生。刚毕业的时候，迫于就业压力，她没考虑自己的性格特点，匆忙选择了画报社编辑的工作。半年下来，日复一日的重复工作让她感到十分厌倦。之后，她做了专业的性格和职业能力倾向性测试，职业顾问给她的建议是从事与营销策划相关的工作。后来，她去了一家合资的广告公司从事客户代表工作，这项工作特别适合她，很快，她的业绩就位列公司榜首。5年后，她又成功跳槽到一家跨国4A广告公司担任中国区经理。

【案例分析】

上述案例中的主人公意识到她的性格和第一份职业并不匹配，继而主动改变职业发展方向，转向适合其活泼、外向性格的职业，取得了很大的职业成就。

在研究性格和职业的关系时，一般根据对外界的态度把性格分为外向型和内向型两种；还可以根据对外部世界的感知和认识方法分为敏感型、感情型、思考型、想象型四种。大学毕业生在考虑或选择职业时，一定要考虑自己的性格特点，从而根据自己的性格特点选择最适合的职业，以达到性格和职业的匹配。

内向性格的人有耐心，谨慎，适合做计划性强、稳定的工作，如医生、科学家、机械师、编辑、工程师、技术人员、艺术家、会计师、录排员、程序设计员等。

外向性格的人爱好交际，善于活跃气氛，适合做与人交往的工作，如人事顾问、管理人员、律师、记者、政治家、警察、售货员、演员、推销员等。

不少人兼有内向和外向两种性格，生活中屡见不鲜，如一个从前腼腆内向的人最后却成了成功的企业家，而一个开朗好动的人在安静的实验室度过了一生。

敏感型性格的人，精神饱满，办事爱速战速决，但行为常有盲目性；在与人交往中，他们往往会拿出全部热情，但受挫时又容易失望、消沉。这个类型的人在运动员、行政人员等各种职业中均有。

感情型性格的人，感情丰富，喜怒哀乐溢于言表，不喜欢单调的生活，爱寻找刺激、爱感情用事，对新生事物很有兴趣；但他们往往在与人交往中容易冲动，有时反复无常，傲慢无礼，与其他类型的人有时不易相处。这个类型人在演员、活动家中较多。

思考型性格的人，善于思考，逻辑思维发达，有较成熟的观点，一切以事实为依据，一旦做决定，能够持之以恒，生活、工作有规律，爱整洁，时间观念强，重视调查研究和精确性；但这类人有时思想僵化、教条，纠缠细节，缺乏灵活性。这个类型的人在工程师、教师、财务人员和数据处理人员中较多。

想象型性格的人，想象力丰富，憧憬未来，在生活中不太注重小节，对那些不能了解其思想价值的人往往不耐烦，有时行为刻板，不合群，难以相处。这个类型的人在科学家、发明家、研究人员、艺术家、作家中居多。

当然，在实际生活中，纯粹的外向型或内向型的人是很少的，绝大多数人都是混合型。我们常说"性格决定命运"，因此很多人只把性格归于先天造就，而没有意识到，性格在很大程度上是靠后天培养的。事实上，每个人一生中都会因为这样那样的原因而改变原有的性格，这种改变未必是坏事，正是因为有了自觉不自觉的某些改变，人们才发现了自己的某些潜能。

子任务五　探索气质与职业

一、气质概述

气质是指在人的认识、情感、言语、行动中，心理活动发生时力量的强弱、变化的快慢和均衡程度等稳定的动力特征。气质主要表现在情绪体验的快慢、强弱，表现的隐显以及动作的灵敏或迟钝方面，因而它为人的全部心理活动表现染上了一层浓厚的个性色彩。它与日常生活中人们所说的"脾气""性格""性情"等含义相近。

人的气质差异是先天形成的，受神经系统活动过程的特性所制约。孩子出生时，最先表现出来的差异就是气质差异，有的孩子爱哭好动，有的孩子平稳安静。气质是人的天性，没有好坏之分，它只给人们的言行加上某些特征，不能决定人的社会价值。任何一种气质类型的人既可以成为品德高尚、有益于社会的人，也可以成为道德败坏、有害于社会的人。气质不能决定一个人的成就，任何气质的人只要经过自己的努力都能在不同的领域中取得成就。

二、气质类型及匹配职业

人们一般把气质分为四种类型，即胆汁质、多血质、黏液质、抑郁质。四种不同的气质类型具有不同的心理特征。气质与职业相匹配，能提高工作效率。

（一）胆汁质

胆汁质的人具有独立见解，反应迅速，行为果断，喜欢直接表达自己的想法，表里如一。他们不愿受人指挥而喜欢指挥别人，一旦认准目标，就希望尽快实现，遇到困难也不折不挠，有魄力、敢负责。但他们往往自制力较差，容易感情用事，与别人沟通时往往会发生冲突；工作带有明显的周期性，能以极大的热情投身于事业，而一旦筋疲力尽，情绪顿时转为沮丧，以致心灰意冷。

工作时需要激情与超越的职业都比较适合胆汁质的人，如艺术家、演说家、政治家、企业家、节目主持人、消防员、军人、冒险家、刑事警察、竞技运动员等。胆汁质的人一般与细致的工作无缘，不适合做整天坐在办公室或不走动的工作。

（二）多血质

多血质的人更易于适应环境的变化，性情开朗、热情，善于交际，在群体中精神愉快，相处自然。他们有广泛的兴趣，在工作和学习上肯动脑筋，常表现出机敏的工作能力和较高的办事效率。但因情绪不够稳定，易于浮躁，不适宜从事单调机械、细致谨慎的工作，富有挑战性的工作是他们的理想选择。

多血质的人在职业上具有较广的适应性，比较适合需要主动与人沟通和交往的职业，如外交、公关、营销、演员、新闻记者、教师、导游、咨询师等。

（三）黏液质

黏液质的人具有较强的自我克制能力，能埋头苦干，态度稳重，不易分心，无论环境如何变化，都能基本保持心理平衡。他们凡事力求稳妥，深思熟虑，不做无把握的事情；与人交往时，态度不卑不亢；行动缓慢而沉着，严格恪守既定的生活秩序和工作制度，因此，能够高质量地完成那些要求坚忍不拔、有条不紊的工作。其不足之处是过于拘谨，不善于随机应变，对新的工作较难适应。

需要情绪稳定、按条理工作并与人交流的职业比较适合黏液质的人，如法官、医生、公务员、播音员、办公室职员、翻译员等。

（四）抑郁质

抑郁质的人有较高的感受性，情感和行为动作都相当缓慢，容易产生情感，不需要过多与人交往，需要思维缜密细腻且内容变化不大的职业比较适合抑郁质的人，如文学家、诗人、科学家、会计、保管员、机要秘书、化验员、打字员、校对员、检查员、数据员等。抑郁质的人不适合做要与各色人物打交道、变化多端、压力较大的工作。

这四种气质类型没有好坏之分。作为个体个性特征的一部分，气质具有先天性和固有性，而且具有典型气质的人并不多见，大多数人的气质是若干典型气质的组合，即人们的气质具有多样性和差异性。气质是个性中最稳定的因素，能影响一个人的工作效率。特别是在一些需要身心高度紧张的职业中，气质不仅关系到工作的效率，还关系到事业的成败。

某些气质特征往往为一个人从事某种职业活动提供了有利的条件。气质构成了人们选择职业的客观条件，是人们选择职业的基础，依据自身条件，每个人都有自己适合的职业领域。在选择职业时，要注意与自己的气质类型相匹配，自身的客观条件与职业相匹配，才能发挥出个人的潜力，才能在职场的竞争中保持优势，才有可能赢得事业的成功。气质类型有时也会成为用人单位录用员工的重要标准之一。

子任务六　分析能力与职业

一、能力的概念

能力是人顺利地完成某种活动必备的心理特征，它和人的活动相联系并表现在活动中。我们只有从一个人所从事的某种活动中，才能看出他具有某种能力。能力是保证活动取得成功的基本条件，但不是唯一条件。活动能否顺利地进行，能否取得成功，往往还与人的个性特点、知识技能、工作态度、物质条件、健康状况以及人际关系等因素有关。

能力和知识、技能关系密切。能力在掌握知识、技能的过程中形成和得到发展，掌握知识、技能又是以一定的能力为前提的。但能力又不同于知识、技能。知识是人脑对客观事物的主观表征，技能是人们通过练习而获得的动作方式和动作系统。

二、能力的分类

由于职业能力是多种能力的综合，因此，我们可以把职业能力分为一般职业能力、专业能力和综合能力。

（一）一般职业能力

一般职业能力主要是指一般的学习能力、文字和语言运用能力、数学运用能力、空间判断能力、形体知觉能力、颜色分辨能力、手的灵巧度、手眼协调能力等。此外，任何岗位的工作都需要与人打交道，因此，人际交往能力、团队协作能力、对环境的适应能力，以及遇到挫折时良好的心理承受能力都是我们在职业活动中不可缺少的能力。

（二）专业能力

专业能力主要是指从事某一职业的能力。在求职过程中，招聘方最关注的就是求职者是否具备胜任所应聘的工作岗位的专业能力。例如，你去应聘教学岗位，对方最看重的是你是否具备基本的教学能力。

（三）综合能力

这里主要介绍国际上普遍注重培养的"关键能力"，包括以下四个方面。

1. 跨职业的专业能力

从以下三个方面可以体现出一个人跨职业的专业能力：一是运用数学和测量方法的能力；二是计算机应用能力；三是运用外语解决技术问题和进行交流的能力。

2. 方法能力

一是信息搜集和筛选能力；二是制订工作计划、独立决策和实施的能力；三是具备准确的自我评价能力和接受他人评价的承受力，并能够从成败经历中有效地吸取经验教训。

3. 社会能力

社会能力主要是指一个人的团队协作能力、人际交往能力和与人沟通的能力。在工作中能够协同他人共同完成工作，对他人公正宽容，具有准确的判断力和高度自律的能力等，是胜任岗位和在工作中开拓进取的重要条件。

4. 个人能力

随着我国经济体制改革的不断深入，法制的不断健全和完善，人的社会责任感和诚信度将越来越被重视，职业道德会越来越受到尊重和赞赏，爱岗敬业、注重细节的职业人格会得到全社会的肯定和推崇。

三、能力与技能测评

能力与技能的测评主要包括智力测评、技能测评、能力倾向测评和学习能力测评四个方面。

（一）智力测评

智力测评的原理是：在相同的职业中，智力高的人比智力低的人学得快，做得好；不同职业对人的智力的要求也不尽相同。在智力测评中，我国主要采用的有两种：一种是由韦克斯勒于1955年编制，在1981年由中国湖南医学院（现中南大学湘雅医学院）的龚耀先修订的韦氏成人智力测验（WAIS-RC），另一种是联合型瑞文测验（CRT）。

1. 韦氏成人智力测验

韦氏成人智力测验适用于16岁以上的被测验者，并分为农村和城市两种模式。测验分为言语和操作两部分。言语部分包括知识（I）、领悟（C）、算术（A）、相似性（S）、数字广度（D）、词汇（V）6个分测验；操作部分包括数字符号（DS）、图画填充（PC）、木块图（BD）、图片排列（PA）、图形拼凑（OA）5个分测验。算术、图片排列、木块图、图形拼凑、数字符号和图画填充有时间限制，其他测验不限制时间。有的项目通过后记1分，未通过的记0分，如知识测验；有的项目按回答的质量分别记0分、1分或2分，如领悟、相似性和词汇测验。最后言语测验的量表分加上操作测验的量表分得出总智商。表2-2是由韦氏成人智力测验得出的智力等级分布表。

表2-2　韦氏智力等级分布表

智　商	智商分等	理论分布（%）
130及以上	极超常	2.2
120～129	超常	6.7
110～119	高于平常	16.1
90～109	平常	50.0
80～89	低于平常	16.1
70～79	边界	6.7
69及以下	智力缺陷	2.2

2. 联合型瑞文测验

本测验为非文字智力测验，根据原瑞文（J. C. Raven）的渐进矩阵测验的标准型与彩色型联合而成。5～75岁的幼儿、儿童、成人、老人皆可借此测验粗评智力等级。一般情况下，正常的三年级以上儿童与 65 岁以下成人均可团体施测，幼儿、智力低下者和不能自行书写的老年人宜个别施测。此测验可用于有言语障碍者的智力测量。本测验的量表分数是先将被试的原始分数换算为相应的百分等级，再将百分等级转化为 IQ 分数。例如，一个 16 岁城市儿童测得原始总分为 55 分，先查百分等级常模表得到 55 分相应的百分等级为 70，再查智商常模表得到 70 百分等级的 IQ 为 108，属于中等。表 2-3 列出了联合型瑞文测验得出的瑞文智商分级标准。

表 2-3　瑞文智商分级标准

智　商	智商分等	理论分布（%）
极优	130 及以上	2.2
优秀	120～129	6.7
中上（聪明）	110～119	16.1
中等（一般）	90～109	50.0
中下（迟钝）	80～89	16.1
边缘	70～79	6.7
智力缺陷	70 以下	2.2

（二）技能测评

技能测评是对一个人技能技巧的实际水平的测验，而不是潜在水平的测验，属于成就测验。测验的方式大多数是作业实例测验，如 SRA 听写技巧测验、DAT 语言使用测验、明尼苏达工程类类推测验、业务打字测验等。例如，汽车修理厂在挑选汽修技工时所进行的测评就是技能测评。

（三）能力倾向测评

所谓能力倾向是一种潜在的、特殊的能力，它与经过学习训练而获得的才能是有区别的，它本身是一种尚未接受教育训练前就存在的潜能。能力倾向测评可以判断一个人的能力优势与在某一职业成功发展的可能性。此类测验分为普通能力倾向测验和特殊能力倾向测验。

1. 普通能力倾向测验

普通能力倾向成套测验（General Aptitude Test Battery，GATB）最初是美国劳工部从 1934 年开始，利用了 10 多年时间研究制定的，适合许多不同职业群检查各自的不适合者。由于这套测验在许多国家被广泛使用，因而备受推崇。这套测验主要是实现对许多职业领域所必备的几种能力倾向的测评。它由 15 种测验项目构成，其中 11 种是纸笔测验，其余 4 种是操作测验，这两种测验可以测评 9 种能力倾向。

（1）G——智能。智能即一般的学习能力，包括对说明、指导语和诸原理的理解能力、推理判断能力、迅速适应新环境的能力。

（2）V——言语能力。言语能力是指理解言语的意义及与它相关的概念，并有效地掌握它的能力；对字词、句子、段落、篇章及其相关关系的理解能力；清楚而准确地表达信息的能力。言语能力包括口头表达能力和文字理解与表达能力。

（3）N——数理能力。数理能力是指在正确而快速进行计算的同时能进行推理并解决应用问题的能力。

（4）Q——书写知觉能力。书写知觉能力是指对文字、表格、票据等材料的细微部分正确知觉的能力；直观地比较、辨别字词和数字，发现错误和矫正的能力。

（5）S——空间判断能力。空间判断能力是指对记忆平面图形与立体图形之间的关系的理解能力和解决应用问题的能力。

（6）P——形态知觉能力。形态知觉能力是指对实物或图像的有关细节的正确知觉能力；根据视觉能够比较、辨别的能力；对图形的形状和阴影的细微差别、长宽的细小差异进行辨别的能力。

（7）K——动作协调能力。动作协调能力是指迅速、准确、协调地做出精确的动作，并迅速完成作业的能力；迅速而准确地做出反应动作的能力；手眼协调运动的能力。

（8）F——手指灵活性。手指灵活性是指快速而准确地活动手指，操作细小物体的能力。

（9）M——手腕灵活性。手腕灵活性是指随心所欲地、灵巧地活动手以及手腕的能力；拿取、放置、调换、翻转物体时手指的精细运动能力和手腕的自由运动能力。

其中，V、N、Q能力出色的人，属于认知型；S和P能力出色的人可归入知觉型；K、F、M突出的人，属于运动技能型。现实生活中，许多人可能同时在两类能力类型中都相当优秀，或者9种能力水平相差不多，没有哪一类特别突出。普通能力倾向测试的意义在于帮助你发现什么样的职业领域最能发挥自己的潜能，而不是简单地划定"最适合的职业"。要知道，人的很多能力是可以通过后天培养形成的。

2. 特殊能力倾向测评

这个测验是系列式的，是国外企业常用的职业能力倾向性测验，主要包括四大类。

（1）机械倾向性测验，主要测量人们对机械原理的理解和判断空间形象的速度、准确性以及手眼协调运动的能力。

（2）文书能力测验，专门测试个人打字、速记、处理文书等方面的能力，适合对文职人员的能力进行测量。

（3）心理运动能力测验，主要测量工业中许多工作所需的肌肉协调、手指灵活或眼与手精确协调等能力。

（4）视觉测验，运用特殊仪器对视力的多种特征进行测验，以评定其是否符合一定工作的要求。

（四）学习能力测评

学习能力测评是用笔试的方式测评学习能力。学习能力测评中最常用的题型包括必答题、选答题与综合题。例如，升学考试就是一种学习能力的测评，通过考试的人有能力进入更高层次的学校进行学习。

课后拓展

工作价值观拍卖会

假定你正在参加一个很重要的拍卖会，在这个拍卖会上，你只有 10000 元可花。为了保证成功，你决定只拍五个你认为最重要的项目，而且根据你认为的项目的重要程度进行不同的金额分配，想想看，你会怎样来分配？

待出售的职业：能够让我……的职业	预算金额	背后的价值
1. 具有吸引力，让每一个认识的人都喜欢自己		容貌，被赏识
2. 长寿而且没有疾病		健康
3. 有清晰的自我认识		智慧，自我了解，内心和谐
4. 每年至少赚 100 万		财富，收入
5. 成为一个组织或团体中最有影响力的人		权力，领导，控制
6. 有时间享受天伦之乐，过愉快的、有意义的家庭生活		家庭关系，生活方式
7. 为自己的宗教、政治信仰献身		对道德和宗教的关注
8. 参加社会活动，如音乐会、戏剧表演或体育比赛		审美，休闲，刺激
9. 在一个没有歧视、欺骗和不公正现象的环境中工作		公平，正义，诚实
10. 利用自己的专长为别人提供帮助		利他主义，帮助他人
11. 什么时候都可以做自己喜欢的事情		自主，独立的生活方式
12. 有一份稳定的工作和收入		工作有保障，稳定
13. 能够寻找到生活的意义和真谛		智慧，真理，个人成长
14. 精通专业，在所做的一切事情上都取得成功		成就，技能，赏识
15. 有学习的条件，有所需要的全部书籍、电脑和各种辅助材料		知识，智力发展
16. 创造一个能让人们自由地给予和付出爱的氛围		慈爱，友谊，爱
17. 冒险，迎接挑战，过一个精彩的人生		冒险，兴奋，竞争
18. 产生新思想，创造新的行动方式		创造性，多样性，变化性
19. 自由决定工作的条件、时间、着装等		自由，独立，个人权利
20. 制作有吸引力的物品，为世界增添美丽		审美，艺术性的创造
21. 获得全国性的名誉和声望		被赏识，有威望
22. 休长假，什么也不做，只要开心玩乐		休闲，放松

思考一下每个项目所表达的价值。如果你为了某个项目出价 5000 元甚至更多，那它对应的价值也许就是你生命中最重要、最有意义的价值。

任务三 认识职业世界

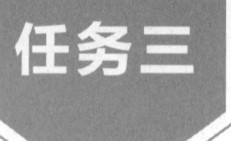

学习目标

1. 了解职业的特点，熟悉职业的分类。
2. 掌握探索职业信息的内容和方法。
3. 学会进行职业环境分析。

子任务一　初识职业世界

一、职业的特点

人们的职业劳动不仅是为个人谋生，同时也是在尽社会义务。一个人通常只能从事一种或几种具体的劳动，不可能生产出个人所需要的所有生活资料，人和人之间是相互依存的，需要用自己的劳动成果与别人的劳动成果进行交换。通过交换，在满足自己需要的同时，也满足其他社会成员的需要，从而起到了为他人服务的作用，对国家和社会也做了贡献。在人的一生中，职业生活占有重要位置，职业活动对于人的个性发展有着至关重要的作用。人们接受教育所获得的知识和能力，通过职业劳动发挥出来，产生社会作用。人们在职业劳动的实践中，使自己的体力、智力、知识和技能的水平不断得到发展和完善。

从职业产生与发展的历史及其对人类社会发展的影响来看，职业具有以下特征：

（一）产业性

一个国家，一个社会，就大的方面可以分为三类产业：第一产业和第二产业都是物质生产部门，第三产业虽然并不生产物质财富，但却是社会物质生产和人民生活必不可少的部门。在传统农业社会，农业人口比重最大；在工业化社会，工作领域中的职业数量和就业人口明显增加；在科学技术高度发达和经济发展迅速的社会，第三产业职业数量和就业人口显著增加。

（二）行业性

行业是根据生产工作单位所生产的物品或提供服务的人的不同而划分的，它按企业、事业单位、机关团体和个体从业人员所从事的生产或其他社会经济活动性质的同一性进行分类。一种行业的职业内部，其劳动条件、工作对象、生产工具、操作内容相同或相近。由于环境的同一，人们就会形成同一的行为模式，有共同的语言习惯和道德规范。不同职业间存在着很大的差异，劳动条件、工作对象、工作性质等各不相同。随着社会的进步和发展，新的职业（如经纪人等）将会不断涌现，各种职业间的差异也会不断变化。

（三）职位性

职位是一定的职权和相应责任的集合体，职权和责任是组成职位的两个基本要素。职权相同，责任一致，就是同一职位。在职业分类中，每一种职业都含有职位的特性。从社会需要的角度来看，职业并没有高低贵贱之分，但是，现实生活中由于对从事职业的素质要求不同，以及人们对职业的看法或舆论的评价不同，职业便有了层次之分。这种职业的不同层次往往是由不同职业体力、脑力劳动的付出，工作任务的轻重，收入水平、社会声望、权力地位的高低等因素决定的。

（四）组群性

无论以何种依据来划分职业，其都带有组群特点。例如，科学研究人员中包含哲学、社会学、经济学、理学、工学、医学等学科的工作者，咨询服务事业包括科技咨询工作者、心理咨询工作者、职业咨询工作者等。

（五）时空性

随着社会的发展和进步，职业变化迅速，除了不断更新外，同一种职业的活动内容和方式也会发生变化，所以职业的划分带有明显的时代性，不同时代有不同的热门职业。我国曾出现的"当兵热""从政热"，后又出现的"下海热""外企热"等，都反映出特定时期人们对某种职业的热衷程度。

二、职业的分类

社会分工是职业分类的依据。在分工体系的每一个环节上，劳动对象、劳动工具及劳动的支出形式都各有其特殊性，这种特殊性决定了各种职业之间的区别。

根据国际标准职业分类的介绍，现代社会职业分类有一万多种。如此众多的职业岗位，是在社会分工和劳动分工的基础上划分的。社会分工是指由于生产发展需要而引起的国民经济各部门之间的分工，也包括各部门内部的分工。

（一）我国的职业分类

根据不同标准，我国的职业可有不同的分类方法。如从行业上划分，可分为第一、二、三产业；从工作特点上划分，可分为务实（使用机器、工具和设备的工种）、社会服务、文教、科研、艺术及创造、计算及数学（钱财管理、资料统计）、自然界职业、管理、一般服务性职业等十多种类型的职业。每一种分类方法，对职业的特定性都有着明确的解释，这对于更好地掌握某一职业的特点、选择适合自身的职业有指导作用。

我国的职业分类结构分成四个层次，即大类、中类、小类和细类（职业）。细类就是职业，是最基本的类别。2021年修订的《中华人民共和国职业分类大典》将我国社会职业总体结构分为8个大类、79个中类、449个小类、1636个职业，其中8个大类分别是：

第一大类：党的机关、国家机关、群众团体和社会组织、企事业单位负责人。

第二大类：专业技术人员。

第三大类：办事人员和有关人员。

第四大类：社会生产服务和生活服务人员。

第五大类：农、林、牧、渔业生产及辅助人员。

第六大类：生产制造及有关人员。

第七大类：军队人员。

第八大类：不便分类的其他从业人员。

以上分类是国家制定的职业标准，是进行职业资格认证考核活动的依据。

（二）国外的职业分类

世界各国国情不同，其划分职业的标准也有所区别。根据西方国家的一些学者提出的理论，在国外，职业一般有三种分类方法。

1. 按脑力劳动和体力劳动的性质、层次进行分类

美国的职业分类方法之一是把工作人员分为两大类：一类为白领工作人员，另一类为蓝领工作人员，即通常所讲的白领阶层与蓝领阶层。

白领工作人员包括：专业性和科技性的工作，如会计师、建筑师、计算机专家、工程师、医生、教师、科学家、作家等；农场以外的经理和行政管理人员；销售人员；办公室工作人员。

蓝领工作人员包括：手工艺术及类似工人，如木匠、砖瓦匠、油漆工等；农场以外的工人，如饲养人员、建筑工人、垃圾工、伐木工等；服务性行业工人，如清扫服务工、农场工人、私人服务人员等。

这种分类概括简单扼要，但明显表现出职业的等级性。

2. 按心理的个别差异进行分类

美国著名的职业指导专家约翰·霍兰德创立的人格职业类型，把个性心理特征与职业类型统一了起来，便于实施职业指导。例如，企业型的适合去企业，艺术型的可以去做乐队指挥、音乐教师等，研究型的可以从事科学研究、做工程技术人员等。这种分类方法能使从业者在心理上得到满足，充分发挥创造性，进而提高工作效率。但在择业或实施职业指导时，必须采取严格、准确的心理测试。况且，人的个性心理特征和职业都是发展变化的，很难用固定的格式把人与职业匹配起来。比如企业型的人，其人格特征是偏好说服、操纵、指导他人，重视物质成就和社会地位，拥有销售和说服能力，缺乏科学能力。那么他们应当选择的职业应该是项目经理、零售商、政府官员、企业领导或者律师等。

3. 按各职业的主要职责或所从事的工作进行分类

这种分类方法较为普遍，以两种典型为例。其一是国际标准职业分类。国际标准职业分类把职业由粗至细分为 4 个层次，即 8 个大类、83 个小类、284 个细类、1506 个职业项目，总共对 1881 个职业名称进行了明确定义。其中 8 个大类是：（1）专家、技术人员及有关工作者；（2）政府官员和企业经理；（3）事务性工作者和有关工作者；（4）销售工作者，服务工作者；（5）农业、牧业、林业工作者，以及渔民和猎人；（6）生产及有关工作者；（7）运输设备操作者和劳动者；（8）不能按职业分类的工作者。这种分类方法便于提高国际间职业统计资料的可比性和国际交流。其二是加拿大《职业岗位分类词典》的分类。它把分属于国民经济中主要行业的职业划分为 23 个主类，主类下分 81 个子类、489 个细类、7200 多个职业。此种分类对每种职业都有定义，逐一说明了各种职业的内容及对从业人员在普通教育程度、职业培训、能力倾向、兴趣、性格及体质等方面的要求，有较高的参考价值。

子任务二　探索职业世界

一、职业探索的内容

对具体职业的探索是整个职业探索的核心部分。在探索时要尽可能全面地掌握关于职业的信息，主要包括以下十个方面：

（一）职业描述

职业描述就是定义这个职业的内涵，具体包括职业名称以及各方面对其所作的定义。职业描述是对职业最精练的概括和总结，是透彻理解职业和调研职业的基础。给职业定义的每个字都值得仔细思考，因为日后你要做的事情全是对定义的拓展。除了最新的职业，绝大多数职业都有固定的定义，联合国国际劳工组织、美国的《职业展望手册》、中国的人力资源和社会保障部，以及很多职业分类大典，都有对职业的详细介绍。

（二）职业的核心工作内容

每个职业都有核心的工作职责，职责背后对应的就是工作内容，通俗地说，就是这个职业一般都干什么活，什么工作是这个职业必须要做的。了解职业的核心工作内容，有助于了解胜任工作所必备的能力，从而找到自己和胜任工作之间的差距，然后有目的地培养相关能力。在多大程度上了解工作内容，是衡量一个人对工作的熟悉程度和喜欢程度的重要标准。成熟的职业都有权威人事部门给其总结确定的核心工作内容，一些企业的招聘公告中也有对工作内容的描述，还可以请教从事这个职业的资深人士，从而深入了解工作内容。

（三）职业的发展前景及其对社会和生活的作用

职业的发展前景，是国家、社会等对该职业的需求程度，具体包括三个问题：职业在国家阶段发展中的作用，职业对社会和大众的影响，职业对生活领域的影响。也就是说，我们不仅要知道这个职业对国家、对社会，对行业有用，还要知道这个职业对大众、对生活的影响，以及人们对其的依存度和其声望度。职业的发展前景，尤其是国家的导向是促进职业发展的黄金动力，知道自己日后从事职业的发展轨迹，就能更好地判断自己是否能切入及切入点该如何选择。尤其要注意职业对大众对生活的影响，因为只有大众的才是永恒的。某个职业在国家发展中的作用一般都由劳动部门做权威预测，但对社会和生活真正的影响是要自己去调研的，要去访问从事这个职业的资深人士。

（四）薪资待遇及潜在收入空间

职业是社会分工的产物，职业根据参与社会分工的质和量来确定相应的薪资。能赚多少钱是大家都关心的话题，很多人也会把赚钱多少作为择业的关键因素，所以在考量职业时要重点调研职业的薪资状况。不同的行业、企业、岗位的起薪都会有差异，了解这种差异的一种有效渠道是阅读行业薪资调查报告，如前程无忧的薪酬调查报告。其他诸如网友晒出的工资，以及各种论坛上的网络调查等也是了解的途径。

（五）岗位设置及不同行业、企业间的差别

一般来说，一个职业是有一系列岗位划分的，如人事工作的岗位就分招聘、考核等很多具体岗位。不同行业、不同性质、不同规模的企业对岗位的划分和理解也有着很大的不同，很可能都叫一个名字，但干的活完全不一样。了解职业的岗位设置，能加深对职业外延的理解。知道职业的具体岗位后，就可以有针对性地与自己的条件、能力相比较。一般来说，权威人事网站、职业分类大典、业内资深人士是了解这个职业的具体岗位设置情况的有效渠道。

（六）入门岗位及其职业发展通路

入门岗位一般是指针对应届毕业生的初入职场的一些中低端岗位。在进行职业分析时，既要了解入门岗位的情况，更要了解其日后的职业发展方向是什么，有哪些发展途径，最高端岗位是什么。我们看好一个职业，是看好自己在这个职业中的发展前景，同时必须关注眼前能够获得的入门岗位，因为这正是我们进入目标职业的现实通道。

（七）职业标杆人物

职业标杆人物，就是在某个职业领域中具有代表性的领军人物。我们可以研究、分析一下他都取得了什么成绩，曾经遇到过哪些困难，他都具备哪些职业素质等。每个职业都有一流的人物，无论是国内还是国外。研究职业标杆人物，可以让自己了解他的奋斗轨迹，在"追星"中加深对职业的了解，也能让自己发现在这个职业领域奋斗的途径。通常网络搜索一个职业就能发现相应的职业标杆人物，也可以通过询问业内资深人士来了解。

（八）职业的典型一天

职业的典型一天，更多的是在访谈中完成的，你要知道这个工作的一天都是怎么度过的。了解职业的典型一天，是判断自己是否适合这个职业的重要指标。如果这个职业

的典型一天不是你想过的生活，那么这个职业可能并不适合你，你也就不用再为之去努力准备了，所以这个过程是很关键的。尤其要看这个职业对你个人生活的影响，你能否接受。虽然职业的核心工作内容也能让你大致了解职业的典型一天，但很难让你了解工作对个人生活的影响。因此，对职业典型一天的访谈更能贴近真实工作状况。

（九）职业通用素质要求及入门具体能力

职业通用素质要求是指从事这个职业的一般的、基本的要求。其实每个岗位对其任职资格都有介绍，只是需要自己把相关内容做一个系统的整理，尤其要加上职业访谈中的内容，列出十项最常用的能力，然后与自己一一对照，找出自己需要加强和补充的能力，并在大学阶段尽可能培养出相关能力。

（十）组织和职位对个人的潜在要求

岗位描述中提及的技能和通用素质是组织和职位对个人提出的明确要求，达到这个要求才有被雇佣的可能。但不同的组织和职业对个人还会有一些潜在的要求，这些要求不一定会在岗位描述中提及。比如，有些气质和性格特点的人在某些组织和职业中就会如鱼得水，而另外一些人虽然技能合格，却不一定能做得很成功。这其中就涉及组织和职业对个人潜在的要求，它包括组织文化、潜在规则对个人的要求，以及个人的才干、气质等。了解了这一点，我们才能做出更适合自己的职业选择。

比起了解具体的职业信息，对大学生而言，更难的部分可能是明确自己要探索的职业到底是什么。在浩如烟海的职业中找到它们并进行探索并不是一件容易的事，这时就需要借助一些方法。

二、职业探索的方法

从不同的角度了解职业世界的核心内容之后，大学生还需要掌握一定的途径和方法来深入探索职业世界，从而更好地融入职场和社会。

归纳起来，大学生进行职业探索通常采用查阅、讨论、参观、访谈和实习等方法。其中，对宏观环境的探索主要采用查阅和讨论的方法；对行业环境、组织环境、岗位环境的探索，则主要通过实地参观、实习以及对相关从业人士进行访谈等方法来实现。

（一）查阅法

在职业环境探索中运用查阅法探索行业环境、组织环境、岗位环境时，一般按照下面的程序进行：

第一，将个人希望了解的职业方向（或职业群），通过网络、书籍、期刊及有关声像资料进行初步查阅。

第二，选定各种典型的职业，进一步对其入门所需的基本条件，如学历、资格证书、身体条件等进行查阅。

第三，通过查阅让自己对做好职业工作所需要的知识、技能、生理条件及个性特征有一个初步的认识，对该职业的生存环境、发展前途以及个人循此发展可能取得的职业成就等形成初步的印象。

查阅法的优点是方便、快捷、信息量大、成本低，而查阅法的不足是得到的信息是间接的，可能与现实感受有差距。

（二）讨论法

讨论意味着与别人共享对职业的探索结果。"理愈辩而愈明"，当大学生对职业的特点不能很好地把握时，可以和周围人，如同学、朋友、老师、父母进行讨论。个人的探索总有局限性，与别人一起讨论感兴趣的职业问题，共享职业探索成果，会认清一些不现实的想法或前景黯淡的途径，而共同发现一些更好的路径、更切合实际的想法。

讨论法的要点：不要把个人已经拿定主意、不会改变的事情进行讨论，也不要把自鸣得意的结果拿出来炫耀，而要把正在探索或是已有结果但仍需进一步证实、充实或提高的东西拿出来讨论。

（三）参观

通过参观可以了解工作的性质、工作的具体内容，并可以在现场和在职员工进行交流，从而丰富对职业的认识。但有时参观看到的都是些表面的东西，对内在的实质了解不够。因此，在参观之前，要制订系统的参观计划，确保能看到更多实质的东西。

（四）生涯人物访谈法

生涯人物访谈法是通过和相关的从业人员进行交流，了解职业的知识与技能需求、待遇和发展前景的方法。访谈法的好处是结果比较客观，对职业了解得比较深入，可以从不同的角度认识职业。不足是由于访谈对象的不同，结果可能差异很大。有的人对工作比较积极，赞誉较多；有的人对工作比较消极，可能评价较低。

大学生在对职业环境进行分析的时候，不要仅采用一种方法，而应综合采用多种方法，多角度、全面地了解职业工作。

 **拓展阅读**

生涯人物访谈的操作流程

生涯人物访谈的具体操作流程如下：

1. 了解自己

借助一定的工具（如霍兰德职业兴趣测试、职业能力测量表、职业价值观自测量表或测评软件）分析自己的兴趣、技能和工作价值观。

注意：可以使用各种测评工具或软件，但不能迷信。

2. 寻找生涯人物

结合自己的兴趣、技能、工作价值观、教育背景和已经掌握的职业知识列出未来可能从事的3～5个职业，然后在每个职业领域寻找3位以上的在职人士作为生涯人物。生涯人物可以是自己的亲人、老师和朋友，也可以是他们推荐的其他人；而更多的可能是借助行业协会、大型校友会或某个具体组织的网站寻找到的职场人士。

注意：

第一，生涯人物的职业应是自己向往的，但不应将生涯人物访谈当成获得与雇主面试的机会；每个职业领域所选择的生涯人物应合理搭配，既要有初入职场的人士，也要有工作了一定年限的中高层人士。

第二，正式访谈前，对生涯人物的信息掌握得越全面越好，姓名、职务和联系方式是一定要掌握的；对于可以在生涯人物的讲话、文章或者大众传媒和权威网站上获得的信息也要尽可能地收集和熟悉。

3. 结合目标职业信息设计访谈问题

访谈问题范例：

(1) 在这个工作岗位上，您每天都做些什么？

(2) 您是如何找到这份工作的？

(3) 您是如何看待该领域工作将来的变化趋势的？

(4) 您的工作是如何为实现组织的总体目标或使命贡献力量的？

(5) 您所在领域有"职业生涯道路"吗？

(6) 本职业需要什么样的人？

(7) 到本领域工作的基本前提是什么？

(8) 就您的工作而言，您最喜欢什么？最不喜欢什么？

(9) 什么样的初级工作最有益于学到尽可能多的知识？

(10) 本领域初级职位和略高级别职位的薪水各是多少？

(11) 工作中采取行动和解决问题的自由度如何？

(12) 本领域有发展机会吗？

(13) 本工作的哪部分让您最满意？哪部分最有挑战性？

(14) 什么样的个人品质或能力对本工作的成功来讲是最重要的？

(15) 您认为将来本工作领域潜在的不利因素有哪些？

(16) 依您所见，您在本领域工作中遇到了哪些问题？

(17) 对于一个即将进入该工作领域的人，您愿意提出特别的建议吗？

(18) 本工作需要特别的知识、技能和经验吗？

(19) 这种工作需要什么样的教育或培训背景？

(20) 公司对刚进入该工作领域的员工会提供哪些培训？

(21) 还有哪些方法能帮助我深入了解该工作领域？

(22) 您的熟人中有谁能做我下次的采访对象吗？当我打电话给他（她）的时候，可以提及您的名字吗？

(23) 根据您对我的教育背景、技能和工作经验的了解，您认为我在做出最终决定之前还应在哪个领域、什么样的工作上进行深入的调查研究呢？

注意：

第一，以上问题仅供参考，所提的问题要根据自己的具体情况进行设计。我们进行生涯人物访谈，是要从生涯人物那里获得对自己有用的信息。

第二，设计的问题应以封闭式为主，这样既节约时间，又能得到需要的答案。

第三，问题要设计得尽量口语化，通俗易懂。

4. 预约生涯人物

预约方式有电话、微信、电子邮件和普通信件等，其中，电话预约最好。预约时首先介绍自己，然后说明找到他的途径、自己的采访目的、感兴趣的工作类型以及进行采访所需要的时间（通常 20～30 分钟）。如果生涯人物能和自己见面，就感谢他能够接受采访并确认采访的日期、时间和地点；如果生涯人物不能和自己见面，就问他能否给出 5 分钟的时间进行电话采访；如果还是不行，就表示遗憾，并请求推荐一位与他所从事工作相似的人；如果得到了被推荐人的名字，应表示诚挚的感谢。

注意：

第一，联系前的准备要充分，电话联系时还应备好纸和笔，以备临时电话采访。

第二，联系时一定要有礼貌，电话联系时要控制通话时间。

5. 采访生涯人物

采访方式可以是面谈、电话访谈、微信访谈，最好是面谈。面谈前，采访者一般可以用已经从其他渠道了解的关于生涯人物的好消息来轻松打开话题。之后就可以按设计好的问题进行访谈了。遇到生涯人物谈兴正浓时，采访者要乐于倾听，给生涯人物留出提供其他信息的机会。在访谈结束时，可以恳请生涯人物再给自己推荐其他相关的生涯人物，这样就能够以滚雪球的方式拓展自己的职业认知领域。

注意：

第一，采访前为自己准备一个 30 秒的"广告"，因为在访谈过程中，生涯人物可能会问采访者的职业兴趣和求职意向。

第二，面谈前应征求生涯人物的意见，视情况对谈话进行录音、书面记录或不记录。

第三，面谈一定要守时、简洁，不浪费他人时间。

第四，结束时可以向生涯人物赠送小礼物和一些关于学校、自己所学专业的宣传材料。

第五，访谈结束后，对于不便于访谈现场记录的内容应迅速补记。

第六，采访结束后的一天内，要通过合适的方式对生涯人物表示感谢。

6. 用职业信息加工的观点来分析

在一个职业领域采访三个以上的生涯人物后，就可以对照之前自己对该职业的认识进行比较，找出主观认识与现实之间的偏差，确定自己是否适合这一行业、职业和工作环境，是否具备所需能力、知识与品质，进而详细制订大学期间的自我培养计划。如果访谈结果与自己之前的认识出现严重脱节，就有必要进入另一个职业领域，开展新一轮的生涯人物访谈了。

（五）实习

大学生到用人单位参加社会实践和实习活动，不仅有利于开阔视野，学以致用，而且有利于了解企事业单位的企业文化、工作情况和工作要求，最主要的是可以获取相关单位的人才需求信息。这种信息具有全面性、准确性的特点。许多大公司都会招大二、大三的实习生，这是大学生推销自我、赢得用人单位好感与信任的最佳时机。表现出色的学生，用人单位都会优先考虑录用。因此，大学生应充分利用寒暑假、业余时间开展社会实践或实习活动，适当做兼职，到各单位实地锻炼，从中体现出自己的才华、能力、忠诚度与敬业精神；同时，要了解就业形势、行业情况、职业发展机会、用人单位需求信息以及内部管理模式等，为日后的择业奠定良好的基础。

子任务三 分析职业环境

职业环境分析，就是要分析了解某一特定职业在社会大环境中所处的地位、过去的发展状况和未来的发展趋势，社会发展对此职业的影响，以及职业本身对从业者的素质要求、给予的报酬水平、岗位满足程度等。

我们每个人都生活在一定的环境当中，我们的成长和发展都与周围的环境密不可分，或多或少都会受到环境的影响。职业也不例外，了解一个职业，就要对职业环境进行分析，分析职业环境的特点、职业环境的发展变化过程、自己在职业环境中的位置、职业环境对从业者的要求以及职业环境中对自己有利或不利的条件等。只有对这些职业环境因素进行充分的分析和了解，才能确定与职业环境相匹配的职业发展目标，才能在职业生涯中扬长避短，沿着正确的方向前进。

对职业环境进行分析，一般从社会环境、组织环境、行业环境、岗位环境、家庭环境和学校环境几个方面入手。

一、社会环境分析

社会环境是指人类生存及活动范围内的社会物质和精神条件的总和。广义包括整个社会经济文化体系，狭义仅指人类生活的直接环境。在职业范畴内，社会环境就是职业发展的宏观环境及其发展变化趋势。

社会环境分析，就是对我们所处社会的政治环境、经济环境、法制环境、科技环境、文化环境等宏观因素的分析。社会环境对我们的职业生涯乃至人生发展都有重大影响。我们要通过对社会大环境的分析，来了解和认清国际、国内和自己所在地区在政治、经济、科技、文化、法制建设、政策等方面的要求及发展方向，以便更好地寻求各种发展机会。

（一）中国社会现状

中国现在正处于最好的历史时期，21世纪的中华大地充满各种人才成长发展的机遇。

但是我们也要看到，人才的竞争日趋激烈，大学生的就业压力不断攀升，这就更需要大学生在分析好社会现状的基础上，有针对性地做好自己的职业生涯规划。

（二）国家关于大学生的就业政策

新中国成立以来，我国关于大学生的就业政策经历了不同的历史发展阶段。从 20 世纪 80 年代开始，为适应我国社会主义市场经济体制的建立和改革开放不断深入的需要，大学生就业政策制度不断改革，日趋完善，比如《普通高等学校毕业生就业工作暂行规定》的颁布，大学生志愿服务西部计划、"三支一扶"计划、农村义务教育阶段学校教师特设岗位计划、选聘高校毕业生到村任职工作计划、高校毕业生应征入伍服兵役计划、鼓励大学生自主创业计划等的施行，与之相适应的大学生就业市场已具雏形，并不断规范。对于面临求职择业的大学生来说，只有从宏观上对就业制度和就业市场有所了解和认识，才有可能形成正确的择业观念和择业行为。

（三）区域状况及经济发展水平

地域环境不同，文化环境不同，地方的经济发展水平不同，使得各地在人才储备、发展空间、竞争状态方面呈现很大差异。选择在经济发达城市或经济落后城市就业各有利弊。大学生应结合自己的实际情况，综合考虑区域优势，选择适合自己的区域。

（四）社会文化环境

社会文化环境通常是指在一定社会形态下已经形成的价值观念、教育水平、道德规范、宗教信仰以及世代相传的风俗习惯等，被社会所公认的各种行为规范。在良好的社会文化环境中，个人在工作、学习、生活等方面能得到更好的教育和熏陶，从而为职业发展打下良好的基础。

（五）社会职业价值观念

目前，我国社会职业价值观念的特征为：多元并存，新旧交替。每个人都生活在社会环境中，必然会受到社会职业价值观的影响。了解和分析社会职业价值取向，有利于自我职业价值观的确立和调整，有利于明确自己的职业方向，从而选择和确立适合社会发展的个人职业生涯规划。

二、组织环境分析

组织环境分析主要指企业内部环境分析，包括企业在本行业或新的发展领域中的地位和发展前景，以及企业产品或服务在市场上的表现与发展前景。具体包括企业性质、企业类型、企业实力、资本构成体系、发展历程与背景、企业领导者、人才选拔机制、发展战略、薪酬结构、企业文化和规章制度等因素。

组织环境分析的路径有以下几种：

（一）企业实力

企业在本行业中是具备很强的竞争力，还是处于快被吞并的境地？发展前景如何？是不是企业越大、企业的生命力就越强？达尔文的进化论告诉我们：物竞天择，适者生存。同样，在激烈的市场竞争中，不是大者生存，而是适者生存。

（二）企业领导人

企业战略层领导人的抱负及能力是企业发展的决定性因素。企业主要领导是想赚了钱就走人，还是真的想干一番事业？企业家要做的事主要是找到顾客群、制造顾客群，并且满足顾客的外在需求和激发顾客的潜在需求。一个真正的企业家能够制造顾客群，还能让他的产品和服务满足顾客的外在和潜在需求。另外，企业领导人的管理风格如何？是以人为本，还是以物为本？有没有考虑员工的职业生涯发展？

（三）企业的职能设置

企业所处的生命周期阶段和发展规模，主营业务的定位和行业的独特要求，领导人的意图等，都会影响企业设置或取消一些职能部门，但在一个阶段里，企业的职能部门是相对稳定的。因此，要对企业的职能部门进行梳理，一是了解企业的组织结构，二是了解自己未来可能入职的岗位，同时也为日后的内部转岗积累一定的信息。

（四）企业文化

企业文化是指企业领导所倡导且身体力行的、得到员工认同和遵循的价值观和行为准则的总和。墙上的标语、公司的宣传口号和领导在大会上讲的内容都是企业文化吗？是的，但并不是最本质的企业文化。最本质的企业文化可以到企业的卫生间里去找，到食堂去找，到电梯里去找，到楼道里去找，因为往往员工私下说的悄悄话才是企业文化的真实表露，这是最核心的深层文化。要"听其言"更要"观其行"。你所在企业的企业文化到底是什么？最根本的价值观是什么？用人制度到底是任人唯贤还是任人唯亲？

通过企业分析，我们能够清晰地认知自己对企业发展战略、企业文化和管理制度的认同程度，以及对企业发展变化趋势和自己未来职务的发展预期的把握程度。每个人都要考虑自己在本企业内实现职业生涯目标的可能性有多大。如果你是刚刚毕业的大学生，在选择目标企业的时候，应该通过多种渠道尽可能多地了解和分析企业的过去、现在和未来；如果你是刚刚入职的新员工，就必须多观察，更多地了解企业文化，更准确地把握企业文化的本质与核心。

（五）企业制度

企业员工的职业生涯与发展规划，归根到底要靠企业管理制度来保障，主要包括合理的培训制度、晋升制度、绩效考评制度、奖惩激励制度、薪酬福利制度等。企业的价值观、企业的文化等也只有渗透在制度中，才能使制度得到切实的贯彻执行，那些没有制度或者制度制定得不合理、不到位的企业，其员工的职业发展就难以实现。

三、行业环境分析

行业的环境将直接影响到企业的发展状况，进而影响到个人的职业生涯与发展规划，因此，它也是需要我们深入分析的重要一环。行业分析包括对目前已经从事或未来想从事职业的环境分析。行业环境分析的主要内容包括以下几个方面：

（一）行业发展的现状

应了解自己想要从事或正在从事的行业属于什么样的领域；这个行业在我国的发展趋势如何，是逐渐萎缩的行业，还是朝阳行业；行业目前存在什么问题，是可以改进或避免还是无法消除；行业是否具有竞争优势，这种优势会持续多长时间。

（二）国家政策的支持力度

做职业生涯规划时，有必要研究国家对相关行业的政策。政府会根据国家宏观经济状况对一些行业发布法规政策，这些法规政策对企业员工的职业发展都会产生重要的影响。例如，我国近年来狠抓环境保护，推行可持续发展战略，保护生物多样性，在农业生产中控制化学制品的使用，开发"绿色食品"等，使环境保护产业如朝阳般充满生机，促进了环保设备生产、环保技术咨询等行业的迅速发展，提供了大量就业岗位。

（三）行业发展前景预测

行业发展前景预测可以从两个方面进行分析：一方面是行业自身的生命力，即是否有技术、资金的持续支持；另一方面要考虑和研究国家对相关产业的政策。政府会根据经济与社会发展状况对一些行业发布相关的法规和政策，如对一些行业实施鼓励和扶持，对另一些行业则限制发展，缩小规模。

（四）行业内的标杆企业

行业范围内不同的领域会有处于不同发展阶段的企业，每个具体范围内也会产生一定的龙头企业。这些企业进入行业早，整合资源能力强，有独特的核心竞争力，有大量的科技人员，有领先的技术优势。因此，分析和研究这样的标杆企业，可以深刻地把握行业的过去和未来，在选择企业时也会有的放矢。

（五）行业的人力资源需求状况

行业的发展现状和未来趋势决定了整个行业的人力资源需求状况，科技和大众需求的变化会产生行业内新的发展点，同时也会淘汰旧的工艺和职位。通过行业人才招聘网站或综合性人才招聘网站等，可以掌握业内的人力资源需求变动情况。一个发展势头比较好的行业，其招聘信息必然在各大招聘网站都可以看得到。

（六）行业准入资格

进入一个行业必然要有一定的准备和积累，这就体现在入行要求上。从业资格证书是证明具备从业资格的一种方式，如执业药师资格证、教师资格证、律师执业证等。要注意的是，如果你不想从事此行业，那就没有必要考取行业所要求的资格证。

总之，通过分析和了解影响职业发展的行业因素，有利于个人选择更有发展前途的行业和职业，有助于个人目标的实现。

四、岗位环境分析

岗位也称职位。在特定的组织中，在一定的时间内，当由一名员工承担若干项任务，并具有一定的职务、责任和权限时，就构成一个岗位。

所谓岗位环境分析，就是对组织中某个特定工作职务的目的、任务、职责、权利、工作条件、任职资格等相关信息进行收集与分析，以便对该职务的工作做出明确的规定，并获得工作描述和工作规范的过程。

（一）工作描述

工作描述是关于任职者所从事工作本身特性的信息，如岗位名称、工作目的、工作责任、工作的绩效标准、工作中所使用的设备和工具、工作联系、工作权限等，主要包括以下内容：

做什么——员工所从事的工作内容；

为何做——员工的工作目的及该项工作在整个组织中的作用；

由谁做——由谁来从事此项工作，及从事该项工作的人员所必须具备的素质；

何时做——对员工从事此项工作的时间安排；

何处做——员工工作的地点、环境等；

为谁做——员工从事的工作与组织中其他部门之间的相互关系；

如何做——员工如何从事或者要求员工如何从事此项工作。

（二）工作规范

工作规范是指特定岗位对任职者的胜任特征的基本要求，包括任职者应具备的知识、能力、教育背景、工作经验、个性特征等。工作规范可以让员工更详细地了解其工作的内容和要求，以便顺利进行工作。通过工作规范，可以看到什么样的人可以从事此项工作，以及有意愿从事此项工作的人在进行职业准备的时候，应该从哪些方面着手进行训练和提高。

大学生在进行职业生涯规划的时候，要认真进行岗位分析，深入了解拟从事岗位的工作描述和工作规范，并与自己的现状进行比较，找到与自己与工作要求之间的差距，从而明确努力的方向，并制定策略和缩短差距的措施，积极努力，迅速提高。

五、家庭环境分析

任何人的性格和品质的形成及个人的成长都离不开家庭环境的影响，大学生在进行职业生涯规划时，考虑更多的是家庭经济状况、家人期望、家族文化等因素。个人职业发展规划的确立，总是同自身的成长经历和家庭环境相关联的。个人在成长过程中，在不同时期，会根据自己的成长经历和所受教育的情况，不断修正、调整，并最终确立职业理想和职业规划。只有正确而全面地评估家庭情况，才能有针对性地设计适合自己的职业规划。

（一）经济状况

家庭的经济状况主要将决定我们参加工作的紧迫性。如果父母经济宽裕，则可以考虑就读研究生，进一步丰富自己的知识结构，或以此作为就业的缓冲。如果家里经济条件不是很好，我们则可能需要尽早参加工作，或者在本科期间通过兼职来积攒读研的学费。当然，若有可能的话，我们还需要考虑是否要在经济上补贴家人，是否要尽快买房接父母过来一起居住，等等。

（二）人脉与背景

人脉在任何社会都是非常重要而宝贵的资源，在讲求情感联系的中国更是如此。如果你的家人在你的目标行业里拥有较好的人脉背景，那无疑会给你的职业发展带来不少的帮助。通过父母和亲戚的熟人与朋友，你可以得到相关行业或职业的信息，你会得到相应的指导、帮助，甚至是直接获得工作机会。

此外，父母有着几十年的社会经验和丰富的阅历，他们的意见对于指导子女择业有重要的参考价值。当然，尊重父母的意见并不代表放弃自己选择的权利。

（三）家庭特殊情况

在择业时还应该充分考虑自己家庭中的特殊情况。例如，独生子女家庭的父母往往不希望子女离自己太远。事实上也的确如此，如果工作的地方离父母太远，在父母年老多病时，子女将难于照料。对独生子女而言，这应着重加以考虑。

六、学校环境分析

学校环境是指所在学校的教学特色与优势、专业的设置、校友去向等。但随着近些年来各大高校的扩招和扩建，面对严峻的就业形势，很多大学毕业生抱怨找不到专业对口的工作。这一方面是因为大学教育并非完全按照社会所需设置专业，职业发展受到市场供需比例的影响；另一方面则是专业太宽泛，而职业太精细，导致较难找到绝对对口的工作。所以，大学生们在做职业生涯规划时，不必苛求自己，可以尝试向多元化方向发展。

课后拓展

编写岗位说明书

【活动目标】

通过岗位说明书的编写，收集与本专业岗位相关的信息，了解具体的岗位情况，明确岗位的职责。

【活动要求】

1. 活动场地：室内。

2. 参加者：班级学生。

3. 活动准备：印发岗位说明书。

岗位说明书

单位名称				制定期限	
岗位名称		岗位类别		岗位等级	
岗位职责任务	1. 2. 3. ……				
岗位工作标准	1. 2. 3. ……				
岗位聘用条件	1. 2. 3. ……				

【活动过程】

1. 每个学生根据自己所学专业的就业方向，选择确定某一单位的一个岗位。

2. 通过面谈、问卷调查、深入现场调查等多种方法，收集与岗位相关的信息。

3. 将收集的信息进行汇总和整理，然后将表格填写完整，完成岗位说明书。

【讨论与分享】

1. 在搜集岗位信息的过程中，你的困难在哪里？

2. 如果让你去从事这个工作岗位，你还需要在哪些方面做出努力？

任务四　职业生涯决策

学习目标

1. 了解职业生涯规划的原则。
2. 了解职业生涯决策的相关理论。
3. 掌握职业生涯决策的方法。

子任务一　掌握职业生涯规划的原则

大学生在思考职业生涯规划时，应该把个体和社会结合起来，把现在与未来结合起来进行思考。正确的职业生涯规划能使一个人走向成功，不正确的职业生涯规划可能使一个人误入歧途。若要正确确立职业生涯规划，我们必须遵循职业生涯规划的原则。

一、社会需要的原则

当大学生在确定职业目标时，要把社会需要作为出发点和最终归宿，以社会对自己的要求为准绳去观察和认识问题，进而确定自己的职业岗位。职业岗位的产生，是随着社会历史的发展而产生的，社会上每一个职业岗位的出现，都是社会发展的需要。

目前，社会的需要不断地变化着，旧的需要不断消失，新的需要不断产生，我们在进行职业生涯规划时，一定要分析社会需求，择世之所需。如果漠视社会需求，只强调主观想象，闭门造车，那一定会自食苦果，最终无法实现职业发展的目标。

二、择己所长的原则

在选择职业岗位时，我们应该结合自身素质，根据自己的特长和优势选择职业岗位，以利于今后在职业岗位上顺利、出色地完成本职工作。人与人之间是存在差异的，每一个人和其他人相比，在能力、性格、专业等方面肯定是不完全相同的。根据自己的能力及特长选择职业岗位，既是胜任工作的需要，也是发挥个人最大潜力和进行创造性劳动的需要。

准确评估自己的性格特点，充分发挥性格特长也是十分必要的。大学生应从所学专业特点出发，将专业技能、知识结构迁移到目标职业工作中，从而在职业岗位上大显身手。如果不坚持发挥个人优势的原则去择业，最终只会事与愿违，贻误自己的前程。不同职业对从业者的素质有着不同的要求，人们在发挥自己特长的同时，还要充分认识、主动适应职业岗位的需要，但若是身体原因、性别原因受限，则不要勉强。

 经典案例

爱因斯坦是世界著名的科学家，以色列国会曾邀请他出任第二任以色列总统，被他婉言谢绝。爱因斯坦认为：自己的性格适合当科学家做研究，不适合当总统搞政治，如果一定要让他当总统，则可能总统当不好，科学研究也做不出，因为谁也做不到既当总统又搞科研，还能两边都做出成绩来。爱因斯坦是伟人，伟人与常人的不同之处就在于他们比常人看得远、看得深，绝不随波逐流，不会为尘世间的一点名利而轻易地改变自己，去做不适合自己的事。我们设想一下，如果爱因斯坦真的去以色列出任总统，结果会怎样？极有可能是以色列多了一位无足轻重的总统，而人类却少了一位伟大的科学家。

三、择己所利的原则

职业对每个人而言，当然是一种谋生的手段，是谋取人生幸福的途径。谁都期望职业生涯能带给自己幸福，很多时候，利益倾向支配着我们的职业选择。每个人通过职业劳动，在谋取个人利益的同时，也为社会做出了贡献，创造了社会财富。每个人在规划职业生涯时必将考虑自己的预期收益，这种预期收益要求你实现最大化的幸福，也就是使收益最大化。个人预期收益在于使这些由低到高的需求得到最大的满足，而衡量其满足程度的指标表现在收入、社会地位、职业生涯稳定感与挑战性、自我实现程度等方面。不考虑个人收益的职业生涯规划是不合理和不现实的，但择己所利必须建立在履行个人对社会的义务，遵守国家法律法规的前提下。

 拓展阅读

选择比努力更重要

有一个非常勤奋的青年，很想在各个方面都比身边的人强，可经过多年的努力，却仍然没有长进。他很苦恼，就向智者请教。

智者叫来正在砍柴的三个弟子，嘱咐说："你们和这位客人一起到五里山去打尽可能多的柴。"

青年和三个弟子沿着门前湍急的江水直奔五里山。等到他们返回时，智者在原地迎接他们。

青年满头大汗、气喘吁吁地扛着两捆柴蹒跚而来。两个弟子一前一后，前面的弟子用扁担左右各担四捆柴，后面的弟子轻松地跟着。正在这时，江面漂来一只木筏，载着小弟子和八捆柴，停在智者的面前。智者见状，问："怎么样，你们对自己的表现满意吗？"

"大师，让我们再砍一次吧！"青年请求说，"我一开始就砍了六捆，扛到半路，扛不动了，扔了两捆；又走了一会儿，还是压得喘不过气，又扔掉两捆；最后，我就把这两捆扛回来了。可是大师，我已经很努力了！"

"我们和他恰恰相反。"担柴的弟子说，"刚开始，我和师弟各砍两捆，将四捆柴挂在扁担上，跟着这位客人走。我和师弟轮换担柴，不但不觉得累，反倒觉得轻松了很多。最后，我们又把这位客人丢弃的柴挑了回来。"

用木筏的小弟子接过话说："我的个子矮，力气小，别说两捆，就是一捆，这么远的路，我也挑不回来。所以，我选择走水路……"

智者用赞赏的目光看着弟子们，微微颔首，然后走到青年面前，拍着他的肩膀，语重心长地说："一个人要走自己的路，这没有错，关键是怎样走，走的路是否正确。年轻人，你要明白，选择比努力更重要！"

四、独立性原则

独立性原则是指规划职业生涯时有自己的主见，能根据自己的志向和判断独立做出选择。每个人在规划职业生涯时，他人及一些社会现象和信息会对自己产生一定的影响，有些人的建议会有重要的参考价值，也有些人，尽管他们的出发点是好的，但由于价值观的差异、思考角度的不同，有时会产生一定的误导。

独立性原则就是要求我们头脑清醒，在了解清楚社会现状及发展趋势的情况下，多看书，多浏览网站，多向父母、老师、同学、老乡、亲戚请教，最后自己做出正确的决策。毕竟对自己的情况最为了解的是自己，未来职业生涯规划的实现与否影响最大的也是自己。一般情况下，了解信息越多，请教的人范围越广，做出的规划就越客观。当然，如果没有主见，听得越多会越糊涂。凡是人云亦云、随大溜儿的人都是没有多大作为的。但坚持独立性原则并不是让我们在做规划时闭门造车，固执己见，不虚心听取别人的意见。

五、主动性原则

主动性原则是指我们在职业生涯规划实施过程中，要主动出击、积极实践。主动性表现在主动地完善自我、完善知识结构，提高自己的素质，在就业前掌握一定的职业技能，为此后在职业竞争中获得成功打下基础。主动性具体表现在主动参与职业岗位竞争，主动与用人单位进行联系，主动寻求父母兄长、老师同学、朋友同事的各种帮助，主动开拓就业岗位，自谋职业、自主创业。主动性还具体表现为主动了解人才供求信息和能力要求，主动搜集各种职业知识，主动到职业介绍机构进行咨询，主动参加各种职业技能培训，主动准备好求职信，主动做好面试与形象等方面的准备。凡是有主动性的人，都是具有积极生活态度的人，比起那些被动、消极的人会赢得更多的机会，容易取得一定的成就，并能更快实现自己的职业发展目标。

六、分清主次的原则

在现实生活中，摆在我们面前的职业或用人单位是多样的，其工作性质、工作条件、薪资待遇、发展方向等不尽相同，且各有各的利弊。人们在选择时，发现不可能有十全十美的职业或用人单位，只能权衡利弊、分清主次，在职业选择决策的过程中，抓住主要的、现实的、合理的条件，抛弃次要的、幻想的、过分要求的因素。

分清主次的原则就是要求我们在规划职业生涯时不要面面俱到，追求完美，那样只会丧失很多机会而难于就业。同时，分清主次的原则要求我们在规划职业生涯时，一定要搞明白哪些是主、哪些是次，不能本末倒置，抓住了本该忽视的、与自己关系不大的方面而忘记了本应该重视的、与自己紧密相关的方面，以致错过了真正的好职业、好单位。

七、长期性原则

职业生涯规划一定要从长远来考虑，只有这样才能给人生设定一个大方向，使我们能够集中力量紧紧围绕生涯发展目标做出努力。规划一定要明确，每一个可以实行的行动，都要有时间和时序上的妥善安排。人生各阶段的线路划分与安排要具体可行，应根据个人的特点、用人单位的发展需要和社会的发展需要来确定将来的目标。人生每个发展阶段的规划应具有连贯性，各具体规划与人生总体规划要保持一致，若摇摆不定、前后矛盾，则会浪费各发展阶段的人力资本积累。规划是预测未来的行动，牵涉到许多可变因素，因此规划要有弹性，到了一定的时间要视具体情况予以修正。有了长期性原则，职业生涯规划就会变得清晰起来，从而成为可行的、有效的规划，最终使进行职业生涯规划的人走向成功。

子任务二　了解职业生涯决策的理论

职业生涯决策理论是指当一个人在面对职业、生涯等重大问题的抉择时，所做的选择能够尽量获得最大收益或满意度。目前，常见的职业生涯决策理论主要有标准化模型、描述性模型和规范性模型三种。

一、标准化模型

标准化职业生涯决策理论认为，决策者能够加工所有相关信息，能够做出完全理性的选择，在选择时遵循着效用最大化原则。该理论的主要代表是奇兰特（Gelatt）的职业决策过程模式和克朗伯兹（Krumboltz）的社会学习论。

（一）奇兰特的职业决策过程模式

该理论认为，决策是一连串的决定的组合，任何一个新决定都是先前决定的影响所致，而新做出的决定又会连锁影响后来的决定，所以，决策是一个个决定的连锁反应，而非单一的、孤立的事件。这也说明生涯决策不是一次选择或一个结果，而是持续不断地做决定及修正的终生历程，具有系统工程的特征。为了使决策过程理性化、系统化，奇兰特职业决策模式特别强调资料的重要性和过程的严谨性，为此，他提出了个人处理资料的三个策略系统和决策过程的七个步骤。

1. 个人处理资料的三个策略系统

（1）预测系统。预测不同的选择可能会造成的结果，估算出每个行动可能造成该结果的概率，以作为该采取哪个行动方案的参考。

（2）价值系统。个人对于各种可能的行动的喜好程度。

（3）决策系统。评判各种行动方案的标准，其选择取向包括：①期望取向，即选择可能达成自己最想要的结果的方案，也就是与自己的职业观相一致，与自己的兴趣、特长最相符的方案；②安全取向，即选择最安全、最保险的方案，适合追求稳定的人，但该方案也许与自己的职业兴趣不一致；③逃避取向，即避免选择可能造成最不好结果的方案，这适合追求稳妥、不爱挑战的人，选择的结果也许是与自己的期望有一定的差距；④综合取向，就是考虑自己对于行动结果的需求程度、成功概率及如何避免最不好的结果，权衡这三个方面，然后选择一个行动方案。

2. 职业生涯决策的七个步骤

（1）个体意识到做决策的需要，根据需要确定决策的目的或目标；

（2）搜集与目标或目的有关的信息资料，并调查可能的行动方案；

（3）根据所得的资料，预测各个可能的行动方案的成功概率及其结果；

（4）根据价值系统，评价结果是否满足需要；

（5）评估各种可能方案，选择其中的一个方案执行；

（6）若达成目标则终止决定，然后再等待下一个决定的出现；

（7）若没有成功，则继续调查其他可行的办法。

（二）克朗伯兹的社会学习论

社会学习论由班杜拉（Bandura）于20世纪70年代提出，强调的是个人独特的学习经验对其人格与行为的影响。克朗伯兹将这一观念引用到职业生涯辅导上，用以了解在个人决策历程中，社会、遗传与个人因素对于决策的影响。在此基础上，他提出了影响职业选择的四个因素，其后又提出了职业生涯决策的七个步骤。

1. 影响决策的四个因素

（1）遗传特征与特殊能力。遗传因素包括种族、性别、外在的仪表和特征、身体健康程度等；个人的特殊能力包括职业偏好、智力、音乐能力、美术能力、动作协调能力等。

（2）环境条件与特殊事件。克朗伯兹认为，在影响教育和职业的选择因素中，有许多来自外部环境，非个人所能控制。这些外部因素大多由人为所致（如社会、文化、政治或经济的活动），也可能由自然力量引起（如自然资源的分布或自然灾害）。

（3）学习经验。克朗伯兹认为，每个人独特的学习经验，在决定其生涯路径时扮演着重要的角色。学习经验包括个人作用于环境的经验和环境作用于个人的经验两种。

（4）工作取向技能。前面提到的三种因素会以一种交互影响的方式使个人形成特有的工作取向技能，这些工作取向技能包括解决问题的能力、工作习惯、工作的标准与价值、情绪反应、知觉和认知的历程（如选择、注意、保留、符号知觉等心理过程）等。

2. 职业生涯决策的七个步骤

（1）界定问题：理清自己的需求及时间或个人限制，并确定明确的目标。

（2）拟定行动计划：思考可能达成目标的行动方案，并规划达到目标的流程。

（3）澄清价值：界定个人的选择标准，作为评估各项方案的依据。

（4）找出可能的选择：搜集资料，论证可行的方法。

（5）评价各种有可能的选择：依据自己的标准，对各种可能的选择方案进行评价。

（6）系统地删除：系统地删除不合适的方案，挑选最适合的方案。

（7）开始执行方案：方案确定之后开始实施。

克朗伯兹的理论是以社会学习的观点来解释人类职业生涯选择的行为，特别强调社会影响因素和学习经验，这为实际的生涯辅导工作提供了不少方法和启示，具有较高的实用价值。

二、描述性模型

描述性职业生涯决策理论主要是解释个体如何从实际生活的职业选项中做出决策，其代表性理论有泰德曼（Tiedeman）的决策历程理论和丁克里奇（Dinklage）的职业生涯决策风格理论。

（一）泰德曼的决策历程理论

泰德曼的决策历程理论的特点是把职业选择作为一个持续不断的历程，而非一锤定音。他将生涯发展概念化为一个不断辨别自我、处理发展任务和解决心理与社会危机的过程。这些持续的活动被认为是发生在一个时间阶段之内的。根据他的观点，生涯决策包括两个阶段：

第一，预期阶段。在该阶段内，个体采取各种方式先行拟出几个可行的方案，然后考虑各个方案的利弊得失，预估其可能的结果，最后做出具体的选择。

第二，实践与适应阶段。该阶段的任务是将选择的方案落实于现实生活，然后评估其结果，并根据个人对结果的满意程度对方案进行调整或改变。

（二）丁克里奇的职业生涯决策风格理论

最早研究决策风格的是丁克里奇。他基于大量的访谈资料，根据人做决策的不同行为特征，把职业决策风格分为八种类型：计划型、苦恼型、延迟型、瘫痪型、冲动型、直觉型、宿命型、顺从型。八种决策风格如表 4 - 1 所示。

表 4 - 1　丁克里奇的八种职业决策风格类型

决定类型	说明	行为特征	优点
冲动型	决定者快速选择第一个遇上的选择方案，不考虑其他的选择	先做了再说，以后再想后果	不必花时间收集资料
宿命型	决定者知道做决定的需要，但自己不愿做决定，把决定的权利交给命运或别人，因此认为做什么选择都是一样的	船到桥头自然直，天塌下来会有大个子顶着，反正时也，运也，命也	不必自己负责任，减少冲突
顺从型	自己想做决定，但是无法坚持己见，常会屈服于权威者的指示和决定。在追随他人的过程中，容易获得安全感，却忽略了自己的独特性。有可能造成随大溜儿的结果，并有所做决定不适合自己的风险	如果你说可以，我就可以	维持表面和谐
拖延型	知道问题所在，但常常迟迟不做决定，或者到最后一刻才做决定。问题并不会因为拖延而解决，有时反而会越拖越严重，如果你现在不知道怎么解决眼前的问题，拖到最后一刻也未必就能知道	急什么，明天再说吧	延长做决定的时间
直觉型	根据感觉而非思考来做决定。只考虑自己想要的，不在乎外在的因素	嗯，感觉还不错，就这么决定了	比较简单，省事
麻痹型	害怕做决定的后果，也不愿负责，选择麻痹自己来逃避做决定	我知道该怎么做，可是我做不到	可以暂时不做决定
苦恼型	选择的项目太多，无法从中做出取舍，经常处于挣扎的状态，做不了决定。应该更多地关注其被一些什么样的情绪和非理性因素所困扰	我决不能轻易决定，万一选错了，那就惨了；我还是拿不定主意	收集充分而完整的资料
计划型	做决定时会倾听自己内心的声音，也考虑外在环境的要求，以保证做出适当且明智的选择	一切决定在我，我是命运的主宰，是自己的主人	主动积极地面对问题、解决问题

自我测试

测测你的决策风格

路边有一片梨园，假如你可以进入梨园摘梨，但只允许前进，不允许后退，且只能摘一次，要摘一个最大的，你会怎么做？

A. 对视野内的梨进行比较，形成一个大概的标准，再根据这个标准选择最大的梨。

B. 我感觉这个大，就摘这个了。

C. 去问看梨园的人，让他告诉我什么样的是最大的，或者问旁边的人，什么样的是最大的。

D. 先别管了，走到最后再说吧。

E. 稍微比较一下，迅速摘一个。

F. 该怎么样就怎么样，反正我永远不会走运，都没人愿意帮我。

G. 仔细看了梨园后，再去询问看梨园的人，慎重地反复比较，就是拿不定主意。

H. 万一选错了怎么办？后果会不会很严重？一想到就焦虑、害怕。

【结果解释】

A. 理智型：强调综合全面地收集信息，理智地思考，冷静地判断分析。

B. 直觉型：以自我判断为导向，在信息有限时，能够快速做出决策，发现错误时能迅速改变决策。

C. 依赖型：倾向于采用他人的建议与寻求支援，往往不能承担自己做出决策的责任。

D. 回避型（拖延型）：拖延、不果断，倾向于不考虑未来的方向，不知道自己的目标。自己不思考，也不向他人寻求帮助。

E. 自发型（冲动型）：不能容忍决策的不确定性以及由此带来的焦虑情绪，具有强烈的即时性，对快速做决策的过程很感兴趣。

F. 宿命型：相信"冥冥之中命运自有安排"，认为不管怎么选择，结果都是一样的。态度是：该怎么着就怎么着吧。

G. 苦恼型：知道做决定重要，但是不了解自己和外在世界，不知该如何做决定，或者考虑的因素太多，无法取舍，就是拿不定主意。

H. 瘫痪型：知道自己应该开始选择，但是一想到这件事就害怕。换言之，接受自己做决定的责任，却无法开启做决策的过程。

三、规范性模型

规范性职业生涯决策模型中比较有代表性的理论是彼得森等人的认知信息加工理论。他们提出了一种新的思考职业生涯发展的方法并进行了论述，这就是认知信息加工（Cognitive Information Processing，简称 CIP）理论。

（一）基本观点

认知信息加工理论认为，职业生涯发展是关于一个人如何做出职业生涯决策及在职业生涯决策过程中是如何使用信息的。做出职业生涯选择是一项解决问题的活动，职业生涯决策需要动机，有赖于我们想什么、如何想，而职业生涯的质量有赖于我们是否很好地学习和掌握了做出职业生涯决策所需的技能。所以，通过改进信息加工技能，可以提高职业生涯管理的能力。

（二）通用信息加工技能的五个环节

金字塔中间层的决策技能领域是关键环节，对所有的信息进行加工处理，进而形成决策。它由五个环节构成——沟通（Communication）、分析（Analysis）、综合（Synthesis）、评估（Valuing）和执行（Execution），缩写为 CASVE，构成了决策的循环。

1. 沟通（C）

个体意识到理想和现实情境之间存在差距，于是意识到有做出职业选择的需要。这一步是决策的开始，个人如果没有意识到自己的需要，后面的步骤则无从谈起。沟通包括内部沟通和外部沟通。内部沟通包括情绪信号和身体信号，比如，你所接收到的信息给你的职业计划带来的焦虑感（不满、厌烦、失望）；外部沟通包括老师、父母、媒体传递给你的有关就业不容乐观的信息。

2. 分析（A）

将问题的各个组成部分相互联系起来，对现状进行评估，对所有的信息进行分析。检查自己的知识储备，丰富自己在兴趣、技能、价值观、职业、学习机会、工作组织、行业类型等方面的知识，考虑和分析可能影响职业决策的积极或消极想法。分析的目的在于做决策时避免冲动、盲目行事。

3. 综合（S）

把前一步骤分析阶段得到的各种信息放到一起，进行综合和加工，制订出消除问题或差距的行动方案。在此阶段，个体首先要搜索、查找各种解决问题的可能性，扩展解决问题的选项，对每一个选项进行思考；然后再逐步缩小选项的范围，保留下最好的，通常要缩减到3～5个。

4. 评估（V）

从可行性和满意度两方面评估保留下来的选择方案，并按照评估结果予以排序，得出最终的选择。在评估中，每个人都必须面对这样的抉择：（1）对个人而言，哪个选择是最好的；（2）对生活中重要的他人，如父母、亲友而言，哪个选择是最好的；（3）对社会而言，哪个选择是最好的。每一种选择都要从对自己和对他人的代价和利益两方面进行考虑。在排序时，将能够最有效地消除在沟通阶段所确定的存在于现实与理想状态之间差距的那个选择排在第一位，次好的选择排在第二位，以此类推。

5. 执行（E）

执行是整套 CASVE 的最后一个部分，它意味着对你的选择付诸积极行动并解决在沟通阶段所确定的职业问题。需要注意的是，决策是一个循环过程，也就是说，在行动之后，还需要对自己的决定及其结果进行评估，由此可能进入新一轮的决策过程。

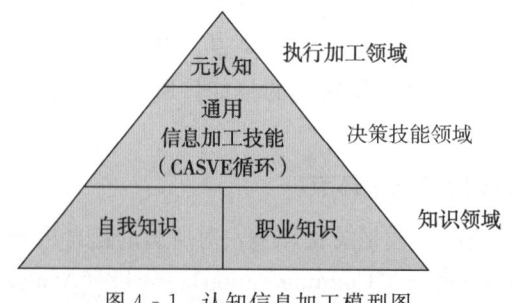

图4-1　认知信息加工模型图

子任务三　选择职业生涯决策的方法

一、SWOT 分析法

在充分认识自我、了解职业和环境之后，还应评估各种因素对自己职业生涯的影响，判断自己的兴趣、爱好、特长、性格、气质与能力等是否适合当前的环境。要进行如此复杂的分析和评估，就需要强大的评估工具，SWOT 分析法是最为常用的一种分析、评估方法。

SWOT 分析法是在市场营销管理领域被广泛使用的强大分析工具。它是由旧金山大学的管理学教授于 20 世纪 80 年代初提出来的，主要用来帮助决策者在竞争环境中制定适合企业发展的竞争战略，现在被引入到职业生涯决策中。在职业生涯规划问题上，我们每个人都是自身发展的决策者，SWOT 分析同样可以发挥有效的指导作用。SWOT 分析中的 S 代表 strength（优势），W 代表 weakness（劣势），O 代表 opportunity（机会），T 代表 threat（威胁），其中 S、W 是内部因素，O、T 是外部因素。通过 SWOT 分析，我们就能很容易地知道自己的优势和劣势各是什么，并且可以详细地评估出自己感兴趣的不同职业道路的机会和威胁所在。在运用 SWOT 分析法对职业生涯机会进行评估时，应遵循以下步骤：

（一）分析自己的优缺点

随着社会分工的进一步细化，职业的分类也越来越细，已没有人能成为"百科全书式"的人才，每个人都会有自己的优势和才能，也都会有不足和薄弱之处。例如，有的人喜欢与人交往，不希望从事单调的办公室工作；而有的人则不擅长与人交流，喜欢一个人在实验室里做研究工作。

为了分析自己的优点和缺点，可以制作一个表格，列出喜欢做的事情和自己的优点，同时也列出不喜欢做的事情和自己的缺点。需要注意的是，找出缺点与发现优点同等重要，因为这样做可以有针对性地进行自我训练和提高，也可以放弃那些自己不擅长的职业领域。

（二）找出外部机会和威胁

社会环境时刻在发生变化，在变换的环境中，有些因素是机遇，有些因素则是威胁。当然，不同的行业、职业和职位面临的机遇和威胁也不同。只有准确地找出这些外部因素，才能做出正确的决策。例如，如果选择的行业最近几年不景气，那么它可以提供的工作职位自然比较少，升迁的机会也会较少，因此，在进行职业决策时要予以充分考虑。相反，充满了许多积极的外部因素的行业将为求职者提供广阔的职业前景。

（三）构造 SWOT 矩阵

将分析和调查得出的各种因素，包括自己的优势、劣势和外部的机会与威胁，根据轻重缓急或影响程度等排序方式，构造 SWOT 矩阵（如图 4 - 2 所示）。在此过程中，将那些对职业发展有直接的、重要的、大量的、迫切的、久远的影响的因素优先排列出来，而将那些间接的、次要的、少许的、不急的、短暂的影响因素排列在后面。

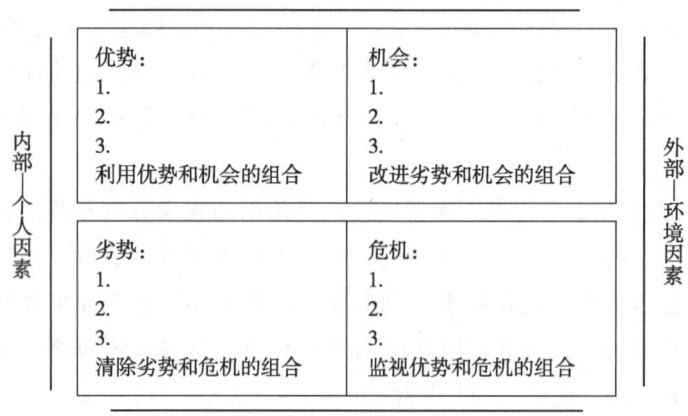

图 4 - 2　SWOT 分析矩阵

（四）制订行动计划

在完成影响因素分析和 SWOT 矩阵的构造后，运用系统分析的方法，把各种因素相互匹配起来加以分析，就可以从中得出一系列相应的结论（如对策等），然后便可以制订出行动计划。制订行动计划的基本思路是：发挥优势因素，克服弱势因素；利用机会因素，化解威胁因素；回顾过去，立足当前，着眼未来。

二、"5W" 归零思考法

用五个问题归零思考。这五个问题分别是：

1. Who am I?（我是谁？）

应该对自己进行一次深刻的反思，比较清醒地认识自己的优点和缺点，并一一列出来。

2. What will I do?（我想干什么？）

这是对自己职业发展的一个心理趋向的检查。每个人在不同阶段的兴趣和目标并不完全一致，有时甚至是完全对立的，但随着年龄和经历的增长会逐渐固定，并最终锁定自己的终生理想。

3. What can I do?（我能干什么？）

这是对自己能力与潜力的全面总结，一个人职业的定位最根本的还要归结于他的能力，而他职业发展空间的大小则取决于自己的潜力。对于一个人潜力的了解应该从几个方面着手，如对事情的兴趣、做事的韧性、临事的判断力，以及知识结构是否全面、是否及时更新等。

4. What can support I?（环境支持或允许我干什么？）

这种环境支持在客观方面包括本地的各种状态，比如经济发展、人事政策、企业制度、职业空间等；在主观方面包括同事关系、领导态度、亲属关系等。这两方面的因素应该综合起来考虑。

5. What I can be in the end?（自己最终的职业目标是什么？）

明晰了前面四个问题，就会从各个问题中找到对实现职业目标有利和不利的条件。列出不利条件最少、自己想做而且又能够做的职业目标，那么自己最终的职业目标自然就有了清楚明晰的框架。

三、"生涯决策平衡单"法

当我们发现了自己感兴趣的职业方向，并且对其中几个候选的职业有了深入了解之后，往往会陷入无法选择的境地——就像我们通常看见很多优秀的学生面对几份心仪的录用通知却无从选择一样——因为每个选择都很诱人。这时候该怎么办呢？我们可以使用生涯决策平衡单来帮助我们进行决策。生涯决策平衡单是将所有的生涯选择与条件以量化的方式呈现，然后计算结果，从而做出较佳选择的一种决定方式。

（一）生涯决策平衡单的形成

生涯决策平衡单是由詹尼斯和曼（Jamis & Mann）于1977年设计的，他们将重大事件的思考方向集中到四个主题上：

第一，自我物质方面的得失；

第二，他人物质方面的得失；

第三，自我赞许与否；

第四，社会赞许与否。

实际应用时，由于认为"自我赞许与否"和"社会赞许与否"仍显得笼统，所以台湾生涯辅导专家金树人将最后的两项改为"自我精神方面的得失"与"他人精神方面的得失"，就是从"自我—他人"以及"物质—精神"所构成的四个范围来考虑。

一般来说，人们会在生涯决策平衡单中考虑这些因素：

第一，适合自己的能力；

第二，适合自己的兴趣；

第三，符合自己的价值观；

第四，满足自己的自尊心；

第五，较高的社会地位；

第六，带给家人声望；

第七，符合自己理想的生活状态；

第八，优厚的经济报酬；

第九，足够的社会资源；

第十，适合个人目前的处境；

第十一，择偶以建立家庭；

第十二，未来具有发展性。

生涯决策平衡单是在决策者面临难以取舍的选择时，用量化的方式来协助其做出重大决定的工具。它可以帮助大学生具体地分析每一个可能选择的方案，考虑各种方案实施后的利弊得失，最后排定优先顺序，选择最佳方案。

（二）生涯决策平衡单的操作程序

生涯决策平衡单作为一种决策工具，通常要按标准的维度和统一的格式（见表4-2）进行操作。但在使用中需要注意，由于每个人的情况不同，其对各个选项所赋予的权重通常也会不同。使用生涯决策平衡单进行职业选择，通常步骤如下：

第一，将各种职业选择在生涯决策平衡单顶部水平排列。

第二，在生涯决策平衡单左侧垂直列出自我精神方面的得失、自我物质方面的得失、他人精神方面的得失和他人物质方面的得失四个方面的考虑要素。

自我精神方面的得失，如兴趣的满足、能力的满足、价值观的满足、生活方式的改变、成就感、自我实现的程度、挑战性等。

自我物质方面的得失，如收入、工作的难易程度、升迁的机会、工作环境的安全、休闲的时间、对健康的影响、就业机会、足够的社会资源等。

他人（父母、师长、配偶等）精神方面的得失，如成就感、自豪感、依赖感等。

他人（父母、师长、配偶等）物质方面的得失，如家庭经济、家庭地位、与家人相处的时间等。

第三，对每种因素按1~5的等级分配权重。5为最高权重，表明对决策者的价值最大，表示"非常重要"；3代表"一般"；1代表"最不重要"。

第四，对各种职业选择满足考虑因素的程度进行打分。"＋"与"－"分别代表得与失，对每一种考虑因素均可以数值（如1~10）的大小代表得失的程度。

第五，将得分与权重对应相乘，算出每种职业选择的总分并进行排序。

在生涯决策平衡单中，权重和得分都是因人而异的，可以根据自己的实际情况进行调整、比较。使用生涯决策平衡单，其目的不仅在于得出最后的排序结果，填写的过程也很重要。因为列举各项考虑因素、给各项因素分配权重以及打分的过程，就是在帮助决策者理清自己的想法。这样一个仔细思索和反复推敲的过程，比单纯得出一个结果更重要，更能够帮助人们做出适合自己的决策。

表 4 - 2　生涯决策平衡单

职业决策 考虑要素		重要性的权数 （1～5 倍）	第一职业方案 （　　　）		第二职业方案 （　　　）		第三职业方案 （　　　）	
			得（＋）	失（一）	得（＋）	失（一）	得（＋）	失（一）
自我精神方面的得失	1. 生活方式的改变							
	2. 成就感							
	3. 自我实现的程度							
	4. 兴趣的满足							
	5. 挑战性							
	6. 社会声望的提高							
	……							
自我物质方面的得失	1. 收入							
	2. 工作的难易程度							
	3. 升迁的机会							
	4. 工作环境的安全							
	5. 休闲的时间							
	6. 生活变化							
	7. 对健康的影响							
	8. 就业机会							
	……							
他人精神方面的得失	1. 成就感							
	2. 自豪感							
	3. 依赖感							
	……							
他人物质方面的得失	1. 家庭经济							
	2. 家庭地位							
	3. 与家人相处的时间							
	……							
加权后合计								
加权后得失差数								

子任务四　分析职业生涯决策的影响因素

职业生涯与发展决策是个复杂的过程。对于个人来讲，职业生涯与发展的选择是一个对人生有着重大意义的决策过程。我们从决策的角度来看待职业生涯与发展的选择，它就是一个收集信息、处理信息、做出正确决定并付诸行动的过程。除了按照前述的决策原则进行决策外，还要考虑很多的影响因素，这中间既有外在的，也有内在的。认真分析这些影响职业生涯与发展进程的因素，有利于我们在进行职业生涯管理时，更好地把握职业生涯与发展的规律，从而达到职业成功。

一、个人因素

就像世界上没有两片完全相同的树叶一样，在这个世界上也没有两个完全相同的人。人的差异性体现在很多方面，包括性格、能力、爱好、气质等，这些个人因素是影响职业生涯与发展决策的核心因素。个人因素主要包含以下几个方面：

（一）性别

虽然一个人的性别通常不会影响自己取得事业上的成功，但在现实生活中，不同性别的人会有不同的职业优势，这就要求人们发挥自己的性别优势，在进行职业生涯与发展决策时选择更为适合自己的职业。例如，护理类女生多，建筑施工行业男生多等。

（二）年龄

职业生涯与发展决策是一个发展的过程。在这个过程中，人作为一种生物存在，有自己独特的生命特征，对工作的看法和态度、对机会尝试的勇气、对胜任任务的能力和经验，在不同的年龄阶段都有不同的表现。如一个企业招聘研发人员、售后技术支持人员时一般愿意直接从高校毕业生中招聘，而如果招聘管理人员则更愿意招聘有一定人事管理经验的人。因为研发、技术支持工作需要队伍年轻化，以提供充足的活力和想象力，而管理层需要的则是年龄稍长，稳健持重，能处理较为复杂关系的人。

（三）健康状况

几乎所有的职业都需要健康的身体，尤其是从事某些特殊职业，更是对人的健康水平有着相当高的要求，如采矿、勘探等。如果失去了健康这个大前提，生命将枯萎凋零。无论哪家企业或用人单位，面对身体状况不是特别好的面试者都会有些犹豫。因此，大学生要保持良好的精神面貌，时刻关注自己的健康状况。当然，也有人身残志坚，从事着一般残疾人无法从事的工作，如霍金、张海迪等。

（四）个性特征

气质、性格是指个性当中个人对现实的稳定态度和习惯了的行为方式，不同气质、性格的人适合不同类型的工作。认识自己是成就自己的前提，只有具有从事某一职业要求的性格特征的人，才能较好地适应这一职业。例如，多血质的人较适合做管理、记者、外交等工作，不适合做过细的、单调的机械性工作；医生需要具备认真、细致的性格特征；科研工作者需要有坚定、持之以恒的性格特征等。正因为人在性格特征上存在个体差异，才会有社会上各类职业对从业人员的性格选择。研究表明，假如一个人所从事的职业与他的性格相匹配，这个人工作起来就会得心应手，容易出成绩，容易获得成功；如果一个人从事与自己个性特征不吻合的工作，那么，他就容易产生职业倦怠，性格会成为阻碍其职业发展的不利因素。

（五）兴趣爱好

兴趣是人积极探索某种事物的认识倾向，当一个人对某一事物产生浓厚兴趣时，他一定会对这一事物保持充分的注意，并进行积极的探索，而与职业有关的兴趣则成了职业兴趣。人一旦有了浓厚的职业兴趣，就会热爱自己所从事的工作，全身心投入，并能充分发挥个人的聪明才智，坚定地追求自己的职业发展目标。不同的职业兴趣对应的职业也不同，如喜欢做具体工作的人，相应的职业有室内装饰、园林设计、美容、机械维修等；而喜欢抽象和创造性工作的人，相应的职业有经济分析师、产品研发等。如果在选择工作时，完全不考虑个人的兴趣爱好，甚至选择与兴趣爱好完全相反的职业，最终只能导致"事倍功半"的结果。

（六）所受的教育

个人所受教育的程度和水平，直接影响其职业生涯与发展决策的方向和从事喜欢的职业的概率。各种教育内容的相互交叉和渗透，可以促进个人整体素质的提高。因此，大学生应当认识到自己成长的环境与受教育的条件对个性形成的影响，并通过主观努力，改变自身的不利因素，全面提高个人素质，为求职择业创造更加有利的条件。

二、家庭环境因素

家庭是一个人人格特点、价值观、个性需求、学习能力的主要养成场所，是影响职业决策的重要因素。家庭对择业的态度、观念、行为产生的影响，有时甚至是决定性的。

（一）家庭经济水平

每个家庭的经济状况不同，经济水平的高低对个人的职业决策会产生很大影响。生活在贫困家庭中的学生往往会养成许多优良的品质，比如独立工作能力强、吃苦耐劳等。但这种家庭的学生，由于物质条件匮乏，成长环境较差，制定出科学合理的职业决策的概率往往比较低。比如，靠助学贷款求学的学生，毕业求职时很容易只关注工资待遇而忽视其他因素。生活在经济水平高的家庭中，学生获得的信息可能相对较多，物质的满足程度也更高一些，但这并不一定就是好事。如果父母过于溺爱，会使子女形成依赖性格，在做职业决策时可能会盲从。

（二）父母的职业水平和受教育程度

父母是孩子最早观察和模仿的对象，孩子必然会受到父母职业技能的熏陶。父母的职业经历对子女的职业决策有较大影响，大多数父母都会有意识地将自己的生活阅历、职业感受和工作价值观灌输给子女，子女也倾向于将父母的职业发展经历作为自身职业发展的借鉴和参考。要促成有效的职业决策，决策者本身需要从家庭层面深刻剖析自身的择业价值观。

（三）家庭社会关系

家庭社会关系对大学生的职业决策也有较大影响，它能提供给大学生的就业信息往往针对性较强，这些信息一般能直接提供最全面的行业及职位信息，使求职的成功率大大提高。而缺乏家庭社会关系的大学生，职业发展压力更大，竞争更激烈，往往会形成非科学、非理性的职业决策。

总之，在做职业决策的时候，要看到家庭因素的影响作用，积极借鉴父母的人生经验，认真倾听家人的意见，同时结合自身个性特征，综合分析各种信息和影响因素，最后形成自身职业发展的理性定位。

三、社会环境因素

除了个人和家庭因素外，社会环境因素对职业生涯决策的影响也是不容忽视的。

（一）政策导向

国家的政策影响着一个行业的兴衰，很多行业的未来发展趋势是和国家的政策导向相关的。不同时期的就业政策，体现着不同时期社会的需要，是人才资源配置的具体准则，也是毕业生就业过程中所遵循的基本规范。大学生要积极通过新闻媒体、门户网站等，了解各个行业的发展态势，了解国家倡导优先发展哪些产业，积累必要的政策信息和行业信息，搭建自己的信息导向平台。

（二）社会需求

一般来说，社会需求是促进行业发展的长远动力，是大学生择业时要考虑的重要因素。大学生在选择职业的时候，要多分析、多了解社会需求，了解自己所选择的职业在社会中的地位、作用、发展现状，以及对社会生活所产生的影响。如果选择的职业既有政策导向的支持，又符合社会需求，还是自己所喜爱的职业，那么，无论对于择业者自身还是对于被选择的行业来说，都是件好事。

（三）城市环境

现实生活中，一个城市的生活环境、文化氛围将深刻影响每一个行业的发展。一个行业在这座城市是否受到重视，不但影响着行业的发展，也将影响着这一行业从业人员的生活。城市的文化底蕴、人文素质、市政建设等都将直接影响从业者将来生活的舒适程度，尤其是所在企业或者单位周边的环境，对人的影响是巨大的。企业或组织也会因为所处地域环境的不同，形成不同的企业文化氛围，各个用人单位在人事管理、财务制度、员工培训与发展、薪酬待遇与岗位轮换等方面都会有各自的风格。例如，深圳是沿海城市，人文环境非常吸引人，薪资待遇也很高，但工作压力大，工作节奏快，消费水平高；内陆城市环境比不上深圳，但工作节奏慢、生活压力相对较小，消费水平低。所以，大学生在进行职业选择的时候，要综合考虑城市环境的影响，切忌盲目决定去大城市工作，因为工作毕竟只是生活的一部分。大学生要充分结合自己所在的行业和自己对生活的要求，尽可能多地了解自己有意向的城市、有意向的用人单位，从而进行综合抉择。

除上述各种因素之外，机遇也对职业决策有很大的影响。不过机遇具有一定的偶然性，可遇而不可求。

影响职业决策的因素并非单独存在，而是经常交织在一起，使决策变得困难而复杂。所以，大学生还要学习一些职业决策的相关理论和策略，用以克服干扰决策的因素，从而进行科学理性的决策。

课后拓展

家族职业树

了解自己家族成员的职业信息，了解家族成员对自己的职业期望，进行自我分析，思考自己的职业理想与家族职业树有哪些关联。

请你将家族中的亲属及他们的职业填写在下面的家族职业树上。

填写完成之后，请回答以下问题：

1. 我的家族中大多数成员从事的职业是：_____。

2. 我想要从事这种职业吗？为什么？

_____

3. 家族中对彼此职业感到满意或羡慕的是什么？（例如：堂哥在医院当医生，不仅收入高，而且社会地位高）

_____

4. 爸爸如何形容他的职业？爸爸平时会提到哪些职业？他是怎么评价的？

_____

5. 爸爸的想法对我的影响是：_____。

6. 妈妈如何形容她的职业？妈妈平时会提到哪些职业？她是怎么评价的？

_____

7. 妈妈的想法对我的影响是：_____。

8. 家族中还有谁对职业的想法对我影响深刻？他们怎么说？

_____

9. 我觉得家人对我未来选择职业的影响是：_____。

10. 我的家人最常提到有关职业的事是：_____；

对我的影响是：_____。

11. 选择职业时，我比较重视的条件有：_____。

任务五 制定与实施职业生涯规划

学习目标

1. 掌握确立职业生涯目标的原则和步骤。
2. 能够对职业生涯目标进行分解与组合。
3. 掌握制定职业生涯规划的方法，并能够对自己的职业生涯规划进行评估。
4. 能够根据自己各阶段的实际情况对职业生涯规划进行调整。

子任务一　设定职业生涯目标

一、职业生涯目标的概念

所谓职业生涯目标，是指一个人渴望获得的与职业相关的结果，是个人在选定的职业领域的某一节点或某一时期要取得的成绩或要达到的高度。个人职业生涯目标是职业生涯设计的关键与核心。职业生涯目标是个人在考虑内因和外因的基础上确立的职业上要到达的成就。内因主要包括价值观、兴趣、能力、知识等，外因主要包括人脉关系、经济状况、父母期望、劳动力供求关系、岗位要求、素质要求、工作地点、企业文化等。

职业生涯目标一般都是在进行个人评估、组织评估和环境评估的基础上，由组织里的部门负责人或人力资源部负责人与员工个人共同商量设定。注意，职业生涯目标要具体明确，高低适度，留有余地，并与组织目标保持一致。

 经典案例

目标的价值

有一年，一群意气风发的天之骄子从美国哈佛大学毕业了，他们即将开始各自的人生旅程。他们的智力、学历、环境条件都相差无几。在临出校门前，学校对他们进行了一次关于人生目标的调查。

调查结果发现，27%的人没有目标，60%的人目标模糊，10%的人有清晰但比较短期的目标，3%的人有清晰且长期的目标。

25年后，他们的生活状况大不相同。

那些占3%的有长期目标者，25年来几乎不曾更改过自己的人生目标。25年来，他们都朝着自己设定的方向不懈努力。25年后，他们几乎都成了社会各界的顶尖成功人士，如大型企业创始人、行业领袖等。

那些占10%的有清晰短期目标者，大都生活在社会的中上层。他们的共同特点是，那些短期目标不断被达成，生活状态稳步上升，成为各行各业不可或缺的专业人才，如医生、律师、工程师、高级主管等。

那些占60%的模糊目标者，几乎都生活在社会的中下层，他们能安稳地生活与工作，但都没有什么特别的成绩。

那些占27%的无目标者，25年来几乎都生活在社会的最底层。他们的生活没有目标，过得很不如意，并且常常抱怨他人，抱怨社会，抱怨这个"不肯给他们机会"的世界。

其实，他们之间的差别仅仅在于：25年前，是否对自己的未来有着明确的目标。

二、确立职业生涯目标的原则

确立职业生涯目标时，必须遵循一些原则，从而使所确定的目标有最大的激励作用。高校大学生在确定职业生涯目标时，根据以下原则来分析和评价，能帮助其更好地确立目标。

（一）适合自己的才是最好的

有的人在确定职业生涯目标时，非常在意别人的看法和评价。所以，为了迎合他人的眼光，盲目追求社会评价度较高的职业岗位，制定的目标脱离了自身实际，结果痛苦不堪。

还有的人没有经过深思熟虑就确立了目标，看到别人确立了什么目标，自己就跟着模仿，今天学这个，明天学那个，结果浪费了时间，错失了良机。

其实，职业生涯目标并没有好坏之分，每个人的自身条件、基础素质不同，职业生涯目标也会有所不同，适合自己的才是最好的，才更容易实现。例如：有的人适合搞研究，能够在专业领域取得突破；有的人适合做管理，能够成为优秀的管理人才。

当然，在现实生活中，我们很难要找到一个完全适合自己的职业，这就需要我们在做出大致的目标选择后，对自己的性格、能力、价值观进行适当的调整，以做到扬长避短。

（二）确立目标应坚持"四定"原则

1. 定位

定位，即确定自己的水平、能力、薪资期望。定位过高或过低都不利于职业的发展：定位过高，容易屡遭挫折，积极性受到打击；定位过低，不利于发挥自己的最大能量，不利于实现自己的最大价值。为了定位准确,大学生要对自身的实际情况进行认真的分析,避免出现"高不成低不就"的现象。

2. 定向

定向,就是确定职业发展的方向。职业方向是为实现职业生涯目标而选择的一种路径,方向是否正确直接影响职业生涯目标的实现。大学生在确定自己未来的职业方向时,一方面要保持冷静的头脑,另一方面还要有一定的魄力,不必拘泥于自己所学的专业。

3. 定心

定心,就是稳定自己的心态。职业生涯道路不可能是一帆风顺的,难免会遇到挫折和失败,重要的是要稳定自己的心态,不灰心、不丧气,不断克服困难,勇敢地朝着职业生涯目标迈进。

4. 定点

定点,就是确定职业发展的地点。我国各地的现状和前景都有所不同,甚至存在非常明显的地域差异,这是影响职业发展的重要环境因素。大学生应以辩证的思维慎重选择职业发展的地点,不能片面地认为只有经济发达地区才有利于自己职业的发展。

三、确立职业生涯目标的步骤

制定目标应该成为一种生活方式,每一个人都必须在某一点上起步,才能逐渐成为一个有目标的人。设立目标的步骤如下:

(一)确定你的目标及起跑线

通过前面的学习,我们可以明确自己的目标和起跑线了,这两点对成功极为重要,因为没有目标就没有前进的方向,没有起跑线就无从规划自己的"航程"。

(二)把目标清楚地表述出来

把人生目标清楚地表述出来,能帮助大学生集中精力,提高学习和工作的效率。值得一提的是,在表述人生目标时,要以个人的梦想和个人的信念作为基础,这样有助于把目标表述得更贴切、更具体。

(三)把整体目标分解

清楚表述未来之梦及人生目标之后,接着就要着手制定长期和短期的目标了。目标可以用业绩来表示(如推销 1000 件某种产品),也可以用时间来表示(如每周 3 次,每次锻炼 1 小时)。目标可以涉及人生的各个领域,具体情况应该根据想要取得什么成就而定,然后把整体目标分解成一个个易记的小目标。应该注意的是:长期目标不要求详尽、精确,中短期目标应尽可能具体明确,并限定时间。

(四)定期评估计划执行情况

定期评估进展是与行动同等重要的。随着计划的推进,人们有时会发现自己的短期目标并未向长期目标靠拢，或者发现最初设定的目标不怎么现实，又或者中长期目标中有些方面并不符合理想及人生的最终目标，出现这些情况时就需要及时对目标进行评估并做出调整。

（五）庆祝已取得的成就

最后，要抽点时间庆祝自己已取得了一些成就。当完成预期的目标时，可以适当奖励一下自己，小成就小奖，大成就大奖。

子任务二　分解与组合职业生涯目标

一、职业生涯目标的分解

（一）按时间分解

职业生涯目标分解是根据观念、知识、能力差距，将职业生涯的远大目标分解为有时间规定的长、中、短期分目标。目标分解的原则是将目标分解到某一确定的日期、可采取的具体步骤为止，即分目标应该是可衡量、可预见的。目标分解是将目标清晰化、具体化的过程，是将目标量化成可操作的实施方案的有效手段。目标分解是为了使目标的实现具有可操作性。职业生涯目标按时间长短可以分解为短期目标、中期目标、长期目标和人生目标。

1. 短期目标

短期目标通常为 1 年以内的目标，主要是确定近期目标及要完成的任务。制定短期目标必须坚持清楚、明确、现实、可行四项准则。对短期内期望完成的目标要有清晰而完整的概念，把它定在身边或行业里的某个人或者某件事情上，如要达到某个人的位置或成就、要做一个成功满意的项目、要掌握某些业务知识等。

2. 中期目标

中期目标通常为 3～5 年的目标和要完成的任务，如毕业后找什么工作，担任什么职务。中期目标通常与长期目标保持一致，以明确的语言来定量说明，需要给自己制定比较明确的时间和行为规定，应既有激励价值，又现实可行。

3. 长期目标

长期目标通常为 5～10 年的目标，如大学毕业后到 30 岁时在企业内取得怎样的地位和业绩。长期目标应放眼未来，推测可能的职业进步。长期目标需要个人经过长期艰苦努力、不懈奋斗才有可能实现。确立长期目标时要立足现实，慎重选择，全面考虑，使之既有现实性又有前瞻性。

4. 人生目标

人生目标要尽可能远大，但不要求具体详细，要根据个人的专业、性格、气质、价值观以及社会的发展趋势来制定，是一个人的最高目标。人生目标要在符合自己价值观的基础上，与社会发展需求相适应。

在职业生涯目标设定上，通常是先设定长期目标，然后再进行分解，根据个人经历和所处的环境制定相应的中期目标和短期目标。在大多数情况下，长期职业生涯目标比较粗泛，可能随着内外部形势的变化而变化，所以在制定时宜以勾画轮廓为主。在确定了长期目标后，将其具体化、现实化、可操作化，便形成了中期目标和短期目标。中、短期目标应该清楚、明确、现实、可行。心理学实验证明，太难或太容易的事，都不具有挑战性，也不会激发人的行动热情。因此，应根据个人的经验、素质水平和现实环境来决定中、短期目标。中、短期目标应尽可能具体明确，并要求在特定的时限内完成特定的任务，从而使人必须集中精力，调动自己和他人的潜力，为实现目标而奋斗。只有这样，制定的目标才具有行动指导和激励的价值。

 经典案例

小张的理想是当一名职业高级调酒师。目前，他在各种饮料和酒水的品质鉴定、颜色调配等方面，基础知识还十分欠缺，所以他在认真学好专业课的同时，还要利用课余时间搜集有关饮料配制、调酒等方面的资料，学习更为专业的知识。下面是小张的个人职业规划。

第一阶段：在酒吧打工（23～25岁）

因为调酒师一般都是在酒吧中工作，所以毕业之后去酒吧工作，不仅可以自力更生，还可以与酒吧中的调酒师们进行交流学习，掌握一些实用的专业技能。

第二阶段：学习调酒技艺（26～29岁）

经过几年的工作，对于调酒师的工作内容和工作特点已经有了进一步的了解，这时就可以转向学习调酒知识了。

第三阶段：成为调酒师（30岁）

通过专业培训和学习，对调酒知识有了一定的掌握，取得了相关的职业证书，自己完全可以胜任一间普通酒吧的调酒师工作了。

第四阶段：向专业化、国际化发展（31～35岁）

可以参加一些专业性的比赛，在竞争中提升自己的能力。在比赛过程中可以针对调酒的文化性、知识性、技术性、观赏性，和其他调酒师交流学习，从而提高自己的水平。有可能的话还可以出国深造，拓宽自己的视野，缩短自己与国际水平的差距。

第五阶段：实现梦想，成为具有国际水平的高级调酒师（35岁以后）

通过努力实现自己的梦想，在人生的道路上不断前行，争取获得更大的进步。

【案例分析】

小张通过对自身条件的分析，采取了阶段性的职业规划，并一步步走向自己的梦想。

这启发我们，在做职业规划的时候应该有步骤地进行，而不是一次性地实现最终目标。

（二）按性质分解

职业生涯目标按照性质分解，可以分为内职业生涯目标和外职业生涯目标。

1. 内职业生涯目标

内职业生涯是指从事一项职业时所具备的知识、观念、经验、心理素质、能力、内心感受等因素的组合及其变化过程。

（1）工作能力目标

工作能力是对处理职业生涯中各种工作问题的能力的统称。如组织领导能力、策划能力、管理能力、研究创新能力、人际沟通能力、协调合作能力等。衡量一个人的职业生涯成功与否，在于他在工作的过程中是否创造出了富有实际意义的成果。所以，在确定个人职业生涯规划时，工作能力目标应当优于职务目标。当然，工作能力目标应当切合实际，具有挑战性，并与该阶段的职务目标所要求的条件相匹配。

（2）工作成果目标

工作成果是进行绩效考核的重要指标，优异的工作成果不仅带给我们荣誉感和成就感，也铺砌了通往晋升之途的阶梯。

（3）心理素质目标

在职业生涯中，只有心理素质合格的人才能正视现实，努力克服困难，追求卓越。为了使职业生涯规划蓝图能够变成现实，就要不断提高自己的心理素质。心理素质目标既包括抗挫折、包容他议，也包括在暂时的成功面前保持冷静清醒，做到能屈能伸，宠辱不惊。

（4）观念目标

当今是个强调观念的社会，各种各样新的观念层出不穷。这些观念影响着我们的行动，也影响组织、领导、同事、客户对我们的态度。随时更新自己的观念，也是我们规划个人职业生涯的重要一环。

2. 外职业生涯目标

外职业生涯是指从事职业时的外在因素的组合及其变化过程。外职业生涯目标一般是具体的，包括工作单位、工作职务、工作内容、工作环境、工作地点、收入、福利待遇、声望、职位等，它侧重于职业过程的外在标记。

（1）职位目标

职位目标应该具体、明确，清晰的职位目标应该是专业加职务。

（2）工作内容目标

在现实生活中，能够达到高层职位的人毕竟是少数，而且，能否晋升并不完全取决于我们自己。所以，建议大家把外职业生涯目标规划的重点移到工作内容目标上来，即把在某一阶段计划完成的工作内容详细列出来。工作内容目标对于专业技术型发展路线的人格外重要。因为这些人的发展体现在本专业技术领域取得的成果及相应的职称晋升上。所以，具体可行的工作内容目标才是规划的重点。

（3）收入目标

获得经济收入是我们工作的一大目的，毕竟每个人的生存离不开物质基础。因此，在职业生涯规划中列出收入期望无可非议。但要注意的是，目标要切合自己的能力和实际，规划出一个具体合理的数目，这个数目将在日后成为重要激励源。

（4）工作地点目标和工作环境目标

如果你对工作地点或工作环境有特殊要求，就要在规划中列出这两项内容。总之，尽可能根据个人喜好来进行规划，但切勿太过细琐，以免使选择面过窄。

二、职业生涯目标的组合

由于不同目标之间存在着某种关联性，我们可以按不同的方式将目标进行有效组合，组合的方法包括时间组合、功能组合、全方位组合。

（一）时间组合

时间组合又分为并进组合和连续组合两种情况。职业生涯目标的并进组合是指一定时期内同时进行两种不同性质的工作，最典型的例子就是医院里面的科室主任可以同时做优秀的专科大夫和合格的管理人员；或者建立与目前工作不直接相关的职业预备目标，如销售人员为了以后的晋升，业余时间学习人力资源管理方面的知识。这需要有较强的时间管理能力和学习毅力。职业生涯目标的连续组合是指用时间坐标做连接，将各个目标前后相连，实现一个再进行下一个。

（二）功能组合

功能组合又分为因果关系组合和互补关系组合两种情况。

1. 因果关系组合

职业生涯目标的因果关系组合是指有些目标之间存在着明显的因果关系，如工作成果目标与经济收入目标之间即为因果关系，具体表现为，当工作取得重大成果后，就会相应地获得更多的经济报酬。

2. 互补关系组合

例如，管理人员希望成为部门经理的目标与获得管理专业硕士学位的目标之间就存在互相补充、互相促进的关系。

（三）全方位组合

全方位组合是指在确立和实现职业目标的同时，还应与家庭事务和个人生活结合起来，不同目标之间需相互促进，协调发展，而不应该为了事业的成功牺牲家庭或个人职业以外的追求。

子任务三　制定职业生涯规划

一、滚动计划法

滚动计划法是一种定期修改未来计划的方法。制订计划时，计划做得越远，前提条件越难确定。为提高计划的有效性，可以采用滚动、连续编制计划的方法。它是根据计划的执行情况和条件的变化，调整和修订未来的计划，并逐期向前移动，把远期计划与近期计划结合起来，采取近细远粗的办法。每次制订或调整计划时均将计划期顺序向前推进一期，如此不断滚动，不断延伸，故称之为滚动计划。

二、PDCA 循环法

PDCA 循环法是美国管理专家沃特·阿曼德·休哈特首先提出的，由戴明采纳、宣传，得以普及，所以又被称为"戴明环"。PDCA 循环法分为四个阶段：P 阶段、D 阶段、C 阶段、A 阶段，分别代表"计划""执行""检查""处理"阶段。PDCA 循环是指一切工作或干任何事都必须经过这四个阶段。

（一）计划（Plan）阶段

这一阶段的工作主要是找出存在的问题，通过分析，制定改进的目标，确定达到这些目标的措施和方法。

第一，摸清现状。

第二，明确目的与要求。

第三，瞄准问题，找出差距，确定实现目标应关注的主要因素。

实现目标的过程就是缩小自身同目标之间的差距的过程。只有明确自己的能力、知识、观念等现状与所确定的职业生涯目标之间的差距，才可能有的放矢地采取措施弥补差距，保证目标的最终实现。

思想观念的差距：只有与组织、社会相适应的思想观念，才能有效地促进个人的职业目标按计划实现。

知识的差距：分析自己当前的知识水平和既定职业目标要求的知识水平之间的差距，通过培训、进修等方式补充新知识，并将其应用到工作实践中。

能力的差距：指自己目前具有的能力与实际工作要求之间的差距。

心理素质的差距：涉及一个人的毅力、面对变故和挫折时的心理承受能力和情感智力（EQ）等。良好的心理素质能够使自己在关键时刻保持冷静的头脑、平和的心态，从而制订出正确的战略和实施方案。

第四，制订措施。根据上述问题确定对策，调整分阶段目标和计划。

（二）实施（Do）阶段

按照制订的计划和措施，严格地去执行，在实施过程中会发现新的问题或情况发生变化，如原来设计的培训内容等发生变化，则应及时修改，以保证达到预期目标。

（三）检查（Check）阶段

对于检查，需要确定时间点和标准两个因数。通常某阶段生涯规划的大目标下可能分好几个子阶段，每一个子阶段都可以作为一个检查点。检查的标准以当初设定的计划为参照，如果完成了计划，那么执行是成功的，相反就是不成功。

（四）处理（Action）阶段

首先，总结经验，巩固成绩。根据检查的结果进行总结，把成功的经验和失败的教训纳入自己的信息库中，作为今后提高工作效率的参照。与此同时，为了更好地提高自己的能力，要寻找新的目标，开始新的 PDCA 循环。

其次，出现新的问题或是遗留问题，转入下一个循环。检查未解决的问题，找出原因，转入下一个 PDCA 循环，作为下一个循环计划设定的资料和依据。对于产生的新问题，不断总结经验，坚持改进，就会获得成功。

PDCA 循环理论的特点是环环相扣，相互促进；周而复始，不断循环；螺旋式上升和发展。PDCA 循环的四个阶段并非截然分开的，而是紧密衔接、连成一体的，各阶段之间也不存在交叉现象。在实际的工作中，往往需要边检查、边总结，从而调整计划，不能机械地去理解和操作 PDCA 循环。

三、斯温的生涯规划模式

斯温（Swain）是美国伊利诺伊大学的教授，他于 1989 年提出了自己的生涯规划模式，旨在帮助大学生对自己的生涯做出一个良好的规划。

如图 5-1 所示，斯温的生涯规划模式主要包括四个部分，即由三个三角形和一个圆形所组成的模型。中间的圆形是此模式的核心部分，表示一个人所要达到的生涯目标，而这一目标的设定又深深受到周围三个小三角形的影响。三个小三角形的内涵如下：

第一个小三角形是指"自己"，代表个人的自我探索，包括对自己的能力、性向、兴趣、需求、价值观等的了解。

第二个小三角形是指"自己与环境的关系"，强调个人与环境之间的联系，可分为自己与社会的关系、自己与家庭的关系两部分。它主要包括家人、师长、朋友的期许和协助，社会资源的助力，来自不同意见的限制和阻力，乃至个人的经济和知识资源等。

第三个小三角形是指"教育与职业的信息"，是对工作与教育世界的探索，包括对职业信息的了解和对工作世界的认识两部分。认识工作世界的渠道有收集与职业相关的文书资料、参加演讲座谈、实地参观访问等。

这三个三角形是生涯发展与规划的重点。斯温将复杂的生涯理论以简单、明了的形式呈现出来，使得生涯规划有架构可循。即使如此，每个人的主观判断，对这三方面会有轻重不同的考虑和安排，并产生不同的生涯决定，所形成的生涯目标也因此呈现每个人的独特性和原创性。

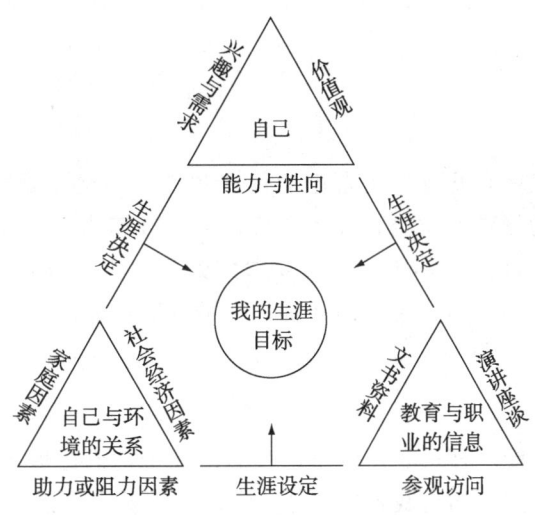

图 5 - 1　斯温的生涯规划模式

子任务四　职业生涯规划的评估

职业生涯规划评估主要是对各阶段的预定目标和实际结果之间的差距进行分析，找出差距产生的原因。任何一个行动计划在实施之后都可能出现这样几种情况：一是目标基本完成，二是目标轻松完成，三是目标不能完成。目标基本完成说明目标设定合理，实施方案合适，执行力到位；目标轻松完成说明目标设定过低；目标不能完成说明目标设定过高，或者行动方案不合理，或者执行力不到位。

一、评估的内容

（一）目标评估

假如在实施目标的过程中一直无法找到自己所希望的学习机会和工作，那么应根据现实情况重新选择职业发展目标；如果一直无法适应或胜任自己设定的职业发展目标，在学习和工作中得不到应有的发展，并且导致自己长期压抑、不愉快，那么应该考虑调整职业发展目标。

（二）路径评估

当出现更适合自身发展和职业发展的机会或选择，而原定发展方向又缺少发展前景时，就要尝试调整发展方向。

（三）实施策略评估

一份有效的实施策略是实现职业发展目标的行动计划和指南，一旦发现职业发展路线设计与实际不符，或是实践计划存在困难，那么应根据实际情况重新审视制定的策略，并考虑改变行动策略。

二、评估的原则

（一）全面性

反馈与修正应当全面，既要看到自己的优点和特长，又要看到自己的缺点和不足；既要对自我某一方面的特殊素质进行具体评价，又要对其他各个因素的整体素质进行综合评价；既要考虑到全面的整体因素，又要考虑到其中占主导地位的重点因素。反之，任何一种片面的、孤立的、不分主次的评价，都不可能全面而正确地反映自己的整体素质状况。

（二）适度性

评价应该适度，不能矫枉过正。既不要过高地评价自己已取得的成绩，也不能因为某些挫折而过分悲观。过高的自我评价往往使自己脱离现实，意识不到自己的条件限制，甚至自傲狂妄，由自信走向自负；过低的自我评价往往忽视自我的长处，导致缺乏自信，过于自卑。过高或过低的自我评价，对自己都是不公正的，对重新选择职业都将产生极为不利的影响。

（三）发展性

反馈与修正时，应以发展变化的眼光看待原先制定的职业生涯规划的目标、策略。世间万物都不可能是静止不变的，我们不但应当对自己的现实素质，现有的生涯目标、生涯实施策略、生涯机会等做出适当、全面、客观的评价，而且应当着眼于未来的发展变化，预见性地反馈与修正。

（四）客观性

反馈与修正应当掌握客观性的原则。尽管是自己对自己进行观察、分析和评价，仍需要以客观事实作为基础和依据，努力克服和排除自身因素的限制及干扰，这样才能使自我反馈与修正趋于客观和真实。

三、评估的方法

（一）调查、分析、总结法

在实现职业生涯规划目标的每一个近期目标后，要对下一步的主客观条件做出调查、分析和总结，看看条件是否能保证下一步计划的正常执行。

（二）反思法

我们在实施职业生涯规划目标的过程中，要适当回顾制订的目标时间表，及时总结是否有了新的收获和新的体验，同时找出存在的问题和不足，总结经验，吸取教训。

（三）对比法

每个人都有一个符合自己特质的职业目标，不同的人实现目标的方法也不尽相同。我们可以与他人多比较，学习他人科学的方法，这往往能够帮助自己对已制定的职业发展目标进行改进。

（四）求教法

自我反思往往十分困难，但旁观者清。因此，可以利用身边的人脉资源，让他人对自己的职业生涯目标进行评估。以虚心、积极、主动的态度征求他人的意见，会受益匪浅。

四、职业生涯成功的评价

（一）成功标准

在职业生涯规划中，成功标准是规划者个人对自己职业生涯目标实现程度的认可描述。因此，成功标准实际上就是对职业生涯目标的审视和评估，它和职业生涯目标共同构成了"职业愿景"。

1. 职业生涯成功标准的特征

（1）个性化。成功标准反映了个人的价值观，因而具有个性化的特点。"他人之蜜糖"很可能是"我之毒药"，所以，不要用别人的成功标准来替代自己的选择。

（2）激励性。成功标准和职业生涯目标共同构成了"职业愿景"，能使人产生驱动力，从而促进个人素质的提高和个人潜能的发挥。

（3）差异性。职业生涯成功与否，个人、家庭、企业、社会判定的标准都存在一定的差异。如果一个人能在这四类体系中都得到平衡，那么他（她）的职业生涯成功标准无疑是十分合理的。

2. 职业生涯成功标准的类型

成功的标准从来都不是统一的，但其中还是有一些规律性的东西。这里将成功标准分为以下几类：

（1）进取型。持这类成功标准的人，我们通常会称其"野心勃勃"。他们在一个组织中，目标就是全力以赴达到组织权力结构的最高点，成为组织的"一把手"，在过程中即使有所牺牲也在所不惜。

（2）安全型。这类人追求认可和尊敬，即使不能成为组织的领导人，只要工作氛围"安全"、被领导和同事视为"圈内人"，他们就会觉得满足。

（3）自由型。这类人在工作过程中不愿意被控制，不愿意被各种死板的条例套住，希望在工作中充分施展自己的聪明才智，得到自由发挥的空间。因此，他们特别在意单位的工作氛围、组织文化以及工作方式。

（4）攀登型。喜欢刺激和冒险是这类人的共同特点。他们的成就感来自挑战自我、挑战工作，因此，他们往往会厌倦一成不变的工作内容和工作环境，总是追求职业经历的多样化。

（5）平衡型。对于他们而言，在工作、家庭关系和自我发展之间取得平衡是非常有意义的，为了工作牺牲其他是不能接受的。因此，这类人可能会因为其他原因失去职业生涯更大的成功，但是他们不认为这是失败，对于他们而言，工作只是人生的一个部分，而不是全部。

3. 职业生涯成功标准的评估

如何全面评价职业生涯？按照人际关系范围，将职业生涯是否成功的评价分为自我评价、家庭评价、组织评价和社会评价四类评价体系（见表 5-1）。

表 5-1　职业生涯是否成功的评价体系

评价方式	评价人	评价指标	评价标准
自我评价	本人	1. 自己的才能是否得到充分发挥 2. 对自己在组织发展、社会进步中做出的贡献是否满意 3. 对自己的职称职务、待遇的变化是否满意 4. 对处理职业生涯发展与其他人生活动的关系的结果是否满意	根据个人价值观念及个人知识水平
家庭评价	父母、配偶、子女及其他家庭重要成员	1. 是否能够得到家庭成员的理解 2. 家庭成员是否能够给予支持和帮助	根据家庭文化
组织评价	上级、平级、下级	1. 是否有下级、平级的赞赏，上级的肯定和表彰 2. 是否有职称、职务的提升或职务责、权、利范围的扩大 3. 是否提高了工资待遇	根据企业管理体系、企业文化及总体经营成果
社会评价	社会舆论、社会组织	1. 是否有社会舆论的支持和好评 2. 是否有社会组织的承认和奖励	根据社会文明程度、社会历史进程

如果一个人能在这四类评价体系中都得到肯定的评价，我们说，这个人的职业生涯设计是成功的。

（二）成效评估

职业生涯阶段目标完成后，要主动进行自我评估。个人可以根据自身情况制定具体的指标来评估成效、查找问题，并有针对性地进行调整、修正，直至进行职业再选择。职业生涯规划成效的自我评估如表 5-2 所示。

表 5 - 2　职业生涯规划成效的自我评估

项目	评估内容	调整方向
人生目标	1. 人生目标的层次是否定位得当 2. 目标的侧重点是否合理	人生目标的修正
职业目标	1. 所选择的职业是否适合自己 2. 职业目标是否定位得当	职业的重新选择
职业生涯 发展途径	1. 是否在发展途径中有太多、太强的竞争对手 2. 轮岗时间太长或太短 3. 轮岗顺序是否合理	职业生涯路线的重新选择
职业生涯 规划方案	1. 规划方案是否周密 2. 长期计划是否缺乏生涯战略 3. 短期计划是否详细 4. 是否与轮岗、培训结合起来	实施措施与计划的变更
培训	1. 培训是否不足 2. 培训内容是否与职业目标一致	增加有针对性的培训

子任务五　修正纠偏职业生涯规划

一、调整的时机

如果你遇到下面这些情况，也许就到了需要调整职业生涯规划的时机。

你找的第一份工作一直做到现在，没有换过其他工作，然而有一天你发现这份工作不是你真正喜欢的，你的工作已经变成了每天的例行公事，毫无乐趣可言。

你感觉自己的知识和能力不够用，你想去进修，但是现在的工作量接近饱和，每天回家时已经筋疲力尽，没有时间学习。你希望换一份工作并在职进修，然后计划更长远的发展。

你自己的专长一直没有机会在工作中发挥出来，你一直觉得很遗憾。

你觉得你的老板低估了你的价值，你觉得凭自己的能力，应该拿更高的薪水。

你觉得如果继续留在公司，提升空间不大，没有大的发展机会，不想埋没了自己。

长期以来，你已经做好准备，开始期望有自己的公司，想自己做老板。

 拓展阅读

幸运的小树桩

湖畔有两棵树，一棵粗如熊腰，一棵细若手臂。湖底清理淤泥时，它们被锯掉了，岸上就多了两根树桩。

冬天过去，春天来临，湖边的树开始抽芽，没多久，已是满湖春色。也许是灾难过于深重，对于岸边的热闹，两根树桩没有一丝回应。游人们都以为它们是两根死了的树桩，园林处的人也都认为它们活不了了。一天，来了个花木工人，要挖掉它们重新植树。这时，一个散步的老人走过来说，大的不敢保证，小的一定会活。

花木工人看了看树桩，没有动，收起工具走了。

就在夏天将要到来时，小树桩果然如老人所言，拱出一粒嫩芽。它立在截面的边沿，如满脸怒气的壮士，粗粗的，紫紫的，显得非常孔武有力。那根大的树桩也拱出了嫩绿的芽，它们密密地围成一圈儿，就像一个绿色的圆。花木工人开始浇水，开始加固围栏，他希望它们重新长成大树。

一年过去了，小树桩上的嫩芽长成手指粗的枝条，大树桩上的嫩芽长成了一丛灌木。花木工人很希望大树桩上的嫩芽也长出粗壮的枝条来。他砍去多余的枝条，留下最有希望的一枝，可是一点儿用都没有。被砍去的枝条，很快又会长出来。今年砍，它们明年长；明年砍，它们后年长。有意留下的那一枝，则永远不长，总是在半米高左右的时候就枯萎，第二年再留，它依然枯萎。就在花木工人打算把它捆扎起来，仅露一根枝条的时候，那位散步的老人经过这儿时说，没有用，它太老了。果然，三年后，这根拱过多次芽的大树桩在最后一根枝条枯萎后便悄无声息地死了。

有一天，散步的老人又来到这儿，园林工人遇见了他，很想解开心中的迷惑。老人说，树和人一样，凡是早年受挫的人都是幸运的，他们还有从头做起的时间，可以鼓起勇气，不忧不惧地学一门东西，最后成为栋梁；到了四五十岁才灾祸临头，就真的可怜了，他们大多已没有从头做起的时间和精力了。

二、调整的原则

反馈与修正是职业生涯规划的重要环节，也是保障职业生涯规划实施的关键环节。只有通过不断地反馈与修正，才能保证目标的合理性和措施的有效性，也才能保证生涯目标的最终实现。当学生在校期间的内外部条件发生上述几种变化，且经过前述分析判断需要根据变化情况对职业规划进行调整时，应当尽可能遵循以下几个原则展开动态调整。

（一）调整的实时性原则

变化随时都可能发生，一旦发生，必须及时反应，对变化的性质、影响程度进行判断并做出必要的调整。当发生了一个足以对原有职业规划产生重大影响的变化时，如没有及时加以应对而继续因循原有规划，则可能导致走上一条失败的职业发展道路，此时

（按原有规划）努力越多，在失败的职业发展道路上走得越远。因此，调整必须及时进行，只有这样，才能保证所有努力都有成效。

（二）认识的客观性原则

要进行动态调整的前提之一，是能够对内外部变化的性质有客观的认识与判断。如果认识不够客观公正，则可能使判断陷于主观臆断，由此形成的对策常常会缺乏有效性。

（三）职业规划目标的弹性原则

如前所述，各种主客观情况的变化随时可能发生且无法完全由自我控制，因此在制定和调整职业规划目标时，一方面应有一个相对明确且集中的方向，另一方面必须保持一定的弹性。如果目标规划过于刻板，对主客观情况的变化缺乏一定的"容忍度"，则细小的变化都可能会产生明显的影响，从而导致目标规划的被动调整；而过于频繁和琐碎的调整，无疑不利于规划的顺利执行和实施。

（四）职业规划的预见性原则

如前所述，对职业规划进行调整是很正常且很有必要的，但调整过于频繁将带来种种负面影响，这就要求我们所制定的规划对未来可能面临的变数要有一定的预见性。

（五）变化的量化评估原则

面对变化，需要评估其性质及影响程度。这一评估应尽可能量化，使所得的评估结果清晰明了，避免模糊含混。

三、调整的内容

（一）职业方向的修正

通过对评估结果的详细分析，我们会发现自己的职业生涯发展不顺利的原因是方向错误或是对内外部环境缺乏客观的分析，或是缺乏对工作的真实体验。方向正确是职业生涯成功的关键，这就要求我们必须重新进行自我认识和评价，重新评估外部环境，从而重新做出选择。

（二）计划和措施的修正

及时地调整自己的计划和措施是保证目标实现的重要因素。在分析自身实际与目标之间的差距之后，我们需要制订一些具体的措施，如参加专业技能培训、进行学习进修、参加实践锻炼等，这些措施可以具体到参加何种技能培训班、选择哪个老师、哪本教材进行学习，去哪家单位的哪个岗位实习锻炼。

（三）行为和心理的调整

在职业生涯发展的过程中，要善于调节自己的心理，保持自信、坚强、乐观的最佳状态。通过评估和修正，我们可以进一步增强对自身优势的自信，对自己的发展机会有清楚的了解，找出关键的有待改进之处，并确定详细的行为改变计划，确保能取得显著的进步。

总之，大学生职业生涯规划是一个持续的动态的过程。有效的职业生涯规划需要不断地反省、修正自己的职业生涯目标，反省职业生涯路线、计划与措施是否得当，是否能适应环境的改变及作为下一轮规划的参考依据。

四、调整的方法

（一）重新剖析自我

剖析自我时应掌握个人条件的变化及在职业实践中积累的经验，加深对自己的认识，判断自己的职业素质是否适合所从事的职业，弄清"我能干什么"。在此基础上，选择更适合自己的发展方向，调整职业生涯规划，从而为长期发展奠定基础。

（二）重新评估职业生涯规划

在职业发展过程中，社会环境给职业生涯带来了更多的机遇和挑战，为此，有必要对自己的职业生涯规划进行重新评估。首先要认真分析当前经济社会的发展趋势、当前从事的职业在未来社会中的地位、社会发展对自身发展的影响，以及工作现状、工作环境和人际关系等，然后再确定"我最适合干什么""我能干的是什么"。

（三）修正职业生涯目标

在重新剖析自我和重新评估职业生涯规划的基础上，要修正职业生涯发展目标及职业生涯阶段目标，即对远期目标、近期目标进行调整。

对职业生涯目标的修正，除了自我和环境再分析是重要依据外，更侧重于目标的价值取向。已有求职实践或从业实践的毕业生，与缺乏求职、从业实践的在校生相比，发展目标的价值取向不再是虚拟的、理论的，而是实在的、务实的。实在、务实的价值取向对于修正职业生涯发展目标或阶段目标，是十分有益的。在取得求职或从业实践经验的基础上，对原有的价值取向进行深刻的反思，是职业生涯目标修正的重要保证。

选择更适合自己的发展方向，从而为自己的长期发展奠定基础，彻底解决"我为什么干"的问题，是调整职业生涯规划的关键。只有在求职或从业实践中得到感悟，才能使职业生涯规划更加符合自身实际，做到有的放矢、马到成功。

（四）修订、落实规划

确定一个新的自我提升的发展规划，进一步明确"我应该怎么干"。每过一段时间，要审视内部和外部环境的变化，并及时调整自己原定的职业生涯设计。需要强调的是，调整并不是放弃，而是与时俱进。一个人的职业生涯设计不可能一帆风顺，调整的过程也是使人的综合素质和能力进一步提高的过程。

职业生涯设计能力和调整能力是从业者必备的能力，也是使从业者终身受益的能力。在整个职业生涯过程中，不仅需要知道自己想从事什么工作，能从事什么工作，更重要的是要知道以什么策略、手段取得职业生涯的进步。

课后拓展

设计自己的职业生涯

1. 对自己进行自我分析，填写下表。

自我分析表

职业兴趣		
职业能力		
个人特质		
职业价值观		
个人经历	教育经历	
	实践经历	
	培训经历	
自我分析小结		

2. 对自己进行职业分析，填写下表。

职业分析表

家庭环境分析		
学校环境分析		
社会环境分析		
职业环境分析	行业分析	
	职业分析	
	企业分析	
职业分析小结		

3. 综合以上分析的内容得出本人职业定位的 SWOT 分析，填写下表。

SWOT 分析表

	优势因素（S）	弱势因素（W）
内部环境因素		
	机会因素（O）	威胁因素（T）
外部环境因素		

4. 根据以上分析得出结论，填写下表。

学生的职业生涯规划结论

职业目标	
职业发展策略	
职业发展路径	
具体路径	

5. 根据结论，设计计划实施一览表。

计划实施一览表

名称	
时间跨度	
本期目标	
计划内容（参考）	
名称	
时间跨度	
本期目标	
细分目标	
计划内容	
策略和措施	
名称	
本期目标	
备注	

6. 根据前面的分析，画出自己的职业生涯发展流程图。

模块二

应聘求职

YINGPIN QIUZHI

任务六　准备就业

任务六

学习目标

1. 了解就业的主要方式。
2. 熟悉大学生求职过程中常见的心理问题，做好求职心理准备。
3. 了解就业信息的内容和特点，掌握获取就业信息的方法，并能进行鉴别。
4. 会制作求职材料。

子任务一　分析就业形势与就业环境

一、大学生就业形势分析

据教育部统计，近年来我国高校毕业生规模逐年扩大。2022 年，我国高校毕业生人数首次突破千万大关，达 1 076 万人，规模和数量均创历史新高，大学生就业形势十分严峻。

这样的就业形势使大学生对国家机关、国有企业、事业单位的工作产生了强烈的渴望，自发地转向它们。然而，公务员、国企岗位有限，大学生在择业上应更为理性，不要盲目跟风，随波逐流。

二、大学生就业环境分析

就业环境是指在就业过程中与选择就业有关的政治、经济、文化等社会环境。当前的就业环境对大学毕业生而言，既存在有利的方面，也存在不利的方面，机遇与挑战并存。

（一）政策环境

大学生就业政策是国家根据一定时期的路线、方针而制定的高层次人力资源配置的行动准则，体现了一定时期社会发展的需要，是大学生就业过程中所应遵循的基本规范。我国大学生就业政策经历了一个不断发展和改革的过程，有关的政策也做过相应的调整。不同历史阶段有着不同的政策内容，体现着一定的导向性、调控性和约束性。

各级党组织和政府统筹推进经济社会发展工作，对做好大学生就业工作做出了积极的政策响应，围绕"稳就业"需要，落实完善政策措施，形成工作服务合力，不断释放政策红利，最大化发挥政策效应。

针对目前大学生就业状况，国家不断扩大研究生招生规模，完善大学生参军入伍激励政策，提高应届大学毕业生参军入伍比例，大力支持政府基层项目、高校科研项目和知名企业设立见习岗位等，扩大"特岗教师"计划、西部计划、"三支一扶"计划和选调生等基层服务项目招募规模，努力为大学生就业创业提供有利的政策和社会保障。

加大减负稳岗力度，加快实施阶段性、有针对性的减税降费政策，提高中小微企业失业保险稳岗返还标准。提升投资和产业带动就业能力，优先投资就业带动能力强的产业。优化自主创业环境，深化"证照分离"改革，扩大创业担保贷款覆盖范围，对创业投资企业予以政策支持。支持多渠道灵活就业，合理设定无固定经营场所摊贩管理模式，支持劳动者依托平台就业，取消灵活就业人员参加企业职工基本养老保险的省内城乡户籍限制。

鼓励中小微企业吸纳就业，对符合条件的给予一次性吸纳就业补贴。扩大就业见习规模，对见习期未满签订劳动合同的给予剩余期限见习补贴。出台改革措施，允许部分专业毕业生免试取得相关职业资格证书。

（二）经济环境

经济发展形势直接关系到大学生的就业情况。国家总体的经济形势影响人才的总体需求，而区域的经济形势不但影响当地的人才需求、人才环境，而且会引起人才的流向不平衡。

我国各地区经济发展很不平衡，城乡之间存在较大的差距。这就导致了地区的人才需求不平衡以及大学毕业生流向的不平衡。东部沿海地区如广东、江苏、浙江和中心城市如北京、上海、深圳等对人才的需求旺盛，成为人才流向集中的地区。在广泛宣传、发动以及政策支持下，流向中西部地区的人才逐年增多，但西部要形成对人才的强烈吸引力，还有待于西部开发的深入进行。经济发展了，处处呈现勃勃生机，对高层次人才的需求自然就会增多。当然，经济发展的过程，也是人才不断参与的过程。

对大学毕业生来说，他们需要分析掌握国家总体的经济形势和各区域的经济发展形势，这可以帮助自己正确定位就业目标。经济发达的地区和城市，对高层次人才的需求较为旺盛，总体的人才环境较好，机遇较多，但与此同时，人才竞争十分激烈；经济欠发达或者不发达的地区，对高层次人才的需求不多，工作环境、工作条件较为艰苦，但是给大学生施展才华、开创事业、实现人生价值提供了广阔的空间。

（三）社会环境

"大学生就业难"的问题已引起各个社会组织的重视，并采取了应对措施。

用人单位不断完善自身发展环境，进行企业结构调整和优化升级，以增强自身实力，加大对人才的需求。大部分企业在高校建立定制培养班，按照自身的实际需求来培养大学生，然后招募到本企业工作，或企业派人直接到民营教育机构授课，对学生进行技能训练。

各高校转变观念，把握教育国际化的潮流，加强同世界高等教育领域的交流与合作，全面提高办学水平；树立正确的教育目标，积极完善大学生的知识和能力框架，培养具有不断追求真理、追求科学精神的综合素质优良的大学生；同时，注重构建科学的教育体系，不断完善专业设置，不断进行教育改革，以市场为导向，紧密联系经济社会发展的实际情况，加快调整高校专业结构，合理配置教育资源，以培养适应社会需要的人才。

在职业指导服务方面，高校充分利用学校就业中心的信息网络，充分利用校友的人脉资源，及时有效地将社会招聘信息传递给大学生，帮助其了解就业环境；借助讲座、座谈、模拟案例、演示等手段帮助大学生了解职业市场要求，提升他们展示专业水平的能力；与用人单位建立伙伴关系，理解社会需求，并将其转换传递给各个具体的教学和研究部门，这些部门再基于社会的需求创新课程、创新专业，甚至创新大学。高校通过全方位的职业指导与服务，增强大学生从学校到工作岗位的适应能力。

（四）技术环境

美国加利福尼亚州默塞德县在 2002 年推广试用了一种新型的就业能力记分卡。这种工具主要用来考查学生是否满足雇主的技能要求。学生可以通过审核来获得记分卡，以证明自己的就业能力和就业态度，雇主则可以通过记分卡进行人员筛选。我们在"提升大学生就业能力"这一高等教育目标的基础上，可以借鉴这种方式，于大学生就业能力模型之上设计学生就业能力测量指标体系。这种应用性工具的开发，一方面可以帮助高校评价和跟踪大学生的就业能力现状，从而不断调整教学方向和教学方法；另一方面可以使大学生在就业过程中能够充分分析自身的优劣势，帮助学生和用人单位实现双向匹配。

子任务二　选择不同的就业方式

一、报考公务员、事业单位

（一）报考国家和地方公务员

每年国家和地方都会定期地开展各类公务员招录工作。中央机关及其直属机构公务员招录工作的时间比较固定，报名时间一般是每年的 10 月中下旬，考试时间是每年的 11 月底或 12 月初。各省及省级以下的公务员招录时间尚未固定，具体招考职位和报考条件可在各省市人事考试网查询。

 拓展阅读

国家公务员的考试类别及科目

中央机关及其直属机构公务员考试分为 A 和 B 两类进行。具体如下：

A 类职位的公共科目为"行政职业能力测验（A）""申论"两科。"行政职业能力

测验（A）"包括语言理解与表达、常识判断、数量关系、判断推理和资料分析。"申论"主要通过报考者对给定材料的分析、概括、提炼、加工，测查报考者阅读理解、综合分析、提出问题和解决问题、贯彻执行和文字表达的能力。

B 类职位的公共科目为"行政职业能力测验（B）"一科。"行政职业能力测验（B）"的结构、考试时限与 A 类相同，但题型、题量、难度等与"行政职业能力测验（A）"有所不同。

公务员录用考试由考试录用主管机关统一组织，招考程序分为制订录用计划、公告、报名、考试、考察和体检、公布拟录用人员名单、审核备案共七个步骤。

（二）报考事业单位

参照公务员录用做法，近年来各级事业单位新进人员也普遍采用了考试、考核相结合的办法，但与公务员录用考试相比，组织形式有所变化，一般是各级人事部门负责组织报名和公共基础知识的考试工作，按比例确定入围名单，并向社会公示，接受监督。按照各级人事部门确定的入围名单，由用人单位主管部门负责组织面试和考察，然后按从高分到低分的原则，由用人单位确定录用人员名单，报人事部门备案。

二、报考研究生

（一）报考要求

研究生入学考试在报考时有学历和身体状况等方面的要求。报考者应为中华人民共和国公民，拥护中国共产党的领导，品德良好，遵纪守法，同时需符合以下学历条件：

（1）国家承认学历的应届本科毕业生（含普通高校、成人高校、普通高校举办的成人高等学历教育等应届本科毕业生）及自学考试和网络教育届时可毕业本科生。

（2）具有国家承认的大学本科毕业学历的人员。

（3）获得国家承认的高职高专毕业学历后满 2 年（从毕业后到录取当年入学之日）或 2 年以上的人员，以及国家承认学历的本科结业生，符合招生单位根据本单位的培养目标对考生提出的具体学业要求的，按本科毕业同等学力身份报考。

（4）已获硕士、博士学位的人员。

报考研究生没有年龄限制，身体健康状况要符合国家和招生单位规定的体检要求。

（二）应试流程

1. 报名

硕士研究生招生考试报名包括网上报名和现场确认两个阶段。考生均须进行网上报名，并到报考点现场确认网报信息、缴费和采集本人图像等相关电子信息。应届本科毕业生原则上应选择就读学校所在省（区、市）的报考点办理网上报名和现场确认手续；单独考试及工商管理、公共管理、旅游管理和工程管理等专业学位的考生，应选择招生单位所在地省级教育招生考试管理机构指定的报考点办理网上报名和现场确认手续；其他考生应选择工作或户口所在地省级教育招生考试管理机构指定的报考点办理网上报名和现场确认手续。

网上报名时间一般为每年 10 月左右，考生登录"中国研究生招生信息网"，浏览报考须知，按教育部、省级教育招生考试管理机构、报考点及报考招生单位的网上公告要求报名。

2. 现场确认

考生持本人身份证、学历证书及网上报名编号，至指定地点进行现场确认，对本人网上报名信息进行认真核对并确认，报名信息经考生确认后一律不得更改。考生按规定缴纳报考费，并在现场采集本人图像等电子信息。

3. 考试流程

（1）初试。

初试时间根据当年规定执行，科目为外国语、思想政治理论、业务课一、业务课二。其中，全国统考科目包括思想政治理论、英语（一）、英语（二）、俄语、日语、数学（一）、数学（二）、数学（三）、教育学专业基础、心理学专业基础、历史学专业基础、临床医学综合能力（中医）、临床医学综合能力（西医）、数学（农）、化学（农）、植物生理学与生物化学、动物生理学与生物化学、计算机学科专业基础、管理类综合能力、法律硕士专业基础（非法学）、法律硕士综合（非法学）、法律硕士专业基础（法学）、法律硕士综合（法学）、经济综合能力。

（2）复试。

招生单位对考生初试成绩进行登记、统计和测算分析后，根据教育部制定的复试基本要求和录取原则，结合本校（院、所）情况拟定复试标准。复试标准须由主管研究生工作的校（院、所）长组织有关人员审定，并报所在省（市、自治区）高校招生办和主管部门备案。复试是考生在通过初试的基础上，对考生业务水平和实际能力的进一步考查。复试时间、地点、内容范围、方式由招生单位自定。复试办法和程序由招生单位公布。招生单位认为必要时，可再次复试。外国语听力及口语测试在复试进行，成绩计入复试成绩。

（3）调剂。

教育部规定，考生如果符合复试条件而不能在第一志愿院校参加复试的，考生档案应送至第二志愿院校或在省、自治区、直辖市内调剂。在研究生招生工作中，由于招生计划的限制，有些考生虽然达到分数线，但并不能被安排复试或复试后并不能被录取，对这些考生，招生单位将负责把其全部材料及时转至第二志愿单位，这个过程即考研调剂。只有参加全国统考并达到初试分数线的考生，才有调剂的机会。通过了国家划定的初试分数线、具有复试资格而在第一志愿学校又没有复试机会的考生，可以把自己的相关资料和情况简介传送给相关专业生源不足的院校。经过考核，学校会为符合条件的考生发复试通知，并向考生的第一志愿学校发放调考试档案的"调档通知"，考生经复试合格后入学。考生可通过"中国研究生招生信息网"调剂服务系统填写报考调剂志愿。

三、出国留学

随着改革开放的不断深入和中国加入世界贸易组织（WTO），出国留学已成为一些毕业生的选择，也有部分毕业生参与国际人才竞争，到境外的公司或企业去工作。计划出国的毕业生，要有这样的思想准备：从计划出国到实现出国要经历一个漫长的准备过程，语言考试、申请入学等过程中的困难并不亚于找工作。另外，某些国家条件固然优越，然而国外生活的种种艰辛也只有亲身经历才能体会。并不是每个人都适合出国深造，毕业生要根据自己的具体情况，包括经济实力、学习能力、出国深造的兴趣、未来职业生涯的设计等各方面综合来考量。

四、大学生入伍

大学毕业生具备下列条件的，可以应征入伍：

（一）学校范围

中央部门和地方所属全日制公办普通高等学校、民办普通高等学校和独立学院的全日制普通本专科（含高职）。不包括往届毕业生及成人高等教育、高等教育自学考试类学生，各类非学历教育的学生。

（二）年龄要求

男兵：普通高等学校本专科毕业生、上半年符合毕业条件的毕业班学生，年满18～24周岁；研究生毕业生及在校生放宽至26周岁。

女兵：普通高等学校和科研机构全日制应届毕业生及在校生，年满18～22周岁；全日制研究生应届毕业生及在校生放宽至26周岁。

（三）政治条件

热爱中国共产党，热爱社会主义祖国，热爱人民军队，遵纪守法，品德优良，决心为抵抗侵略、保卫祖国、保卫人民的和平而英勇奋斗。

 拓展阅读

大学生应征入伍的流程

大学生入伍是指部队每年从在校大学生和大学毕业生中招收义务兵。报名流程有网上登记、初审初检、体检政审、走访调查、预定新兵、张榜公示、批准入伍。

1. 网上报名

有应征意向的高校毕业生可在征兵开始之前登录"全国征兵网"进行报名。报名截止后，网上报名系统将自动依据报名人员当年高考相对分数进行排序，择优选择初选预征对象并张榜公示。被确定为初选预征对象的大学生填写、打印《应届毕业生预征对象登记表》和《高校毕业生应征入伍学费补偿国家助学贷款代偿申请表》（以下分别简称《登记表》《申请表》），交所在高校征兵工作管理部门。

2. 初审初检

毕业生离校前，在高校参加身体初检、政治初审，符合条件者确定为预征对象，高校协助兵役机关将《登记表》和《申请表》审核盖章发给毕业生本人，并完成网上信息确认。

3. 体检考评

征兵开始后，送检对象根据兵役机关通知，携带本人身份证（户口簿）、毕业证书（高校在校生持学生证）等相关证件，到指定的体检站参加体格检查和综合素质考评。

4. 政治审查

体格检查和综合素质考评后，由县级兵役机关会同当地公安、教育等部门，对其进行政治联审和走访调查。

5. 预定新兵

省级或地市级征兵办公室对学历、年龄、体检和政治考核全部合格的应征大学生，按照综合素质考评分数由高到低的顺序，依次确定为预定新兵。预定新兵名单（包括姓名、户籍地、学历、高考原始总分数、综合素质考评分数）同时在省、地市、县三级征兵办公室营院外张榜公示，接受群众监督，公示时间不少于5天。

6. 批准入伍

经公示未被举报和反映有问题的，确定为批准入伍对象，由县级征兵办公室办理批准入伍手续，发放《入伍通知书》。学生凭《入伍通知书》办理户口注销，享受义务兵优待，等待交接起运，统一输送至部队服役。申请学费资助的，还要将加盖有县级征兵办公室公章的《申请表》原件和《入伍通知书》复印件，寄送至原就读高校学生资助管理部门。

 **经典案例**

"最美大学生"阿斯哈尔·努尔太

1995年12月，哈萨克族的阿斯哈尔·努尔太出生在新疆伊犁。阿斯哈尔不到两岁的时候，父亲就在一次反恐行动中牺牲了。

对于阿斯哈尔来说，父亲就是他的英雄。受到父亲的影响，阿斯哈尔从小就立下志向：成为像父亲一样的人，延续他的精神，继承他的遗志，肩负起自己的使命，为军队建设和国防事业挥洒自己的青春与热血。

"从军报国"的种子深深扎根在阿斯哈尔的心底。"可能对大多数人来说父亲是沉稳的，是无言的，是默默奉献不求回报的。我的父亲不是，他年轻，他如火，他冲动，他没有把爱留给我，而是给了他最爱的祖国。他没有教会我很多，他教给我的就是义无反顾，就是在国家和人民最需要的时候牺牲一切。他是我的英雄。"

2015年9月，阿斯哈尔以优异的成绩考入南开大学。在校期间，他经常参加体育类社团、竞赛，更是院篮球队队长、足球队门将。提到参加体育竞赛带给他最大的收获，他说："体育竞赛教给我的就是永不放弃、勇争第一。"

阿斯哈尔将永不放弃的体育精神印在心里，更付诸行动。2017年，正值中国人民解放军建军90周年，阿斯哈尔决定提交入伍申请表，给梦想一个绽放的机会。但追逐梦想谈何容易,他很快就遭到了家人的反对。

阿斯哈尔由母亲一手抚养长大,出于母亲保护孩子的本能,她不希望阿斯哈尔从事危险的职业。"她是个坚强的女人,父亲去世之后一直未嫁,既扮演母亲角色,又扮演父亲角色,一心抚养我成人,所以从小到大我非常尊重她的意见。我想做警察,要报考公安大学,她不希望我去,我放弃了;之后想要去当兵,她反对,这次我没有妥协。"看着儿子坚定的神情,母亲明白,该是他自己做选择的时候了。最终,母亲同意了阿斯哈尔当兵的请求。

2017年暑假,阿斯哈尔如愿成为一名军人,同另外7名南开同学一起投入实现兴军强军的伟大洪流中。至此,"从军报国"的种子破土而出,向阳而生。

说到刚入军营的时候,阿斯哈尔坦言自己还是个小胖子。得益于读书期间坚持锻炼,阿斯哈尔在进入部队后快速适应了高强度的体能训练。他每晚让自己加练、减重,那段时间瘦了12.5公斤。从最初的不适应,到逐渐融入军营,阿斯哈尔始终没有放松自己。

2017年9月23日,习近平总书记给南开大学8名新入伍大学生回信,对阿斯哈尔和其他7名同学表示肯定:"你们响应祖国召唤参军入伍,把爱国之心化为报国之行,为广大有志青年树立了新的榜样。"习总书记的句句嘱托都牢牢印在他的心上,激励他努力成长。

入伍期间因为表现优异、训练成绩突出,阿斯哈尔被支队评为"十佳义务兵"。除了军事技能突出外,他还积极追求思想政治上的进步,主动向党组织靠拢。2018年的五四青年节,他向连队递交了入党申请书,2019年6月成为一名预备党员,此后还因表现突出,作为基层团员代表参加了武警部队团员代表大会。

2018年,阿斯哈尔获得第十三届"中国大学生年度人物"和天津市首届"青年创优能手"称号。2019年6月,他又当选为2019年"最美大学生"。对于荣誉,他总是用"幸运"来解释,这次亦如是,他说,希望自己以后的成绩能足够匹配最美的称号。

(中国网·视频中国:《"最美大学生"阿斯哈尔·努尔太:不忘初心,青春逐梦军营》,有改动)

五、大学生志愿服务与国家就业项目

(一)大学生志愿服务西部计划

大学生志愿服务西部计划是国家为鼓励青年知识分子到实践中去、到基层和艰苦地区去,经受磨炼,健康成长的重大举措。实施大学生志愿服务西部计划,引导大学生到西部去、到基层去、到祖国和人民最需要的地方去;促进西部贫困地区教育、卫生、农技、扶贫等社会事业的发展;拓展大学生就业、创业的渠道;培养造就一大批既有现代科学文化知识,又有基层工作经验和强烈社会责任感的优秀青年人才;弘扬"奉献、友爱、互助、进步"的志愿精神,推动经济社会的全面发展。

志愿者在服务期间享受一定的生活补贴(交通补贴和人身意外伤害、住院医疗保险),计算工龄,党团关系转至服务单位,档案管理机构对保管其档案免收服务费用。

服务期为1年、服务期满考核合格的,授予中国青年志愿服务铜奖奖章。服务期为

2年、服务期满考核合格的，授予中国青年志愿服务银奖奖章，表现优秀的授予中国青年志愿服务金奖奖章，表现特别优秀的推荐参加中国青年五四奖章、中国十大杰出青年、中国十大杰出青年志愿者、国际青少年消除贫困奖等评选。

有意报名大学生志愿服务西部计划的同学可登录"大学生志愿服务西部计划"官网（http：//xibu．youth．cn）进行报名。

（二）"三支一扶"计划

"三支一扶"是指大学生在毕业后到农村基层从事支教、支农、支医、扶贫工作。"三支一扶"以公开招募、自愿报名、组织选拔、统一派遣的方式招募。服务期限一般为2～3年，招募计划侧重于经济欠发达地区。

2006年，国家人事部、教育部等部门联合颁布《关于组织开展高校毕业生到农村基层从事支教、支农、支医和扶贫工作的通知》，目的在于为高校毕业生向基层单位落实就业问题提供具体的指导和保障。

2021年5月28日，中共中央组织部、人力资源社会保障部、教育部、财政部、水利部、农业农村部、国家卫生健康委、国家乡村振兴局、国家林草局、共青团中央决定，实施第四轮（2021—2025年）高校毕业生"三支一扶"（支教、支农、支医和帮扶乡村振兴）计划。

（三）选聘高校毕业生到村任职

选聘高校毕业生到村任职是指选聘具有大专以上学历的应届或往届大学毕业生到农村（含社区）担任村党支部书记、村委会主任助理或其他村"两委"职务。我国高等院校毕业生人数屡创新高，就业形势十分严峻，选聘高校毕业生到村任职政策的出台，在一定程度上缓解了这一严峻形势。政府高度重视完善选聘高校毕业生到村任职政策的配套保障政策。

（四）农村义务教育阶段学校教师特设岗位计划

"特岗计划"主要是针对"两基"攻坚县和边远贫困地区师资紧缺的义务教育阶段学校设立的，旨在逐步解决农村中小学师资总量不足和结构不合理等问题，提高农村教师队伍的整体素质。"特岗计划"聘期内工资支出由中央财政设立专项资金，高出部分由县级财政承担。报名时，应届本科毕业生在本校报名，往届毕业生登录各省教育厅网站报名。各省教育厅统一组织笔试和面试，并确定入选名单。

六、灵活就业

灵活就业是指在劳动时间、收入报酬、工作场所、保险福利、劳动关系等方面不同于建立在工业化和现代工厂制度基础上的传统主流就业方式的各种就业形式的总称。

（一）自主创业

自主创业指创立企业（包括参与创立企业），成为新企业的所有者、管理者。自主创业包括个体经营和合伙经营两种类型。大学生创业体现的是对国家建设的一种责任感，并非单纯为了规避就业压力。国家为大学生创业提供了政策、资金和平台的支持，构建国家大学生创业支持体系，鼓励大学毕业生自谋职业和自主创业，为其创办中小型企业提供指导和服务。

（二）自由职业

自由职业是指以个体劳动为主的一类职业，如作家、自由撰稿人、翻译工作者、中介服务工作者、某些艺术工作者等。针对自由职业者，国家有一些优惠政策：对高校毕业生从事个体经营的，除国家限制的行业外，自工商行政管理部门登记注册之日起 3 年内免交登记类、管理类和证照类的各项行政事业性收费；对自主创业且符合条件的毕业生，在其自筹经费不足时，可向当地经办银行申请小额担保贷款，对从事微利项目的，贷款利息由当地财政承担 50%；对以自由职业、短期职业、个体经营等方式灵活就业的高校毕业生，各级政府要提供必要的人事劳动保障代理服务，在户籍管理、劳动关系形式、社会保险缴纳和保险关系接续等方面提供保障。

（三）非全日制就业

非全日制就业一般指少于法定的或集体合同规定的工作时间的就业。全日制就业与非全日制就业的主要区别在于工作的时间上，非全日制的工作时间同法定每周或每日的工作时间相比要少。

子任务三　塑造积极就业心态

一、大学生常见的就业心理问题

大学生经过大学的学习生活后，在知识、能力和人格方面有了积极显著的发展，有着强烈的就业意愿和积极的就业动机。一般来说，大学生都准备毕业后在专业领域内一展身手，展现个人价值以实现自我。然而，当今社会人才济济，竞争激烈，面对各种思潮的困扰，面临人生的多重选择，即将进入职场的毕业生们往往出现不同程度的心理矛盾和不适。部分毕业生在经过自己的理性思考以及与老师和亲友的交流后，能排解心理困惑，调整好心态，选择理想的职业，愉快地走上工作岗位。但是也有一些毕业生因为各种因素，面对种种压力，出现一些心理和行为的异常，给自己的择业带来不利影响。

大学生求职择业过程中出现的心理问题一般都属于职业适应性轻度心理问题，主要表现形式有以下几种：

（一）焦虑

焦虑是由心理冲突或挫折引起的，是紧张、不安、焦急、忧虑、恐惧等感受交织成的复杂的情绪反应。绝大多数大学生在求职择业过程中，都会或多或少地出现焦虑情绪。优秀学生焦虑的问题是能否找到实现人生价值的理想单位，学业成绩不理想的学生焦虑没有单位选中自己怎么办，来自边远地区的学生为不想回本地区而焦虑，恋人们为不能继续在一起而焦虑，女同学为一些用人单位"只要男性"而焦虑，还有一些大学生因不知毕业后该向何处去而焦虑。

大学生的上述焦虑状态一般并不会对未来的职业产生影响。一般来说，适度的焦虑会使学生产生压力，这种压力可以增强人的进取心，激发人的奋斗精神。但是，如果焦虑不能及时得到缓解，就有可能向病态方向发展，表现出情绪紧张、注意力不能集中、身心疲倦、头晕目眩、心悸、失眠等症状。此时，过度的焦虑不但干扰了大学生正常的生活、学习和娱乐，还会使其失去应有的判断能力和自制能力，成为择业的绊脚石。有些学生在求职屡遭挫折之后，甚至产生了恐惧心理，一提找工作就紧张，甚至出现头痛、头昏、血压不正常、消化紊乱、背痛、肌肉酸痛、口干、心慌、尿频、饮食障碍或睡眠障碍等症状。这些症状若不及时排除，则会危及学生的身体健康和心理健康。

（二）自负

一项针对大学毕业生的抽样问卷调查显示，对于优质企业的衡量标准，92%的毕业生会选择效益好、工资高，超过85%的毕业生要求单位地处大中城市，而愿意到急需人才的边远地区和艰苦行业工作的毕业生仅占2%。毕业生经过了充实而丰富的学习积累，大都激情满怀，抱负远大。可是，大量需要毕业生的西部边远贫困地区的基层单位无人问津，而大中城市、沿海地区等却需求严重饱和。有的毕业生只担心到西部边远贫困的基层去没有前途，经济收入少，生活艰苦，却不考虑自己未来事业的发展和社会的需要。

调查发现，不少毕业生过于向往经济发达地区，尤其是沿海地区的中心城市，最低的期望也是回到家乡所在地的中心城市。他们只看到了经济文化发达、工作环境优越的一面，而忽视了竞争激烈、人才相对过剩的一面，使得择业期望值居高不下，甚至还有逐年上升的趋势，导致一部分毕业生的主观愿望与现实需求之间产生巨大落差。

自负心理是指过高地估计个人的能力，没有自知之明。在自负心理的支配下，部分大学生的择业观念不正确，心理定位偏高，只看到自己的优点，而看不到自己的缺点，表现出非常强的优越感，往往不切实际地追求收入丰厚、社会地位高、福利待遇优、地理位置好、风险小、工作轻松的单位，而对一般的工作单位百般挑剔，甚至提出过高的要求。当就业目标与现实产生很大的反差时，其结果必然会高不成低不就，迟迟不能落实单位。看到别人都签了约，他们常常会牢骚满腹，抱怨"上苍的不公"和"命运的捉弄"，对社会、学校和他人都怀有不满情绪。

 经典案例

小潘是某大学的应届毕业生，相貌英俊，学习成绩优秀，是学生干部，并多次获得各类奖学金。他认为自己各方面条件都不错，不怕找不到好单位。他给自己的工作定位是：沿海与中心城市的大公司，至少也得是省会城市的大公司。曾经有一家公司答应聘用他，可他不愿意去。他说："那个老国企，一个月才挣4 000多块钱，在广东怎么够花？如果广州实在留不下来，就去深圳、珠海，我肯定不回老家！"在2021年毕业生供需见面会上，他相继被本省的几家公司相中，但他不是嫌公司规模不够大，就是认为工作环境不够好，总之，就是不满意。后来他又陆续参加了一些用人单位的面试与考察，由于这些单位与他的预期目标有一定差距，因此他在面试和考察过程中经常敷衍了事。当班上的其他同学都拿到了与用人单位签好的就业协议书时，他还是两手空空。

（三）自卑

自卑心理表现为对自己的能力评价过低，看不起自己，这通常源于他人对自己的不客观评价和自己对自己的消极暗示。反复消极暗示可能导致人的认知功能丧失。这一消极有害的心理在不少大学生身上存在，如自我意识发展不健全的大学生、部分择业困难的大学生以及性格内向或有生理缺陷的大学生。这种强烈的自卑心理已成为他们择业乃至生活的最大障碍，他们通常在择业时缺乏主动争取和利用机遇的心理准备，认为自己竞争力不够，不敢向他人推荐自己，不敢主动、大胆地与用人单位交谈，生怕因说错话、回答不好问题而影响自己在用人单位代表心目中的形象。这种心理严重妨碍了一部分毕业生正常的就业竞争，使得那些原本在某些方面比较出色的毕业生陷入"不战自败"的境地，常常坐失良机，导致求职成功率不高。

 经典案例

大学毕业生小宁在学习成绩和其他方面条件都不错，在就业的初期满怀信心。但由于专业冷门等原因，他找过几家单位都碰了壁。在后来的择业过程中，他的表现越来越差，陷入恶性循环，以至于到了新的用人单位那里，只会问人家"学某某专业的要不要"，其他什么话都不敢讲，最终未能落实就业单位。

毕业生小薇是个腼腆的女孩，每次去应聘都失望而归，每次落聘的原因都是输在面试上。她一见到面试官就万分紧张，战战兢兢，如履薄冰，手脚不知往哪儿放，头也不敢抬，眼睛也不敢看人，只低着头在那儿等过关。面试时，她的大脑经常是一片空白，对于面试官问的问题，要么没反应，要么答非所问；面试结束后，她又常懊恼不已，恨自己不争气。经过几次面试之后，她慢慢失去了找工作的信心和勇气。

毕业生小何经过大学生活的学习积累，具备了一定的专业知识，而面对激烈的竞争，他总是感觉自己这也不行，那也不如别人，眼看同寝室的同学都走上了工作岗位，自己心里也挺着急。这种缺乏竞争勇气、缺乏自信心的心理状态使得他一走进人才市场就心里发慌，参加招聘考试，心里也忐忑不安，最后干脆不自己去找工作，只等着亲戚介绍、父母安排。

（四）依赖

竞争让毕业生获得了在一定范围内直接选择职业和单位的机会。但在求职中，毕业生的依赖心理还是普遍存在的，有的大学生缺乏自我选择、决断的能力，择业信心不足，不能积极主动地为就业做准备，不敢或不愿去面对激烈的就业竞争，而是将希望寄托在家长、亲友和学校身上。例如，有的毕业生认为家里有关系，找个好工作不成问题，用不着自己去操心；还有部分学生认为家里没有关系，而自己的成绩又不出类拔萃，于是就自暴自弃，听天由命。前者是将就业的希望寄托在关系上，想不通过竞争就找到满意的工作；而后者则完全放弃了竞争，将自己的命运交给偶然事件。总之，就是不能通过主动的就业竞争来实现就业。

 经典案例

　　春季大学毕业生供需见面会上，人山人海，许多招聘展位前都排起长龙。参加应聘的大学毕业生挤进挤出，挥汗如雨，而毕业生小雪却悠闲地坐在会场边上玩手机游戏，好像近在咫尺的火热竞聘场面与她无关。原来，是她的父母在帮她排队投简历。后来，在与用人单位面谈的过程中，小雪表现得十分消极，不肯积极主动地介绍、推荐自己，而是用人单位问一句她答半句，遇到自己认为不好回答的问题，就说："这个问题你还是问我爸妈吧。"整个见面会，她的话还没有她爸妈说得多。一天下来，尽管她面试了十来家单位，但没有一个面试官对她不摇头的，结果也可想而知。

（五）攀比

　　盲目攀比是毕业生普遍存在的求职心理之一。每个毕业生都希望自己找到的工作在薪水、福利方面比其他人好，有这种想法也是人之常情。但若沉溺在过高的要求或设想中，缺乏艰苦奋斗的心理准备，不肯从小事做起、从基层做起，要么会引发期望和能力的矛盾，要么会引发同学间的攀比，最终导致对职业产生急功近利的要求。东华理工大学就业指导中心的老师曾表示："学生们不愿下基层，看不上小企业。一些学生对'蓝领'不屑一顾。学机械的不愿下车间，学建筑的不愿跑工地，学营销的不愿跑市场，却都想待在大城市，去好单位。看到其他同学在哪个省会城市找到了工作，就拼了命也往那儿钻。"有的毕业生本已落实了工作单位，一听别人选择了比自己知名度高、效益好的单位就心理不平衡，于是又与用人单位解除了合约，重新回到求职的队伍中。这种互相攀比、见异思迁、"这山望着那山高"的择业心理，对求职择业很不利。大学生在求职时，要重点考虑未来的职业发展机会、企业的发展方向与管理水平等前瞻性因素，要在职业发展中体现自我价值，而不是单纯攀比薪水、福利等。

（六）冷漠

　　一些大学生因在择业中受到挫折而失去信心，进而出现逃避现实、缺乏斗志、不思进取、情绪低落、情感淡漠、意志麻木等心理状况。他们自认为看破了红尘，决计听天由命、任凭发落，表现出冷漠的求职态度。冷漠是遇到挫折后的一种消极的心理反应，是逃避现实、缺乏斗志的表现。这种心理是与就业的竞争机制相违背的。

　　从以上种种反应可以看出，大学生在求职择业中产生心理问题，是因为对求职环境不能很好地适应。只要大学生能主动地调整自己的状态，再加上学校、老师、父母的引导，这些心理问题会随着时间的推移而逐渐消失。

求职时绝不能有的十大心理

1. 造假心理。假学历、假证书、假荣誉等并非敲开就业大门的救命稻草，假的终究会被揭穿，最终只会毁了自己的前程。

2. 羞怯心理。在求职现场丢下自荐书就跑，面对招聘者结结巴巴、面红耳赤，这样的人很难受到用人单位的赏识。

3. 依靠心理。一些大学生缺乏独立意识，外出找工作总喜欢让父母、同学相伴，或一帮学友共同应聘同一单位，希望日后相互照应，这种无主见的毕业生一般不会被用人单位录用。

4. 仕途心理。一些大学生认为只有当官才是正途，于是削尖脑袋往"衙门"钻，其结果大多是碰得头破血流。

5. 攀比心理。一些大学生觉得自己在校期间成绩好、荣誉多、"官职"大，理所当然能找到最好的工作。殊不知，用人单位并非以这些作为评判人才的唯一标准。

6. 依附心理。自己不急着找工作，整天想着依靠某个亲戚的关系，拿钱"买"个职位，其实，这样得到的工作很难长久。

7. 乡土心理。有些大学生不愿出远门，只愿在"家门前"就业；另一些大学生则早早登上爱情方舟，毕业后为与另一半留守同一战壕而死守一地，这样都很难有所作为。

8. 保守心理。缺乏竞争意识，不敢迎接挑战，或抱着谦虚的"美德"不放，不敢亮出自己的长处及特色，这样的人自然不会受到用人单位的青睐。

9. 低就心理。这些大学生总觉得自己技不如人，不敢对自己"明码标价"，而是找个"买家"草草"卖"出。即便用人单位摆出不平等协议他们也肯签订，给日后的工作埋下了隐患。

10. 摆"酷"心理。有些人思想激进，处处摆"酷"，不愿出去找工作，嫌这儿工资低，嫌那儿待遇不好，一说找工作就想自己当老板，最终一事无成。

二、调整心态，成功求职

选择职业，就是选择未来。每个毕业生，如果正确地选择了职业，就是为未来的成功奠定了良好的基础。为此，毕业生要把握好机遇，迎接挑战，争取迈好走向社会的第一步。随着就业竞争的日趋激烈，社会对毕业生心理调适能力的要求也越来越高。在充满竞争和挑战的就业大潮中，毕业生只有具备良好的就业心态，才能适应不断变化的就业市场，找到理想的工作单位。

（一）面对现实，把握自我

现实是客观存在的，包括主体（自身）和客体（社会）两部分。敢于面对现实就是指要敢于正视社会、正视自身。应当看到，社会的转型正极大地改变着人们的思维方式和行为方式。在科教兴国战略思想的指导下，国家越来越重视知识、尊重人才。这种社会氛围无疑为毕业生求职择业创造了良好的外部条件，为那些有真才实学的毕业生提供了施展才华的广阔天地。然而，毕业生也必须看到：我国还是一个发展中国家，生产力还相对落后，各就业地区间的环境、经济水平、工作条件等还存在一定的差别；毕业生就业市场还不够规范，不良现象在一定范围内存在着；随着人事制度改革的深入，用人单位的自主权扩大了，对毕业生的要求不断提高。以上几点都为毕业生求职择业增加了难度，这就要求毕业生面对人才市场，认清社会需求，消除从众心理，正视自身，学会进行自我分析、自我评价，正确地了解、认识自己，恰当地评价自己，将个人的主客观条件与社会职业岗位相对照、相匹配，从而确定符合自己实际情况的就业目标。

（二）拼搏进取，勇于竞争

竞争自古有之，中外皆然。人类从钻木取火、茹毛饮血的社会进化到太空遨游、试管婴儿的时代，其间经历了无数的竞争，到了今天，竞争更是无处不在。所以有人认为：人生本来就是一场竞争。也有人认为：一个人最大的幸福就是在竞争中取胜。生活往往给人这样的启示：人应在富有挑战性的工作面前，敢于拼搏，乐于进取。

竞争是个人发展、社会进步的真正动力，如毕业生就业制度的改革本身就在完善一种竞争机制，目的在于培养和强化毕业生的竞争意识。经过数载磨砺的毕业生应敢于在沧海里扬帆，在长风中破浪。先贤有言："大胆天下去得，小心寸步难行。"居里夫人也说过："弱者坐待时机，强者制造时机。"在求职择业过程中，任何胆小怕事、羞怯自抑的想法和做法都是不可取的。

竞争需要实力。竞争是人与人的交锋，是力与力的较量，所谓有没有实力就是：是否具备了扎实的专业基础知识；是否具备了与社会发展相适应的观念；是否具备了处理纷繁的人际关系的能力以及健康的身体；最重要的是，是否具备了敢于拼搏进取，胜不骄、败不馁的心理素质。

竞争要有受挫的心理准备。竞争的目的在于成功，但并非每个人每次竞争都能成功。因此，毕业生在参与竞争前，一定要有充分的思想准备，争取赢，也要肯认输。凡有成就的人，无不经受过挫折与磨难。贝多芬说过，卓越之人的一大优点是，在不利与艰难的遭遇里百折不挠。

有些人之所以能笑迎厄运，挫而弥坚，愈挫愈勇，关键在于他们有良好的心理素质。其实，成败乃人生平常事，它是主客观原因共同作用的结果，并非永恒不变，而是可以转化的，重要的在于失败之后要保持清醒的头脑。因此，毕业生若在求职择业过程中遇到挫折，不必惊慌，不必懊恼，应冷静地分析受挫原因并及时调整自己的思维和行为，准备投入下一次竞争，努力使自己成为坚强的人，成为经得起失败的人。

 **拓展阅读**

狐狸与葡萄

盛夏酷暑，一群口干舌燥的狐狸来到一个很高的葡萄架下，串串葡萄挂满枝头，狐狸们馋得直流口水。

第一只狐狸跳了几下摘不到，从附近找来木头和绳子做了一个梯子，最后满载而归。

第二只狐狸跳了多次仍吃不到，找遍四周，没有任何工具可以利用，笑了笑说："这里的葡萄一定特别酸！"于是，心安理得地走了。

第三只狐狸高喊着"吃不到葡萄誓不罢休"的口号，一次又一次跳个没完，累死在葡萄架下。

第四只狐狸因为吃不到葡萄，整天闷闷不乐，抑郁成疾，不治而亡。

第五只狐狸想："连个葡萄都吃不到，活着还有什么意义呀！"于是找个树藤上吊了。

第六只狐狸吃不到葡萄便破口大骂，被路人一棒子断送了性命。

第七只狐狸抱着"我得不到的东西也不能让别人得到"的阴暗心理，一把火把葡萄园烧了，遭到其他狐狸的共同围剿。

第八只狐狸想从第一只狐狸那里偷、骗、抢些葡萄，最终被送进了监狱。

第九只狐狸因为吃不到葡萄气极发疯，蓬头垢面，精神分裂，口中念念有词："吃葡萄不吐葡萄皮……"

其余的几只狐狸来到一个更高的葡萄架下，它们经过友好协商，利用叠罗汉的方法摘葡萄，成果共享，皆大欢喜。

【分析讨论】

第一只狐狸面对问题时没有逃避，懂得借助外界的力量，善于把握机遇，获得自己想要的东西。

第二只狐狸运用的是心理学当中经常提到的"酸葡萄效应"，也可以称为文饰作用或合理化解释。这是一种心理防御机制，是通过否认或歪曲事实的方式来保护自我的概念，对个体在短期内维护自尊、化解压力、调节情绪效果显著。但过分依赖防御行为，不利于问题的解决。例如，你不敢当众演讲，于是你便会想为什么要当众演讲，做人还是低调些更好，于是你永远也不会去当众演讲了。

第三只狐狸比较有意志力，但有勇无谋，它的行为在心理学上称为"固执"，即反复重复某种无效的行为，有时我们也称之为强迫症。凡事不是蛮干就可以解决问题的，要考虑方法、能力和当时的环境等多种因素。

第四只狐狸的表现极有可能是"抑郁症"，即以持久的心境低落状态为特征的神经性障碍。

第五只狐狸对自己要求较为严格，但也恰恰是这个原因使他的耐受性较差，在挫折面前没有足够的勇气和信心，常以偏概全，最容易出心理问题。

第六只狐狸采取的应对方式是"攻击"，由此可以推断这只狐狸喜欢外归因，即遇到任何问题总是从外部找原因，不愿意分析自己存在的问题。

第七只狐狸自我价值感很低，一旦发现别人在某些方面超过自己，感觉自我价值感受到威胁，就会产生很强嫉妒心和报复心，甚至导致自卑和偏激。

第八只狐狸喜欢投机取巧，虽然有能力，但道德发展不健全，可能是家庭环境的问题。

第九只狐狸心理承受能力较差，对打击和失败过于敏感，需要进行人格训练。

其余的几只狐狸，善于沟通，懂得合作，并且选对了方法，最终取得了成功。

（三）适应环境，放眼未来

就业是人生大事，每个毕业生都会认真对待。现行的就业制度使不少毕业生通过"双向选择"获得了满意或比较满意的工作。但由于种种原因，有一部分毕业生未能如愿，他们有的是因为专业不太对口或根本不对口，有的是因为工作地域偏僻且条件差等。凡此种种，都需要毕业生有清醒的头脑、客观的态度，能正视现实，适应环境，放眼未来。

毕业生就业制度改革后，人才市场异常活跃，就业机会明显增加，尤其是专业实用性强的一些毕业生，比较容易找到一份理想的工作。不过，这类毕业生仍需不断进取，因为理想的工作仅仅是为事业有成创造了基本条件。对于另一部分毕业生而言，可能首次择业并不顺利。这类毕业生没有必要后悔和抱怨，要用发展、变化的眼光看问题，因为事物总是在不断发展的。我国人事制度的改革已经为人才的第二次、第三次择业提供了方便，只要毕业生能够客观地看待社会，正确地评价自身，最终就能找到合适的工作。

（四）适时调整心境，保重身体

择业阶段是紧张辛劳的，容易身心疲惫，要特别留意自己的健康。毕业生应该明白：有"本钱"才能打持久战，健康的身体是物质基础，心理健康又是身体健康的重要保证。中医认为，七情不调，会生百病。西医大量的实验研究和临床实践表明：中枢神经系统功能过度紧张、紊乱，会诱发种种疾病。如果有长期压抑、愤怒、强烈不满等不良情绪，很容易引发疾病。因此，在紧张劳累的求职择业过程中，毕业生无论成与败都应学会调整自己，努力保持心态平和。

子任务四　储备就业信息

所谓"就业信息"，有宏观和微观之分。宏观的就业信息包括就业政策、社会对人才的需求、未来行业的发展趋势、社会就业情况、人口资源、各高校管理部门为实现毕业生充分就业而制定和实施的各种规章制度、政策。微观的就业信息是指那些由招聘单位或人才市场、中介公司等机构发布的旨在招聘人员从事某项工作的信息。就业信息涉及的范围非常广，包括一切与毕业生就业有关的内容，如就业政策、用人单位的需求信息、供需见面活动安排等。

一、就业信息的特点

就业信息作为信息资源，具有时效性、真实性、相对性、共享性、变动性等特点。

（一）时效性

就业信息有极强的时效性，每条信息都有时间要求，在规定的时间内是有效的，过了一定时间就失去了意义和作用。毕业生在收集就业信息时,要注意有效期限,争取及早对信息做出反应。

(二)真实性

就业信息有真有假,这就要求毕业生要仔细地分析和研究就业信息,避免被不实的信息所诱导。在当前市场尚不健全的情况下,虚假信息大量存在,且危害极大。

(三)相对性

随着社会分工的细化,用人单位对人才要求的针对性提高。就业信息对一部分毕业生而言是非常有价值的,而对另一部分毕业生来说则没有多大价值。这就要求大学生在得到就业信息时,要认真分析和研究,与自身的条件进行对比,看自身的情况是否符合用人单位的要求,这样可以减少求职的盲目性,增加求职的成功率。

因此,毕业生要注意就业信息的相对性,不要盲目追求热门职业,要重视适合自己的信息,不适合的信息要果断放弃。

(四)共享性

就业信息的共享性是指就业信息可以通过不同的载体进行传播,并为社会各方共同享用。就业信息的共享性还意味着就业的竞争不仅限于本班同学、本校同学、本地高校,还有外省市高校毕业生。

(五)变动性

变动性是指就业信息不仅受到国际关系、国家政治和经济形势的影响,也受所在地区、行业形势变化的影响。

二、就业信息的内容

就业信息主要包括政策信息、法规信息、行业信息、用人单位信息、职业信息、应聘条件信息、程序信息等。

大学生在就业过程中,经常到处寻找就业信息,却很少认真分析应聘单位的情况。事实上,对应聘单位不了解,不仅影响择业的成功率,而且很可能给未来的工作带来负面影响。事先搜集好用人单位的各类信息,对自己未来的工作做一番模拟,可以增添应聘的信心,同时建立起与用人单位的良好沟通,准确地将对方需要的信息传递给对方。

用人单位的信息大致包括以下几个方面。

第一,用人单位的准确全称、性质及隶属关系。

第二,用人单位的经营业务范围、产品或服务内容与类别。

第三,用人单位的组织结构、规模(员工数量)与行政结构。

第四,用人单位的发展历史与最新动态、客户类型与规模、竞争对手的类型与规模。

第五,用人单位的文化背景、工作环境、单位领导的有关信息、员工的办事方式和思维方式。

第六,用人单位的发展目标、实力(包括规模、效益)、远景规划、在整个行业中的排名或在整个社会经济结构中的地位。

第七，用人单位的办公地点，总部及分支机构的业务范围与地理分布。

第八，用人单位的财务状况及绩效考核体系、培训体系和薪酬体系（工资、福利、住房、奖金），以及为员工培训和发展所提供的空间等。

第九，用人单位需要的专业、具体工作岗位及对所需人才的具体要求。

第十，用人单位的联系办法，如人事部门联系人姓名、电话、电子邮箱、通信地址、邮政编码等。

总之，毕业生要学会全面了解就业信息的内容，合理使用有价值的就业信息。

 **拓展阅读**

使用企查查、天眼查核实企业信息

毕业生可以在企查查或者天眼查网站上查询、核实用人单位的企业信息。

打开企查查官网，点击搜索框，输入需要查询的公司名称，即可查看到该公司的注册资金、法人代表、股东和高管、品牌及产品，以及地址、电话和经营范围。搜索多个关键词时需要用空格隔开，也可以进行高级搜索。例如，企查查会根据搜索字符匹配展示搜索结果（搜索结果会按照公司名称或者品牌及产品进行匹配），选择目标结果进行查询，会查询到企业的很多信息，包括名称、电话、官网、地址等。

天眼查收录了全国近3亿家社会实体的信息（含企业、事业单位、基金会、学校、律所等），包含上市信息、企业背景、企业发展、企业变更与企业年报、工商信息、涉诉信息、商标专利、失信信息、司法风险、经营风险、经营状况、知识产权等。打开天眼查官网，在搜索框输入企业名称，即可查看企业的相关信息。

三、获取就业信息的主要途径

就业信息的获取是实现成功就业的一项重要任务。因此，必须充分利用各种渠道、各种手段准确地搜集相关信息。大学生就业市场化逐渐形成，代理公司、职介所、猎头公司等就业机构快速发展，网络进入求职招聘过程，大学生获得就业信息的方式很多，主要的渠道有以下几种：

（一）学校就业指导机构

就业压力逐年增加，就行形势不容乐观，各高校越来越重视学生就业工作，都设立了专门负责毕业生就业工作的就业指导机构。这个机构既负责对学生进行就业指导、职业生涯规划指导，又负责与各类企业沟通，同时也与政府相关部门联系，收集各类招聘信息和就业政策等。学校就业指导机构为毕业生提供的就业信息更有针对性和权威性，求职成功率高，是毕业生获得就业信息的主要渠道。毕业生要经常到学校的就业指导机构走一走，同相关人员进行交流，了解和获取更多的就业信息。

（二）各级毕业生管理部门

各级政府中都有专门负责毕业生就业工作的部门，如全国高等学校学生信息咨询与就业指导中心，各省的高等学校毕业生就业指导中心，他们主要是负责制定和发布与毕业生求职相关的政策和法规，也会统计毕业生的各种数据，还会进行各类就业信息的发布，召开毕业生就业洽谈会。

（三）人才市场与招聘会

人才市场为促进毕业生顺利就业，会定期举办规模不同、行业不同、针对层次不同的招聘会。在招聘会上，毕业生与用人单位面对面交流，让毕业生对就业形势有直观的认识，掌握最新的就业信息。但是由于参加的毕业生和企业较多，双方的选择余地较大，增加了不确定性，企业想找到符合自身要求的人才并不容易。所以，很多企业对这种参加人员多、场面大的招聘会不太感兴趣，反而对每年各级部门和各高校举办的小型、专场招聘会报更大的希望，特别是高校自行组织的招聘会。原因在于，这种招聘会参与企业相对少一些，用人单位更容易掌握求职毕业生的情况，两方的信息可靠性高，用人单位与毕业生能快速匹配。

（四）中介服务机构和人才派遣公司

随着毕业生就业的市场化，很多的中介服务机构应运而生，如职业中介所、猎头公司等，他们都在涉足毕业生的就业领域。职业中介所通过自己的渠道搜集大量的就业信息，有偿提供给毕业生，使毕业生实现就业。猎头公司一般是通过获取高级人才资源为企业服务，或是将就业信息有偿提供给具有相应条件的求职者。猎头公司采取的是隐蔽、快速、主动出击的竞争方式。随着劳动力市场的变化，猎头公司的业务从高级人才向中低层次人才调整。

近几年，出现一种劳动者与实际用人企业不签订劳动合同，而是与人才派遣公司签订劳动合同，再由人才派遣公司与企业签订劳务派遣协议的用工方式，常称为劳务派遣。派遣公司根据企业的用人需求和技术要求招聘人才，经过层层筛选，招聘人员到企业工作，档案、工资、保险、福利等都由派遣公司负责。这种人才使用方式，越来越受到企业的欢迎，因为企业只需要全力以赴地进行生产经营活动，不需要考虑人事管理方面的工作，也将减少部分开支。

（五）社会关系信息

一个人的力量是有限的，但是每个人都有许多亲戚、朋友、同学等，他们每个人为你提供一条就业信息，就可以织成一张就业信息网。毕业生在求职前要梳理一下自己的关系网，找出能为自己求职提供帮助的人，当面拜访或者电话沟通，将自己的基本情况告诉对方，在确认对方可能提供帮助后，将自己的简历发过去，之后常同对方保持沟通，了解最新信息，掌握发展情况，个人做好调整。亲戚朋友的关系网虽能提供一些帮助，但不要将其作为就业的唯一渠道，而应将其视为辅助途径。

（六）网络信息

随着信息时代的到来，网络走进人们工作和生活的方方面面。网络带来大量的信息，而且时效性强，互动性高，因此，网络求职已成为毕业生求职的主流方式。现在，政府也鼓励毕业生网络求职，因为可以让毕业生和用人单位节省时间和精力，但网络招聘信息多且杂，毕业生要仔细辨别，以防上当受骗。

四、就业信息的分析与处理

广泛收集就业信息仅仅是择业的第一步，繁杂的就业信息中难免鱼龙混杂，所以对所收集到的信息进行分析和处理是必不可少的。

（一）就业信息分析

对就业信息的分析包括定性分析、定量分析和定时分析。所谓定性分析是指对信息进行质的分析，如对就业信息中应聘条件、岗位特点、招聘对象的分析。所谓定量分析是从数量关系上对就业信息进行分析，如对某一职业岗位所需人数与应聘人数之间的关系的分析。所谓定时分析是对一定时间内就业发展趋势进行分析。进行就业信息分析，常用的方法有对比分析法、综合归纳法和典型分析法。

（二）就业信息筛选

对收集到的就业信息，毕业生应结合自己的实际情况加以筛选，去粗取精，去伪存真，进行有目的、有针对性的排列、整理和分析。对就业信息进行筛选时主要应考查信息的真实性、时效性和价值性。对信息的真实性进行考查，就是要排除那些虚假信息；对信息的时效性进行考查，就是要排除那些过期无效的信息；对信息的价值性进行考查，就是要认真分析它们对于自己所具有的不同价值。比如，某些岗位信息符合自己的职业方向、兴趣爱好、发展要求等，那么这类信息就比较有价值；反之，就是无价值的就业信息。筛选就业信息应注意以下几点：一是善于对比，二是掌握重点，三是了解透彻，四是适合自己。

（三）就业信息鉴别

就业信息鉴别的目的主要是辨别其真伪、权威性及适用性等，鉴别的对象主要是前一阶段整理筛选出的信息。要想弄清信息的真伪，就需要知道其来源于何处、是谁提供的、提供者的依据是什么等。要想辨别信息是否具有权威性，就需要了解其来源与质量，掌握信息提供者的背景，比较同类信息的深度。要鉴别信息是否具有适用性，就需要首先了解自身的需求和特征。

（四）就业信息利用

就业信息利用主要体现在以下几个方面：及时运用有价值的信息去选择适合自己的工作；根据职业信息的要求及时调整自己的知识、技能结构，提高自己的工作能力，弥补原来的不足；及时输出对他人有用的信息，因为有些信息对自己不一定有用，可是对他人十分有用，遇到这种情况，千万不要抓着这些信息不放手。

子任务五　求职材料准备

在双向选择过程中，用人单位会通过阅读个人的书面材料首次认识、了解求职者，建立第一印象。这个第一印象决定是否对求职者进行面试或进一步了解。

求职者的书面材料是应聘者向用人单位介绍、推荐自己以及表示工作意愿的途径。

一、求职材料的基本结构

广义的求职材料应包括封面、求职信、个人简历、就业推荐表、学习成绩单、各种证书、实践相关材料、有关科研成果证明及在学术期刊发表的论文。毕业生的求职材料应多侧面、多角度、准确全面地反映自己的专业水平、组织能力、领导能力和综合素质。通过书面求职材料，用人单位可以了解到毕业生的身份、能力、综合素质等基本情况，以判断和评价毕业生的工作潜力，从而确定能否给毕业生提供面试机会。

（一）封面

封面设计既要美观、有个性，又要突出主要内容，不可过于花哨。封面设计要有一个主题（标题），促使用人单位进一步了解求职材料的具体内容。封面上要突出求职者的专业背景、学历层次、姓名、联系方式，也许有一张排版巧妙的个人生活照会更好，以便用人单位在收到简历的同时，对求职者有一个初步的印象。

（二）求职信

求职信又称"自荐信"，是指求职者以书信的方式自我推荐、表达求职意向、阐明求职理由、提出求职要求的一种应用文体。当毕业生获得就业信息时，通常是将写好的求职信连同就业推荐表一并寄（送）到用人单位。用人单位根据毕业生的求职信来判断毕业生是否符合用人单位的要求，从而决定是否提供面试的机会。

一般来说，个人简历叙述了求职者的客观情况，而自荐信则反映了求职者的主观意愿，涉及具体求职问题，是自荐者与用人单位沟通的桥梁。与简历最大的不同是，自荐信给了你比较充分的展示自我的空间，在成百上千的求职信中，如何使你的求职信与众不同，脱颖而出，让用人单位给你一个难得的面试机会，是求职取胜的关键。

（三）个人简历

个人简历是能让招聘者最简单明了地了解求职者概况的材料。据调查表明，在大学生求职较为集中的时段，规模较大的企业平均每天收到上百份简历。80%企业的 HR（Human Resources，意为人力资源，一般指人事经理、人事专员）在每份简历上所花费的时间只有 8～10 秒。如何让自己的简历在这 8～10 秒内紧紧抓住 HR 的眼球，让对方产生兴趣，系统地提高写作简历的水平很有必要。

（四）就业推荐表

《普通高等学校毕业生就业推荐表》（以下简称《推荐表》）是学校毕业生就业指导中心发给每一位毕业生填写的并附有学校毕业生就业指导处意见（鉴定、评价）的书面推荐表格。该表是学校为帮助毕业生就业，专门向用人单位出具的一份正式的推荐函，能证实毕业生的毕业身份、专业、培养方式等，并向用人单位简要介绍毕业生的在校表现，是毕业生求职的重要材料。

（五）在校期间学习成绩单

在一些单位看来，学习成绩是他们招聘时比较看重的一方面。因此，提供一份详细的学习成绩单是很有必要的。成绩单应体现你在大学期间所有课程及成绩，通常是从所在学校或学院打印出成绩单，然后加盖学校和学院的公章。

（六）其他的辅助性资料

毕业生要准备好如获奖证书、成果证书、技能考核证书等各种反映自身能力的证明材料的复印件，这些材料是对求职信、个人简历的有益补充。

二、求职材料的制作

写求职信和个人简历要始终站在阅读简历的人的角度去考虑。因此，应做到在内容与表达上易于理解，并证明自己适合这一岗位，能融入用人单位这个群体。一定要让对方感觉到你的稳重、严谨，具有协作精神。

（一）求职信

求职信是一个文字式的自我推荐，它集自我介绍、自我推介和自我展示的内容于一体，是个人求职意向、成长背景和个人理想的集中表现。一份好的求职信能体现毕业生清晰的思路、流畅的文字、富有个性的创意思路以及各方面所具备的能力和才华。

1. 求职信的格式

求职信是寄给用人单位的，事关重大，因而它既和书信有相同之处，又有不同之处。一般来说，求职信属于书信范畴，所以其基本格式应当符合书信的一般要求，主要包括称呼、正文、结尾、署名、日期、附件等六方面内容。

（1）称呼：求职信的称呼往往比一般书信的称呼正式一些，在实际书写时要区别对待：如果写给国家机关、事业单位的人事处领导，用"尊敬的××处长（科长等）"来称呼；如果求职三资企业，则用"尊敬的××董事长（总经理）先生"；如果是写给企业类厂长的，则可以称之为"尊敬的××厂长（或经理）"；如果写给大学校长，则称之为"尊敬的××教授（或校长、老师等）"。不要使用"××老前辈""××师傅"等非正式的称呼。

（2）正文：这是求职信的中心部分，其形式多种多样，一般分为两大部分：

第一部分：写明要申请的职位和自己是如何得知该职位的招聘信息的。

第二部分：说明并简明阐述自己如何满足公司的要求；写出自己关键的经历、最好的成绩、最重要的特长，以及自己的信心等；表明自己会利用所特有的教育经历、技能和个性特征为公司做出贡献。

（3）结尾：一般应写明希望对方给予答复，并盼望能有机会参加面试及简短的表示敬意、祝愿之类的祝词。例如"祝贵公司兴旺发达""顺祝安康""深表谢意"等，也可以用"此致""敬礼"之类的通用词。

（4）署名：应注意与信首的"称呼"相一致，一般都在署名前加上"您诚恳的××""您信赖的××""您忠实的××"之类的词语，也可以写成"您的学生××"，还可以什么都不写，直接签上自己的姓名。

（5）日期：一般写在署名右下方，最好用阿拉伯数字来写。

（6）附件：求职信一般都要求同时附一些个人材料，如外语等级证书、计算机等级证书、获奖证书的复印件以及简历、近期照片等。最好有附件目录，这样既方便用人单位审核，同时也会给对方留下一个"有条不紊、负责任、办事周到"的好印象。

2．求职信的内容要求

一封合格的求职信，能够给用人单位留下深刻的印象，树立了良好的个人形象。求职信写得好坏，是用人单位是否给予面试机会的重要依据，切不可草率了事，一定力求在纸面上产生一个十分有效的"形象"。一般来讲，求职信应包括下面几项主要内容：

（1）求职目标。求职信写作的最终目的是要实现求职者所追求的求职目标，因此，对求职目标的表述必须明确，不能含糊其词、模棱两可。所谓求职目标就是要讲明自己要到什么单位任职，任什么职。要写好这一点，最好在明确目标之前，对自己意向求职的单位、想干的工作、想任的职务有比较深入的了解。只有这样，才能在求职信中有的放矢，提高"命中率"。如果是初次谋职，不妨先预设出自己的理想目标和满意目标，乃至最低目标，再根据具体情况及实现目标的可能性，对目标做灵活调整。这样，就可以找到比较适合的工作或职位。

（2）求职理由。在明确求职目标的前提下，求职信中必须充分地阐明自己之所以谋求这一目标的理由。理由是否真实、充分，是决定你能否获得面试机会的关键，所以一定要既实事求是，又机智灵活。所谓实事求是，就是既要从自己的专业、特长、未来发展来谈，也要从满足用人单位需求的角度来说明理由。所谓机智灵活，就是避免讲一些可能引起对方反感的话语，适当迎合对方的优越、自豪、自尊的情绪，争取收到"正效应"。假如你要到颇有名望的公司求职，求职信中则应表示对该公司"唯才是举""知人善任""人尽其才"的管理作风表示钦佩，绝不能大谈薪金、福利之类的"理由"。相反，到一个比较困难的公司求职，则应表示对该公司的关切，表明自己有一试身手、起死回生的决心和方略。

（3）求职条件。热切的求职愿望，真挚的求职动机，都不能取代必备的求职条件。一旦条件不能满足用人单位的要求，求职就只能成为泡影。因此，在求职信中，必须特别重视这一内容的写作。要针对自己求职的目标，扬长避短，具体陈述自己的主要成绩、专业优势、技术特长、年龄优势，还可以讲明自己的有关爱好、业余兴趣，也不妨提及自己已取得的成果及所受奖励，对某些问题和难题的看法以及解决办法或方案等。对于应届大学毕业生来讲，也可写与求职有关的其他有利条件，如参加过哪些社会实践工作等。总之，要力求"立体展示"，突出优势，引起用人单位的注意，促进求职愿望的实现。当然，应该注意在陈述自己的求职条件时要实事求是，恰如其分，既不夸夸其谈，也不过分谦虚。

3. 求职信的撰写技巧

成功的求职信应该表明自己愿意同将来的同事合作，并愿意为单位的事业奉献自己的聪明才智。要写好一封令人满意的求职信，必须注意以下几点：

（1）字迹工整，文字通顺。古人云：字如其人，文如其人。如果你的求职信表达流畅，字又写得漂亮，便首先在"门面上"压倒其他竞争对手，并且能够把你的做事态度、精神面貌、性格特征等展现给对方，再加上你的求职条件，就会使你在众多的求职者中取胜。

（2）简明扼要有条理。要用简练的语言把你的求职想法以及个人特点表达出来，切忌堆砌辞藻。因为求职信的读者大都是用人单位的负责人或人事主管，他们不会把很多时间浪费在阅读冗长的求职信上。求职信不是你显示文学才华的地方，平实、真诚的语言是最佳选择。写作求职信要开门见山，简明扼要，切忌套话连篇。求职信不在于长，而在于精，精在内容集中明确、语言凝练明快、篇幅短小精悍上。

（3）要有自信。在写求职信之前，要先想好自我推销的计划再下笔。不论你是从媒体上看到的招聘广告，还是从亲友那里得来的信息，都要在求职信的开头说明自己的立场，以便能让对方印象深刻。如果开篇气势不足，自然就没有吸引力。

（4）富有个性，不落俗套。书写一封求职信，正如精心策划一则广告，不应拘泥于通俗写法，要立意新颖，追求以独特的语言及多元化的思考方式，让对方产生强烈的印象，并引起兴趣。一封求职信，无论内容多么完备，如果吸引不了对方的注意，则一切枉然。

（5）求职目标实事求是。个人确定的求职目标，一定要符合人才市场的供求规律和竞争法则。在我国实行社会主义市场经济的今天，人才在某种程度上来讲也可以被看成是"商品"，如果商品"要价"太高，势必无人问津。最明智的选择是顺应市场，因为市场竞争法则制约着你的职业选择。求职的竞争从本质上讲，是人的才能、素质的竞争。在参与竞争前，你应先对自己有一个准确的评估，确定自己属于哪个层次，然后再确定向哪个层次的职位发起挑战。只有这样，你才能在符合市场供求规律和竞争法则的前提下，摆正自己的位置，确定合理的目标，提高求职的成功率。

（6）自我推销与适度谦虚。写求职信就是推销自己，就是要强调自己的成绩，强调你对用人单位的价值，但是在表述上要讲究技巧。例如，你信中称"有能力开创企业的新局面"，让人听起来就很刺耳。用技巧来表达，可以说"我可以用所学的知识，拟订一套新的管理计划，以提高企业的生产效率"或"我可以为企业做一些新的形象设计"等。对于中国人来讲，谦虚是一种美德，一个谦虚的人，可以使对方产生好感。但对于求职者来说，过分谦虚，会使人觉得你什么也不行。谦虚不是自我否定，而是实事求是、恰如其分地表现自己。所以，写求职信应遵循"适度"的原则。

（7）少用简写词语，慎用带"我"的字句。平时与人交谈时，你可能习惯简称自己的学校或所学的学科专业，但在求职信上最好不要用简称，因为它可能使人产生误解。此外，在求职信中要慎用"我觉得""我看""我想""我认为"等句式来说明自己的观点，因为这样会给用人单位留下你过于主观、思想不成熟的印象。

（8）突出重点。求职信要突出那些能引起对方兴趣、有助于获得工作机会的内容，主要包括学历、专业知识、工作经验、自身特长和个性特点等。有一点要特别注意，即在介绍专业知识和学历时，不要过分强调自己的学业成绩。因为有些用人单位更重视实践经验和实际能力，所以写作时要重点展现经验和能力两个方面。

（9）建立联系，争取面试，莫提薪水。在求职信中，不要提薪水的具体数目，因为求职信所要达到的目标是建立联系，争取面试的机会，此时谈薪水为时尚早。更何况，薪水的数目不应是你选择职业的主要因素。如果同时有两个职位，其中低薪的那个职位更有利于今后的发展，那么应当毫不犹豫地选择它。在求职信的最后，要特别注意提醒用人单位留意你附加的简历，并请求给予回复，以争取建立下一步的联系，获得面试的机会。

（10）以情动人，以诚感人。写求职信也要有感情色彩，语言有情，会更有助于交流思想、传递信息、打动对方。写求职信在注重以情动人的同时，还要以诚感人、以诚取信。人们常说的"精诚所至，金石为开"，就是这个道理。

（二）个人简历

个人简历是求职中的敲门砖，是求职者的个人广告。内容充实而又富有个性的简历，将会在众多平庸而雷同的简历中脱颖而出，更早地吸引招聘人员的眼球。在人才市场供大于求的今天，谁能率先掌握简历的书写要领，并认真地准备好个人简历，谁就可能在求职的道路上走得更顺畅一些。

个人简历是对自己生活、学习、工作、经历、成绩的概括集锦。撰写个人简历的真正目的是让用人单位全面了解自己，从而为自己创造面试的机会，最终达到就业的目的。个人简历一般作为自荐信的附件呈送给用人单位。

1. 个人简历的形式

（1）时间型简历：它强调的是求职者的履历，时间安排上由近及远更好一些。应届毕业生没有工作经验，可以突出兼职工作的经历。

（2）功能型简历：它强调的是求职者的能力和特长，不注重工作经历，对毕业生来说是比较理想的简历类型。

（3）专业型简历：它强调的是求职者的专业能力和技术技能，比较适合用于申请那些对技术水平和专业能力要求比较高的职位。

（4）业绩型简历：它强调的是求职者在以前的工作中取得过什么成就、业绩，对于没有工作经历的应届毕业生来说，这种类型不适合。

（5）创意型简历：它强调的是与众不同的个性和标新立异，目的是表现求职者的创造力和想象力。这种类型的简历适合于广告策划、文案、美术设计、方向性研究等职位。

2. 个人简历的格式与写法

个人简历的写作格式一般由八个部分组成，即标题、个人基本信息、学习经历、工作和实践经历、自我评价和求职意向、所获得的各种奖励和荣誉、联系方式、证明材料。

（1）标题：可以直接写"简历"二字，也可以在简历之前冠以姓名。

（2）个人基本信息：这部分是对求职者的基本情况做简要介绍，包括姓名、年龄（出生年月）、性别、籍贯、民族、学历、学位、学校、专业、身高、毕业时间、政治面貌、职务、职称等。一般来说，一项内容用一两个关键词简要说明一下即可。

（3）学习经历：介绍求职者的受教育程度，如毕业学校、所学专业和毕业时间。可按时间顺序来写自己的学习过程，主要以大学的学习经历为主。列出大学阶段的主修、辅修及选修课的科目和成绩，尤其是要列出与所谋求的职位紧密相关的科目。

（4）工作和实践经历：这是最重要的部分。对于应届毕业生来说，工作经历可以改为社会实践和实习经历，包括勤工助学的情况，参与各种志愿服务、兼职工作的经验，培训、实习的经历和实习单位的评价，等等。非应届毕业生，主要写参加工作之后各阶段的情况，要注意突出主要才能、贡献、成果以及学习、工作、生活中有典型意义的事迹等。突出自己在原先岗位上的业绩也是非常重要的，获得过哪些奖项，技能水平的等级，这些要注明时间、地点和准确名称。

（5）求职意向和自我评价：求职意向是用人单位最想了解的方面，要写得一目了然，表明自己对哪些岗位、行业感兴趣及相关要求；自我评价要说明自己具备哪些资格和技能，这部分内容要突出重点，有针对性，使所述学历、知识结构让用人单位感到与其招聘条件相吻合。

（6）所获得的各种奖励和荣誉：这部分包括上学期间发表的论文，社团成员资格，获得的奖励，获得的认证，如计算机技能、专利权、语言技能、资格证书等。个人兴趣爱好也可以列上两三项，让用人单位了解求职者的工作、生活情况。

（7）联系方式：包括手机号、电子邮箱、详细通信地址、邮政编码、固定电话区号及电话号码等。

（8）证明材料：简历的最后一部分一般是列举有关的证明人及附加性材料。附加性材料包括学历证书、获奖证书、专业技术职务证书、专家教授推荐信、所发表的论文著作等。证明人一般提供3～5个，他们作为你求职资格、工作能力和个人情况真实性的保证人。因此，一般选择在校期间、以前工作单位或所参加社团中对你比较熟悉且又知名的人。

拓展阅读

简历撰写中容易出现的几个问题

问题1：简历撰写前对职业目标定位不清晰

突出表现在简历撰写前没有进行详细的目标职位需求分析，对目标职位需要的专业知识、通用能力、个性特征等认识不足，所以简历中要展示出来的重点内容通常不够清晰和明确。

问题2：经历没有经过提炼加工，与岗位需求匹配关系不明确

突出表现在简历内容中的科研经历、实习实践经历、社会工作经历等有什么写什么，没有经过提炼加工，对于为什么要写这些经历、哪些经历要重点写、哪些经历可以略写、哪些经历可以不写、要写的经历中有什么内容是自己的亮点等均不清楚，所以经历中体现出来的核心能力跟岗位需求的匹配关系不够明确。

问题3：经历阐述偏重经历本身，对核心能力挖掘不足

突出表现在简历中的经历阐述过于简练、过于纪实，更多体现了经验层面的内容，重点介绍的是某个项目是什么，某个工作是什么，而不是"我"做了什么。简历虽然是以经历为主，但是目的并不是为了介绍经历本身，而是为了展示简历撰写者的核心能力。

问题4：对事件结果描述不够，能力程度体现不充分

突出表现在简历中关于能力的体现更多是通过展示做过什么来完成的，而不是做好了什么，做好到什么程度。对经历中事件结果的描述欠缺，导致所要展示的能力水平体现不足。

问题5：没有站在企业用人需求的角度来看待简历撰写

突出表现在撰写简历时，毕业生只关注自己有什么，而且是站在评估是不是一个好学生的角度来进行的，而企业用人甄选的角度是挑选一个合适的员工、一个好的同事、一个好的合作伙伴。评价角度的变化，导致评价的维度也发生变化。

3. 撰写个人简历应注意的问题

(1) 不要事无巨细地罗列自己所有的经历和经验，而要选择主要的内容做自我介绍。

(2) 充分表露自己的特长。注意：特长应与应聘的职位相关，不要把那些跟职位和工作无关的兴趣爱好一股脑儿地写进去。

(3) 与应聘职位无关的工作经验最好不要写。根据用人单位的性质、对求职者的要求，提供出足以向用人单位证明自己能力的背景资料就可以了。

(4) 简历不要过分谦虚，过分谦虚会让用人单位认为你没有自信和核心竞争力。

(5) 要避免为了省事，采用"一份简历闯天下"的做法。对于不同的用人单位，不同的职位，应该准备不同的简历，以突出自己就是招聘单位所寻找的最合适的人选。

（6）在文字、排版、格式上不要出现错误。这时候出现的任何错误都是低级错误，都会让用人单位联想到工作责任心的问题。

 **拓展阅读**

打印求职简历的要求

1. 纸张：纸的颜色和质地都是至关重要的，可以选择制作简历的专用纸，如高级米黄色刚古纸等。

2. 规格：100克左右，至少80克。60克或70克的纸，往往显得轻飘飘的，质感较差，会影响整体效果。

3. 尺寸：A4，即纸的长为29.7厘米，宽为21厘米。

4. 字体：正文建议用宋体，各级标题可以用黑体。

5. 字号：一般用五号或者10磅，也可用小四号或者12磅。

6. 打印：宜采用激光打印。另外，要尽量提前打印好简历，给自己留出检查校对的时间，如发现问题，能及时更正。

7. 页边距：上下（天头地脚）一样，2～3厘米；左右一样，1.2～2.5厘米。切不可因为内容过于冗杂而排版过于紧密，以致版面拥挤不堪。

三、求职材料的总体设计

（一）整理求职材料

为了集中反映自己的求职愿望和各方面的素质，同时也为了方便用人单位了解自己，在编制求职材料时，应按一定的标准和规定进行集中整理。

整理时，求职信和个人简历可以手写，也可以打印，倘若字写得很漂亮，不妨亲笔书写，恰好展示自己的特长。所有材料应按求职信、个人简历、推荐表、附加材料的顺序装订好。附加材料最好用统一规格的纸张复印。

求职材料中是否要附上个人照片，这要根据具体情况来定。有的工作如公关、涉外、文秘等比较注重相貌，申请这方面的职位，应当附上照片；有的工作如科研、设计、档案管理等，对相貌没有特别的要求，申请这方面的职位，一般可以不附照片。若要附上照片，应选免冠、正面的全身照。如果是向文艺界求职，或者谋求的是公关、涉外等方面的职位，那么照片中个人的发型、衣着打扮等需要讲究一些。不同的职业，审美的要求不一样，应根据自己意向职业的特点和要求，选择合适的照片。

（二）求职材料的投递

1. 直接递交

这种方式主要在参加"双向选择"的校园招聘会、人才市场招聘会，以及求职者上门自荐时使用。直接递交求职材料时要注意自己的仪表：头发不要凌乱，衣冠要整齐干净，保持良好的精神状态，注意文明礼貌，把握好机会，给招聘者留下一个良好的印象。同时，在递交求职材料时还要注意以下几个方面：

（1）在递交之前把应将求职材料一份份整理好，放入一个专用的公文袋，不要与其他材料混放在一个包里，以免递交时在包里翻来翻去。

（2）不要因为应聘者多而去拥挤、插队，要自觉排队。

（3）提前演练一下见到招聘者后如何表达，可以和同学互相模拟练习，做到有备而来。

（4）初次见到招聘者，不管你平时公关能力怎么强，这时千万不要与招聘者拉关系、套近乎，因为这样做只能适得其反。

2. 邮寄

求职材料可以采取邮寄的方式进行投递。邮寄前必须把各项材料准备好，按照求职信、个人简历、推荐表、附加材料的顺序装订好，再放入与 A4 纸大小相适的牛皮纸信封中，以保证求职材料完备整齐。求职材料寄出后，根据估算出的到达时间推迟一两天致电招聘方，询问材料是否收到，并借此机会探听对方对你的态度。

3. 发送电子邮件

目前，用发送电子邮件的方式来送达求职材料，已成为求职的一种主要方式。它的特点是快捷、经济、方便。要制作好一份电子求职材料，需注意以下几个方面：

（1）注意电子邮件的命名，即在标题栏内写清毕业院校、专业、姓名、应聘的职位。

（2）注意文件的格式、语言版本和排版情况。

（3）电子邮件发送后要跟踪递送情况，确保邮件正确发送。

 拓展阅读

求职信寄（发）出前的检查

求职信关系自己的生计与事业发展，不仅要精心撰写，反复修改，而且在投寄或托人代交之前要反复检查。检查的内容大体有下列几项：

1. 信封是否标准？地址与落款是否清楚？收信人的姓名、职位或称呼是否正确？是否写清楚了自己所要说明的内容？

2. 是否提供了证明自己符合有关条件与资格的数据资料或回答？

3. 是否体现了招聘广告中提出的要求？

4. 信中语气是否显示出自己的自信而非吹嘘？是否已避免使用专业术语？

5. 是否没有提及工资方面的要求？是否写上了自己的兴趣爱好？

6. 是否写明了可以见面的时间及联系方式？是否说明了附有简历？

7. 是否在求职信结尾部分暗示或明确表明了自己的希望？信的内容是否简短而有说服力？

8. 是否署名并告诉了对方反馈信息的地址电话？是否留有副本以供面试时参考？

9. 是否把求职信给朋友或有经验的人看过并征求意见？

10. 是否记下了发信的日期，以便及时问？

课后拓展

制作个人简历

活动目的：掌握个人简历的制作方法。

活动内容：学生根据自己的实际情况，参照下面的范本制作一份个人简历。

<table>
<tr><td colspan="2" align="center">个人简历</td></tr>
<tr><td>姓名：_____</td><td>性别：_____</td></tr>
<tr><td>出生年月：_____年_____月</td><td>民族：_____</td></tr>
<tr><td>健康状况：_____</td><td>学历：_____</td></tr>
<tr><td>毕业院校：_____</td><td>专业：_____</td></tr>
<tr><td>联系方式：_____</td><td>电子邮件：_____</td></tr>
<tr><td>手机：_____</td><td>家庭电话：_____</td></tr>
<tr><td>通信地址：_____</td><td>邮政编码：_____</td></tr>
<tr><td colspan="2">教育背景：
    ___年～___年_____大学_____专业（请依个人情况酌情增减）
    ___年～___年_____大学_____专业</td></tr>
<tr><td colspan="2">工作经历：
    ___年___月～___年___月 _____公司_____部门_____工作
    ___年___月～___年___月 _____公司_____部门_____工作
（请依个人情况酌情增减）
（此处为整篇简历的核心部分，可以着重叙述并根据个人工作情况重点说明工作的具体内容与经历，尤其是与求职目标相关的工作经历。一定要说出最主要、最有说服力的工作经历和最具证明性的相关成绩，说明的语气要坚定、积极、有力。写工作经历时，一般是按照倒叙的顺序依次写出，最近的工作经历是最有参考价值的。在每一项工作经历中先写工作日期，接着是工作单位和职务。）</td></tr>
<tr><td colspan="2">英语水平：
    ＊基本技能：（听、说、读、写能力……）
    ＊标准测试：（全国大学英语四、六级，TOEFL，GRE……）</td></tr>
<tr><td colspan="2">计算机水平：（编程、操作应用系统、网络、数据库……请依个人情况酌情增减）</td></tr>
<tr><td colspan="2">获奖情况：（应写明在校期间所获得的各种奖励和荣誉，请依个人情况酌情增减）</td></tr>
<tr><td colspan="2">业余爱好：（优先列出与应聘职位相关的爱好）</td></tr>
<tr><td colspan="2">个性特点：（请描述自己的个性、工作态度、自我评价等）</td></tr>
<tr><td colspan="2">（如果你还有什么要写上去的，请填写在这里）</td></tr>
<tr><td colspan="2">＊附言：（请写出你的希望或总结此简历的一句精练的话，如"相信您的信任与我的实力将为我们带来共同的成功"或"希望我能为贵公司贡献自己的力量"。）</td></tr>
</table>

任务七　制定求职策略

学习目标

1. 掌握求职的相关礼仪，树立良好个人形象。
2. 熟悉笔试的考查内容，掌握笔试的技巧。
3. 熟悉面试的内容和程序，掌握面试的技巧。

子任务一　掌握求职礼仪

求职礼仪是礼仪的一种，它是求职者在求职过程中与用人单位、招聘者接触时应具有的礼貌行为和仪表形态规范。它通过求职者的应聘材料、语言、举止、仪表等方面体现求职者的内在素质和外在形象。求职礼仪的原则是在求职过程中要诚恳、谦恭、不卑不亢。求职礼仪的培养应该是内外兼修的，苏轼说得好，"腹有诗书气自华"，对内在修养的修炼是掌握求职礼仪最根本的途径。

一、仪容仪表

仪容仪表是一个人涵养的外在表现。仪容主要是指人的容貌，如面容、发型；仪表主要是指人的外表，如姿态、风度、服饰等。在面试的过程中，仪容仪表是你给考官留下的第一印象。虽然我们不能改变自己的容貌，但是可以通过衣着打扮、举止风度等给考官留下一个干练、有气质的印象。

（一）妆容发型

在求职面试时，时尚前卫的发型虽会显示求职者的个性，但对于面试官来说就没有什么吸引力了。切忌把头发染成各种奇怪的颜色。

1. 男生妆容发型

求职面试时，男生的发型最好是干净利落、自然整洁的。如果不是艺术类、广告类面试，最好不要留长发或剃光头。整理好发型，刮干净胡子，能给人留下干净、整洁的印象。头发不可用过多的摩丝或啫喱水，以免油光可鉴。此外，男生应养成每天修面的习惯，不蓄胡须，鼻毛不外现，口腔无异味。

2. 女生妆容发型

对女生来说，淡雅的妆容和合适的发型是求职面试时必备的。化妆可以为自己增添信心，合适的发型可以增加自己的魅力，同时也充分展现对他人的尊重。女生可以盘起长发，给人以端庄、大方的感觉。不夸张的、细心打理好的卷发也是一个好的选择，可以增添稳重、成熟的气息。化妆的总体要求是端庄郑重，整洁干净，自然得体。面试时，应保持手部清洁，不留长指甲，不涂过于鲜亮的指甲油，不使用香水。所佩戴的耳环、手链、胸花等首饰要款式精美，不要过于烦琐，不要发出声音，数量不超过两件。耳环佩戴一副就够了，不要选择过大和奇异形状的戒指。

（二）服饰

1. 男生服饰

男生面试时一般穿正装，但不限于正装。服饰要根据自己的求职定位和自身条件来选择，颜色以灰、黑、蓝为主，切不可太过花哨，面料要选择不宜起皱的。

男生最佳求职服装是西装，也可以选择其他简单稳重的造型，应以能够体现自身优势，增强自身沉稳、内敛的气质为主要目的。在选择西装时，要选择剪裁良好、款式经典的西服套装。在除去袖口商标的同时，休闲西装的第三个扣子不需要扣上。西裤的长度以裤管盖住皮鞋为宜，衬衣放在西裤里边，领带要选择与西服颜色相搭配的。钥匙、手机、钱包不要放到西服上衣和裤子的口袋里。衬衣颜色要以白色或浅色为主，白色衬衫永不过时。深色西装搭配白色衬衫，会给人庄重且潇洒的印象。

2. 女生服饰

相对于男生来说，女生的服装比较灵活。每位女生应准备一至两套比较正式的套服，以备去不同的单位面试之需。职业化的套装搭配中跟皮鞋会使人看起来成熟、精明、干练。剪裁得体的西装套裙，色彩相宜的衬衫，使人显得稳重、自信、大方，会给面试者留下比较职业的印象。服装颜色以淡雅或同色系的搭配为宜。值得注意的是，裙子的长度要在膝盖以下，整体服装搭配要遵循简单原则，一般身上服装的颜色不要超过三种。

 **拓展阅读**

职场服饰礼仪的 TPO 原则

T 是时间（Time），P 是地点（Place），O 是场合（Occasion）。其含义是要求人们在穿着打扮的时候，必须统筹兼顾，同时考虑到时间、地点、场合这三大要素。

T 原则即时间原则，是指在不同的时代、不同的季节、不同的时间应穿着不同的服装。服装的时代性体现在，在不同时代，流行的服装样式各不相同，若不合时代地乱穿衣，便会闹出笑话来。穿衣也要考虑到季节的变换，若在深秋时节穿一件无袖轻薄的连衣裙，大概真是美丽"冻"人，但很难给人留下美的印象。同时，穿衣还要考虑到早晚时间的因素，一般有日装与晚装之分。日装要求轻便、舒适，便于活动；晚装则要求艳丽、华贵，起到烘托气氛、加强人际交往的效果。

P原则即地点原则，是指不同的工作环境，不同的社交场景，着装要有所不同。在商务场合的谈判桌上，必须穿着正式的职业套装；在工作以外的环境就可以换一套休闲装，让自己的身心得到放松。

O原则即场合原则，是指服装应与当时当地的气氛相协调。上街不可穿居家服、睡衣睡裤；上班时不能穿得过于艳丽、裸露；探亲访友着装应沉稳；去医院看望病人应穿得简洁大方。不同的场合，穿着合适的服装，才能得到大家的认可和欣赏。

在员工职业素养中，服饰TPO原则的三要素是相辅相成、互相贯通的。在社交活动中，人们总会处于一个特定的时间、地点、场合，在出门前认真地考虑一下，怎样的装扮最合适，是社交成功的开端。

二、举止礼仪

面试过程就是互相沟通交流的过程，求职者的言行举止会给面试官留下深刻的印象，因此，求职者要有良好的语言习惯和优雅的举止。

（一）坐姿良好

进入面试室，在没有听到"请坐"之前，绝不可以坐下；该坐下时，要记得道声"谢谢"。"站如松，坐如钟"，面试时良好的坐姿是给面试官留下好印象的关键要素之一。

第一，坐椅子最好坐满2/3，上身挺直，这样显得精神抖擞；保持轻松自如的姿势，身体略向前倾。

第二，不弓腰，也不把腰挺得很直（腰板太直会给人留下死板的印象），应该很自然地把腰挺直，并拢双膝，手自然地放在膝盖上。

第三，有两种坐姿不可取：紧贴着椅背坐，显得太放松；只坐在椅边，显得太紧张。

第四，切忌：跷二郎腿并不停地抖动，双臂交叉于胸前，把手放在邻座椅背上，做出玩笔、摸头、伸舌头等小动作。

（二）眼神交流

面试一开始就要留意自己的身体语言，特别是眼神。对面试官要全神贯注，目光始终聚焦在他们身上，在不言之中展示自己的自信以及对对方的尊重。正确的眼神应该是：

第一，礼貌正视对方，注视的部位最好是在考官的眼鼻三角区（社交区）。

第二，目光平和而有神，专注而不呆板。

第三，如果有几位面试官在场，说话的时候要注意适当地扫视下其他人，以示尊重；回答问题前，可以把视线投在对方背后的墙上，略做两三秒钟的思考，不宜过长，开口回答问题时要把视线收回来。

（三）微笑表情

微笑是自信的第一步，也能为你消除紧张。面试时要面带微笑，亲切和蔼，谦虚恭谨，有问必答（明显恶意侵害自身合法权益的除外）。面带微笑能增进与面试官的沟通，会提升你的形象。面试中应做到：

第一，对方说话时，要时有点头，表示你正在听或者听明白了；同时也要不时面带微笑，当然要自然地笑，不能笑得太假、太僵。

第二，切忌板着面孔、苦着脸，或者表情呆滞、大大咧咧、扭扭捏捏、矫揉造作。

（四）手势适度

说话时稍做些手势，可以加大对某个问题的解释力度，是很自然的，但手势太多会分散人的注意力，因此，做手势需要适时适度。另外需要注意：

第一，不要用手比画一二三，这样往往会滔滔不绝，令人生厌。

第二，谈话投机时，可适当配些手势，但不要频繁耸肩，手舞足蹈。

第三，不要有太多小动作，切忌抓耳挠腮、用手捂嘴说话，这样显得过度紧张。

第四，即使为表示高兴或者亲切，也不要拍面试官肩膀，这样很失礼。

 经典案例

一位女大学生到某公司参加面试，由于社会阅历、人生经验不够丰富，她总是显得放不开，很像在课堂上回答不出老师提问的小女孩。坐下后，她显得有些手足无措，一双手搁在桌上也不是，放下去也不是，只好时不时折一下自带的个人资料，搓一搓衣角。在回答问题时，她的思路、口才都不错，但主考官的眉头却始终舒展不开。到最后，她回答完问题时竟用手捂住了嘴，一副不谙世事的小女孩儿模样，令人觉得特别不自然。最后，她被礼貌地请走了。主考官对其他面试官说："其实她的素质还是不错的，学的专业很对口，学历也可以，唯一不足的是不够大方，举止不得体，那些小动作是会影响个人气质，进而影响公司整体形象的。如果录用了她，在和客户洽谈时，她来这么几下，还不把公司的招牌给砸了。"

三、语言礼仪

（一）注意称呼

称呼是指人们在日常交往中所采用的彼此之间的称谓语。面试时，可以根据不同的单位选择不同的称呼。如果到学校，可以称呼相关人员为老师；若是到企业，则可以在姓氏后面加职务。要注意所用称呼是否恰当、得体，避免引起对方的不满。

（二）礼貌用语

使用礼貌用语也是面试中的加分项。面试时多用敬语，以体现你的教养和素质。"您多介绍一下这个职位的情况好吗？""请问贵公司如何为员工提供保险和福利？""很高兴和您见面，希望尽快得到您的面试反馈。""与您谈话我学到很多东西，非常希望能在咱们公司就职。"只是短短几句话，面试官就会对求职者产生很好的印象，感觉求职者很有修养。一个有礼貌的员工在团队中与其他人相处时，必定会赢得其他团队成员的认可。

四、其他礼仪

（一）守时

在面试礼仪中，遵守时间是十分重要的一环。事先约定好的面试时间，不要更改或者迟到，一般要提前10分钟左右到达，这样就可以观察一下四周，熟悉一下环境，平复一下心情，准备一下面试资料，整理一下服装。

 经典案例

在卡耐基的人际沟通培训课上，有这样一个例子。有位卡耐基总部的副总裁来香港给培训老师讲课。培训中心地处铜锣湾，这位副总裁住的饭店也在铜锣湾，相距不过5分钟的路程，可他到达会场的时间，比会议开始的时间整整提前了半个小时。有老师问他，为什么来这么早？这位副总裁说："我早到，心里就踏实，就能镇定一下，就更有自信了。我们搞心理培训的人都明白，一旦迟到，就很容易心怀愧疚，在课堂上的发挥以及在逻辑思维、语言表达方面的表现就会大打折扣。"听了他的这番话后，在接下来的培训中，大家都选择提前到达。

（二）握手

握手是最重要的一种身体语言。专业的握手能创造出平等、彼此信任的和谐氛围。握手一般是职位高的人去和职位低的人去握，所以，若面试时的接待人员或面试官没有主动伸手，求职者不要主动去握手。

若是女士去面试，而面试官又是男士，握手机会不大，但也有。尤其是面试销售类的职位，面试官主动握手，是在考查求职者的应对能力，因为在日后的工作中可能需要你主动和别人握手。

 拓展阅读

面试中的握手礼禁忌

1. 在面试室内不能戴着帽子和手套与人握手。

2. 握手时不能精神不集中，四处顾盼，心不在焉。

3. 不要交叉握手。

4. 如果主考官主动伸出手与你握别，你伸出手的速度要快，不应慢慢腾腾。

5. 握手后用手帕擦手，也是失礼的行为。

6. 不能一只手插在口袋里，另一只手与人握手；不可点头哈腰与人握手。

7. 男士与女士握手，时间要短些，用力要轻些，不要拉住对方忘了松手或通过用劲来显示自己的热情。

8. 与数位考官握手时，握手时间要大体相同，不要厚此薄彼。

9. 不可用双手与对方握手，以免显得过分热情。

（三）告辞

面试后，在面试官示意下离开考场，要礼貌告辞。若自己是最后一名面试者，结束时，可以示意面试官先走，自己可以做些诸如关灯、摆放桌椅、将用过的一次性水杯丢入垃圾桶等工作。这些举动会给你的面试锦上添花，让别人清楚地知道你是个有耐心、注意细节的人，这样的人在工作中往往表现出色。

子任务二　掌握笔试技巧

在用人单位进行招聘的过程中，笔试是一种常用的考核方法。它通常用于一些对专业技术要求很高和对录用人员素质要求很高的大型企业或事业单位。大学毕业生对笔试并不陌生，但应该注意择业过程中的笔试和学校考试的不同之处。有针对性地做好笔试准备，掌握笔试的答题技巧，是取得笔试成功的关键。

一、笔试的特点

笔试是让应试者答事先拟好的试题，然后根据解答的正确程度评定应试者成绩的一种考试方法。笔试有以下几个显著特点：

1. 客观性

试题依据一定的内容和客观标准拟制，评价依据客观尺度，人为干扰因素少，具有较强的区别功能。

2. 广博性

试题可以多种多样，测试范围广泛，结果的可信度较高。

3. 经济性

可在同一时间不同地点，同时考核大批应试者，提高考试的效率。

二、常见的笔试类型

（一）专业考试

这种考试主要是检验应聘者担任某一职务时是否能达到所要求的专业知识水平和相关的实际能力。对一个合格的大学生，用人单位只要看学校提供的成绩单就可大致了解其知识能力方面的情况，一般会免去笔试。但也有一些特殊用人单位，需要通过笔试的方式对求职的大学毕业生进行专业知识的再考核。例如：外资企业、外贸企业对应聘者要考外语，科研机构招聘人员要考专业知识，国家机关招录公务员要考行政职业能力测验和申论。

（二）智商和职业心理测试

智商测试主要为一些著名跨国公司所采用，他们对毕业生所学专业一般没有特殊要求，但对毕业生的个人素质要求较高。在他们看来，专业能力可以通过公司的培训获得，因此有没有专业训练背景无关紧要，但毕业生是否具有不断接受新知识的能力是至关重要的。这类测试通常是会计师、审计师等职业所要求的。

职业心理测试是用事先编制好的标准化量表或问卷，要求被试者在一定时间内完成，根据完成的数量和质量来判定其心理水平或个性差异的方法。一些特殊的用人单位常常以此来测试求职者的态度、兴趣、动机、智力、个性等心理素质，然后根据对人才的要求，决定取舍。通过职业心理测试选聘工作人员的直接原因在于，它可以降低特殊行业员工的淘汰率和训练成本，便于用人单位量才录用员工，量才配置人员，从而达到人尽其才、各司其职、提高工作效率的目的。

（三）综合能力测试

综合能力测试兼有智商测试的要求，但程度更高。比如，被试者要在规定的时间内对一组数据、一组资料进行分析，找出其合理的地方和存在的问题，并设计出解决问题的方案。这是对被试者的阅读理解能力，发现问题、分析问题和解决问题的能力以及知识面等的全方位测试，有时候问答都是用英语进行，相对来说难度更大一些。

（四）国家公务员考试

国家机关录用公务员，一律实行考试录用。近年来，国家公务员录用考试的笔试科目为"行政职业能力测验"和"申论"。其中，"行政职业能力测验"主要测试应试者的知觉速度与准确性、语言理解及运用、数量关系、判读推理、资料分析等方面的能力；"申论"则是测试应试者的阅读理解能力、综合分析能力、提出和解决问题能力、文字表达能力。

 **拓展阅读**

"世界 500 强"企业笔试题

"世界 500 强"企业在招聘的笔试中，总会出一些稀奇古怪的题目，如脑筋急转弯、智力测试题等。这些题目看似古怪，实则包含一定的考查目的，旨在考查应聘者的反应能力、逻辑思维能力以及解决问题的能力。"世界 500 强"的面试官能从应聘者的回答中分析判断出应聘者的真实能力。

在"世界 500 强"的笔试题目中，有的题已经成为经典，不管有没有确定的答案，都能让人们津津乐道。有一些题目看似合理，其实是一个陷阱，它考查的是应聘者的逻辑思维能力。如果应聘者的逻辑思维能力不强，就会顺着题目的意思思考，落入面试官设计好的陷阱。

经典考题：有三个人到饭店去吃饭，实行 AA 制，每人出 100 元钱。由于当天饭店做活动，给他们优惠 50 元钱。于是饭店服务员就将 50 元钱退还给这三个人，但是服务员从中扣下了 20 元钱，将剩余的 30 元钱还给了这三个人，他们一人 10 元把钱分了。

吃这顿饭，其实这三个人每人出了 90 元钱，一共是 270 元钱，加上服务员扣下的 20 元钱，一共是 290 元钱。与这三个人最初拿出的 300 元钱相差了 10 元。请问，这 10 元钱到哪儿去了？

这道笔试题目表面看算得挺合理，但是其在逻辑描述上是错误的。正确的描述应该是，三个人各出了 100 元钱，后来又各退回来 10 元，三人总共出的钱是 270 元钱。在这 270 元钱中，其中 250 元钱是饭钱，20 元被服务员扣下。所以，不存在 270＋20＝290 的情况。这道题目考查的便是应聘者的逻辑思维能力。

在"世界 500 强"企业的招聘中，笔试题目对于考查应聘者的思维方式及思维方法的转换有很明显的作用。据专家研究显示，应聘者拥有这样的能力，与以后工作中的应变与创新有密切联系。这类题目测试的是应聘者能不能从不同角度考虑问题，能不能进行逆向思维或换位思考。

三、笔试的准备与技巧

（一）复习知识，心里踏实

对大学专业知识进行必要复习是笔试准备的重要方式。笔试一般都有大体的范围，可围绕范围翻阅一些图书资料，回忆巩固学过的课程内容，温故知新，做到心里有底。笔试怯场，大多是因为缺乏信心所致。要客观冷静地对自己进行正确评估，克服自卑心理，增强自信心。

（二）科学答卷，心中有数

拿到试卷后，首先应通览一遍，了解题目的多少和难易程度，以便把握答题的速度；然后根据先易后难的原则排出答题的顺序，先做相对简单的题，后攻难题，这样就不会因为攻难题浪费时间太多，而没有时间答会做的题。遇到较大的综合题或论述题，则应先列出提纲，再逐条论述。在答完试卷后，要进行一次全面检查，特别注意不要漏题、跑题，要纠正错别字、语句不通、词不达意等错误。

（三）卷面整洁，字迹端正

答卷必须做到字迹端正、卷面整洁。因为求职笔试不同于其他专业考试，用人单位往往从卷面联想应聘者的思想、品质、作风。字迹潦草、卷面不洁的人，会让用人单位觉得不可靠；而那些字迹端正、答题一丝不苟的人，则会给用人单位留下态度认真、作风细致的良好印象。

（四）综合运用，展示才华

了解笔试目的，运用综合能力答题。对求职者进行笔试，不仅要考查其文化、专业知识，还要考核心理素质、工作态度、思维方式等。求职者在回答一些客观问题时应该准确、严谨，而对主观性问题就应该展开和发挥，以充分展示自己的思想和创造力。

子任务三　掌握面试策略

一、常见的面试类型

常见的面试方式有个人面试、小组面试（或称为无领导小组讨论法）、测验面试、组合式面试、另类面试等。

个人面试是毕业生个别地接受面试，这是招聘中最普遍的面试方法。尽管面试过程中也会采用其他方法，但最终必须经过个人面试的方式决定是否录用。个人面试的方式，可以让双方比较深入地进行了解和交换意见。个人面试又分一对一面试和集体面试。一对一面试，即一个主试官负责整个过程，较小规模企业的招聘和职位较低的征聘一般采用这种方式；集体面试，即由几个人组成一个小组，一起会见面试人员。

小组面试是当一个职位有许多人申请时，企业为了节省时间，可以让多个面试者共聚一堂，做小组讨论或解决问题，而主试官在旁观察求职者的表现。这种小组面试的目的在于：公平地比较每个人的表现，当场做出评估，考察求职者的人际交往能力、控制环境的能力及领导才能。

测验面试是用人单位要求求职者参加各种技能测试，示范做某些工作，如体能测试、推销货品等，一般在较低职位或专门行业中常用。近年来，不少用人单位在招聘时采用计算机软件设计各种测试题，从而对求职者的各种素质进行量化。

组合式面试是综合采用上述三种面试方式，一般在规模较大的企业机构聘请高级行政人员时使用。这种面试方式通常要花费一整天才能完成：上午，求职者与企业人事部职员进行个人面试，其后参观企业；中午，入围者同企业的部门主管就某些问题交换意见；下午，同企业的高层负责人会面。

另类面试一般是在求职者不知不觉中完成的。这种面试难以预料，花样繁多，最能体现求职者的真实素质，无须准备也无法准备。

二、面试的内容及一般程序

面试为的是让企业通过交谈、问答等形式来考察、了解求职者知识结构、应变能力、个性特征等。求职者要尽可能地完美表现，加深企业对求职者的了解，使其更准确地判断求职者是否符合岗位要求。

（一）面试的内容

面试的内容一般由下面几个方面组成：

1. 基本情况

核实求职者在求职简历中提到的一些个人基本情况，如年龄、身体状况、专业、参加过的社会实践活动、家庭情况等。同时观察毕业生的言谈举止、仪容仪表。

2. 学习状况

了解求职者在校期间的学业成绩、外语水平、计算机水平，特别是专业知识的掌握程度。

3. 能力方面

对求职者的实践操作能力、协调能力、组织能力，课程设计、毕业设计情况，以及是否有科研成果等进行考察。

4. 情商水平

主要了解求职者的自我控制能力、人际交往能力、抗挫折能力、自我调节能力等。

（二）面试的一般程序

第一，企业审核求职者的求职材料，进行初步筛选，选出符合要求的求职者，确定参加面试的名单。

第二，通知获得面试机会的求职者，面试的时间和地点。面试通知可以由用人单位自行通知求职者本人，或者由学校的就业指导部门代为通知。面试的地点一般就近，在学校及其周边或者企业及其周边。求职者要记住面试的时间、地点以及需要带的资料，最好能够提前到场，适应一下环境，平复一下心情。

第三，求职者准备面试。面试前，求职者应了解一下企业的相关材料，分析一下企业看重员工哪些方面的能力，有针对性地进行一些准备。

第四，正式面试。

三、面试的准备工作

任何面试的成功都会垂青于有准备的面试者，这就需要求职者在参加每一次面试的时候都要做好充分的准备。对于应届毕业生来说，每一次面试都是一次经验的积累，需要在准备面试的过程中不断进步，做好必要的准备，不打无准备之仗。

大学毕业生想要成功面试，需要做好以下几个方面的准备：

（一）能力和心理准备

"工欲善其事，必先利其器。"对于大学毕业生而言，这个"器"就是指个人能力、专业特长等。潜心分析一下招聘公告，研究一下用人单位所缺乏的专业人才主要需要具备哪些方面的能力和素质。所谓"临阵磨枪，不快也光"，毕业生不妨抓住最后冲刺的机会，弄清意向职位必备的技能，做一个短时间内的有效提升。

做好面试时的心理准备就是要正视自身，肯定自己的优点，认清自身的不足，因为对于面试，既要有诚意，也要保持不卑不亢的态度。这需要我们在心理上既不要过低估计自己而感到自卑，也不要过高估计自己而表现得不够谦虚、谨慎。

自我测试

从面试反应看你的职业素质

你去一家大的公司面试，面试官忙着手头的工作，叫你先坐下，可你发现办公室里并没有椅子，这时你会怎么办？

A. 规规矩矩地站在一旁，一直等到面试者忙完再说。

B. 很有礼貌地对面试者说："对不起，先生，这儿并没有椅子。"

C. "可是这里并没有椅子啊！"把话直截了当地说出来。

D. 直接走出办公室，去找一把椅子拿进来。

【测试结果分析】

A. 工作当中你有很好的适应性，不说惊人的言论，领导能力较差，只适合计算、看管等机械性的工作。

B. 你的反应方法和一般人不一样，你虽然认真地把对方要求的不合理处指了出来，但是你同时也考虑到对方（上司）的感受，属于开拓型领导人才。

C. 你适合做业务员和推销员，有积极的推销才能，性格坚韧，勇于向目标挑战。

D. 你的反应非常特殊，你的言语行为是走在时代最前端的，你的猜测力很强，但会比常人爱多管闲事。

（二）了解行业、公司和应聘岗位

1. 了解有关行业的必要知识

在面试前应研究该行业的情况，而对该行业了解的深度应该取决于你所应聘职位的级别。建议应聘者至少对该行业的性质、动态、趋势及未来发展方向有所了解。这些信息将在面试过程中发挥重要作用。

2. 了解要面试公司的情况

对自己即将面试的公司有足够的了解很重要，因为这能够让面试官知道你求职的诚意。为了显示你的诚意，你需要认真考虑这家公司哪里适合你，而为了说明理由，你得指出它的哪些与众不同的特点吸引了你。例如，该公司的主要产品或服务、效益和发展前景、企业文化等。

3. 了解特定职位的必备知识

在面试前，你还应该通过多种渠道了解你所应聘职位相应的职能和责任。例如，这个职位要求求职者拥有何等学历和工作经验？该职位的基本任务和职能是什么？这项工作属于团队合作型还是个人奋斗型？这项工作有什么特别的技术或技能要求？

经典案例

某高校毕业生小李，在接到用人单位的面试通知后，就积极为面试做准备，从求职信、个人简历到着装等都做了认真的准备。

面试的时候，小李对主考官提出的包括学习成绩、个人特长、工作期望等方面的问题都应答自如，从主考官的表情来看，小李感觉到主考官对他的回答是满意的。就在面试接近尾声时，主考官问了小李一个问题："小李同学，从你的回答来看，你事先对这次面试做了比较充分的准备，说明你对我们公司和这份职位很重视。那你知道我们公司是做什么的吗？""做什么的？"小李一下子被问住了，他还真没注意了解公司具体是做什么的。他只好尴尬地说："对不起，这一点还没来得及进行足够的关注……"主考官听了，笑了笑说："好了，小李同学，我们今天的面试到这里就结束了，你回去等我们的通知吧。"最后，小李没被这家公司录用。

【案例分析】

小李的面试经历告诉我们，面试前不仅要总结自己各方面的情况，还要全面了解用人单位的基本情况。"知己知彼"才能"百战不殆"，从而顺利通过面试这一关。

（三）做好模拟演练准备

语言能客观反映一个人的文化素质和内涵修养，面试时求职者对考官所提出的问题要尽量做到心中有数、对答如流，恰到好处而不夸大其词。面试时，考官常常会问到一些常见问题，也可能涉及岗位所需要的专业知识或者求职者个人的性格、兴趣爱好，以及对一些社会问题的看法等。如果事先有准备，会大大增加面试成功的概率。虽然不同的用人单位会提出不同的面试问题，但有些问题比较常见，需要在面试前认真准备，最好能进行一下模拟演练。

（四）相关资料的准备

相关资料包括个人简历、各种证书、邀请你面试的信函、公司的资料（你收集到的或投递简历时公司发放的）、公司的地址、联系人姓名及电话号码等。参加面试最好只带一个手提包或公事包，并尽量把零碎的东西有条理地收好。如果手里又提又拿，容易给人凌乱、急躁的感觉。

（五）出行前的准备

不管是乘坐哪种交通工具，都要确保自己有充分的时间余量。如果是电话通知面试，一定要问清楚怎么到达方便，特别是问清楚到了公司之后怎么找到面试场所。很多人接到面试电话，只会说"好，好的"，然后还得自己查询怎么走，往往事倍功半，有时甚至会耽误面试。事先问清楚，事半功倍，同时也说明你做事考虑周全。

四、面试的技巧

（一）倾听的技巧

面试的实质就是求职者与面试官进行面对面的交流与沟通，因此，听与说是面试中相辅相成的两个环节。虽然"说"在面试中占主导，但"听"往往比"说"更重要。学会倾听、能够抓住问题的关键是正确表达的首要条件。只有专心致志地倾听，才能准确把握面试官问题的实质，回答起问题来才能做到有的放矢。

（二）自我介绍的技巧

自我介绍时应面带微笑。一开始先简要介绍自己的基本情况，然后是实质性的自我介绍，要将你谋职的愿望、打算以及所具备的条件向招聘人员做系统的阐述。介绍自己时，内容要力求简洁，千万不要喋喋不休；语言要平易，口齿要清楚，语气要平和，语速要适中。此外，还要注意重点突出，扬长避短，实事求是地将自己的优势特长展现给用人单位；不要用太多口头语言，也不要用太多的专业词汇和华丽的修饰词。

拓展阅读

面试小技巧

1. 把控自我介绍的时间

自我介绍是面试当中必定经历的一个环节。想要在这个环节脱颖而出，就一定要在这个环节狠下功夫。自我介绍不能超过两分钟，时间过长会显得你有些啰唆，容易引起 HR 的反感。

2. 展示自己乐观的一面

其实你也可以将面试当作一场愉快的聊天，这样会使面试氛围更加融洽。在面试的过程中，你可以展示自己乐观的一面，这样会让对方觉得你即使在职场中遇到困难，也能够以乐观的心态去解决。

3. 以"不忘本"引起 HR 的关注

这里提及的"不忘本"其实就是说你崇拜谁。最近几年这个问题广受 HR 们的喜欢。其实 HR 的目的就是考察求职者的品质和思想。

4. 尽量少提待遇问题

有关薪资待遇方面的问题，是每位求职者都关心的。但是我们在面试的过程中谈及这个问题时需要把握一个度，不要过多涉及，这样容易引起 HR 的反感。

（三）回答问题的技巧

1. 主动引导

绝大多数求职者在回答问题时总是处于被动的状态，即由用人单位来主导交流的进程和方向，这对求职者是很不利的。为了最大限度地展示自己，你应该想方设法设计一些语言去引导用人单位提问的方向，让用人单位提的问题刚好是你事先有所准备的，你即将说出的回答也最能体现你与众不同的特点和独到的见解。这样，你就能控制场面，胸有成竹，不至于在不经意间落入用人单位设计的"陷阱"。

2. 三思而后言

回答问题应当分三步走：停顿—思考—回答。停顿（时间不宜过长，5秒左右为宜）是为了弄清面试官提问题的用意。思考是为了理清自己的思路，组织好回答的语言，尽力把对问题的回答向自己准备好的内容靠近，从而尽快地掌控局面。回答时可以把想表达的意思分为几个部分，然后按一定的顺序说出来，这会让面试官感觉到你思路清晰，表达清楚，有很好的理解能力和表达能力。

3. 突出重点

面试的时间是有限的，也许你有很多能力或特长，与其对这些内容泛泛而谈，不如突出一到两个能够吸引面试官注意力的内容，用生动的语言和具体的例子来说明，这样既能把自己介绍得更具特色，也能给面试官留下更深刻的印象。当然，这取决于你对用人单位是否有足够的了解，是否知道自己身上的哪些素质最能吸引和打动对方。

4. 有个人独到的见解

面试官接待的求职者太多，同样的问题问了若干次，类似的回答也听了若干遍。如果你在面试中能够做出具有独到见解和个人特色的回答，一定会引起对方的兴趣和注意。而独到的见解来自你对生活的深切感受和深入思考，只有学会独立思考和判断，才能看到别人看不到的精彩，说出别人说不出的见解。但也要注意，不能通过哗众取宠的方式来表现你的"特色"。

5. 灵活应对面试官的"刁难"

有的面试官在面试时故意提出一些难以作答的问题来考察求职者的应变能力。这时你不懂装懂、胡侃乱扯，或答"不知道"，或沉默不语，或含混其词，就恰恰中了面试官的"圈套"。对于这类问题，你可以回答"对不起，这个问题我还没有考虑好"，或者"我的专业能力有限，对这个问题我的回答可能不当，请包涵"等。这样，你既可以改变被动的处境，又可以给对方留下谦虚诚恳的好印象。当然，你还可以事先设计一些语言，不让面试官有"刁难"你的机会。

（四）提问的技巧

提问要注意提问的时机、内容和方式。

首先是时机的把握。提问的总的原则是不能打断别人说话，也不能随意插话。提问可以发生在你某一次回答的后面，这种提问主要是为了更准确地理解面试官的问题，不让交流偏离主题。提问时应该先说："对不起，我能提个问题吗？"提问也可以发生在所有的回答结束后，如果有的问题还没有弄清楚，在征得面试官同意的情况下，可以适当地提出自己关心的问题，征询对方的意见。

求职者提问时应抓住机会，简练、完整地把自己的问题表达清楚。不要喋喋不休地提出若干个问题，抓住一两个自身最关心的问题提出即可。对于提出的问题要慎重思考，不要好高骛远，不要贸然询问薪酬和福利方面的问题，尽量提出与职业、专业相关的问题，比如企业未来的发展、人才培养的措施等，从而体现你的上进心，以及对用人单位未来发展的关注。

（五）礼节的技巧

求职者对个人的行为举止要有正确的认识，好的行为举止恰恰是一个人自身素质与修养的直接表现，往往在举手投足间会给人留下深刻的印象。求职者应该提前10~20分钟到达面试地点，以表示求职诚意，同时也有利于调整自己的状态。进入面试场地前，求职者应先敲门，在得到允许后方可进入。接着，求职者应向面试官问好致意，并做简单的自我介绍，在面试官许可后方可入座。在整个面试过程中，要保持举止文雅大方，谈吐谦虚谨慎，态度积极热情，交谈时不要左顾右盼，也不要随意走动，更不要未经允许随便翻阅用人单位的资料。

 经典案例

小宋从上一家公司离职后已在家休息了一个月，经朋友介绍应聘某公司的部门主管职位。小宋对这家公司进行详细了解后，感觉岗位要求与自己的能力相当，并且这是一个处于成长期的企业，市场前景很好。此前，朋友已经把小宋的详细情况向公司李总进行了介绍，约定今天见面。

没想到天公不作美，天还未亮，大雨就下个不停。小宋早早出门，怕路上堵车耽误时间。公司9:00上班，小宋8:50赶到，在向前台接待人员说明来意后，前台接待人员安排小宋在会客室休息，并为他倒了一杯水。

9:03，李总来到会客室，很友善地打招呼，小宋也起身问好。李总手中拿着小宋的简历，注视着小宋说："小宋，能不能再简单介绍一下你的个人情况？"于是小宋把自己的学习、工作经历进行了简单说明，其中重点描述了与应聘职位相关的工作经历，大概用了3分钟的时间。

两个人的谈话很顺畅，李总其间问到小宋："小宋，你觉得你自己最大的缺点是什么？"小宋对此有些意外，稍加思考后还是很客观地说明了自己性格当中不足的两点，也着重强调自己对此已经十分重视，并在生活、工作中有意识地改善，顺便对自己的优劣势做了简单分析。

谈话进行了约25分钟，最后李总告诉小宋："今天第一次面谈，时间有限，希望你能再适当准备一下，我们改天再详聊一次。"小宋表示会认真准备下次面谈，对李总能抽时间与自己详谈深表感谢。临走，小宋顺手把用完的一次性纸杯扔进会客室的垃圾桶里。五天后，小宋与李总进行了第二次面谈，最终顺利进入了这家公司。

【案例分析】

小宋在面试细节、职业素养及语言表达方面表现优异。小宋比较顺利地通过了面试，与他积极准备，冷静应对突如其来的问题，以及顺畅地与面试者进行交流有关。

子任务四　网上求职

网上求职，就是指通过互联网进行求职。求职者通过互联网查询招聘信息，填写求职信和个人简历，并通过电子邮件或者网上提交系统提交给用人单位。用人单位在获得求职者的求职信息后，给予求职者面试的机会，以进行下一步招聘工作。

一、求职网站的种类

（一）专业求职网站

在专业求职网站上可查询到成千上万的招聘信息，一般来说，求职网站可以提供职位分类查询服务。这类网站往往以专业的人才服务为背景，求职者可以在线填写简历，这些简历将存入网站的数据库中，用人单位可以主动查询求职者的信息，还可以通过订阅电子杂志的方式，获取最新的求职信息。

（二）用人单位自己的网站

目前，许多用人单位都非常重视建设自己的网站。大多数用人单位会在网站主页设置招聘栏目。如果求职者对某用人单位情有独钟，不妨常到其网站去看看，可能会有所发现。

（三）搜索引擎

百度、360、新浪、搜狐、中华网这些搜索引擎的招聘网站分类里收录了很多与招聘相关的网站，求职者如果有时间可以去逐一了解一下。

（四）其他途径

这里的其他途径，是指网站里的友情链接、媒体报道、网友推荐等，有时间的求职者也可以登录一些与求职相关的论坛获取招聘信息。

对于求职者而言，选择三到五个招聘网站作为自己网上求职的主要网站应该就足够用了。求职者应该学会使用收藏夹，将一些对自己求职有帮助的招聘网站收藏起来，方便日后登录。如果上网不方便，不妨将一些招聘网站的网址抄录下来，以备日后登录之用。

二、网上求职的技巧

网上求职的主要环节就是通过电子邮件发送个人的求职资料。这方面的一些技巧介绍如下：

（一）求职邮件应该简明扼要，重点突出

既要把自己在某一方面的特长讲清楚，又不要过于冗长。应该在邮件的主题里及邮

件正文中注明申请的是何职位。许多用人单位同时招聘多个职位，如果求职者没有写明自己的求职范围，会给招聘人员留下做事不细致的不良印象，有可能导致求职失败。

（二）一封电子邮件应聘一个职位

一封电子邮件只应聘一个职位，不要同时在一家公司应征数个职位。一般来说，在用人单位看来，你越是对某一职位志在必得，他们越会感觉你是认真的，这样应聘的成功率自然也就比同时应聘几个职位要高。

（三）简历和求职信一起发

用邮件发简历的时候，应该写一封求职信同时发出。求职信应该较详细地介绍自己，但要控制字数，不宜过长。求职者可以在电子邮件的草稿箱里创建并保存一封求职信样本，这样稍加修改就可以用来申请其他职位。

（四）适时询问结果

简历发出后，可以在适当的时间向用人单位询问结果，以示诚意，也让自己心中有数。询问的时候应该表示你对该公司的职位仍然感兴趣并再简短介绍一下自己的专业特长和工作经验。但是不要反复询问结果，因为许多公司每天都会收到上百份个人简历，他们是不愿意被求职者反复打扰的。

（五）主动争取某职位

若有资格不符的职位，可以主动以电话和电子邮件询问该职位所需要的更为具体的条件与要求。许多用单位会对一些有特长的求职者放宽某些方面的条件。比如，如果你的相关工作经验丰富，用人单位可能不会坚持一定要是本科以上学历。这样求职者就会多一些机会。

（六）切忌简历"满天飞"

许多求职者不管对方的职位要求如何，大量发送求职邮件，效果反而不理想。求职者应该仔细研究空缺职位的具体情况，确定的确符合你的兴趣和要求之后再去投递简历。无目的地乱投简历等于没投。

（七）简历重点突出

求职简历应突出专业、学校、自身性格，实践经验等重点内容。面面俱到、太过花哨的简历往往最容易被淘汰。

（八）求职者可以建立个人的求职网站

求职者可以在发求职信的同时将自己的个人网址一并附上，目的是利用网站充分展示自身特色，吸引用人单位的目光。个人求职网站应该图文并茂，内容包括自己的求职信、简历、毕业论文、实习报告、实习日记、个人论坛以及见报文章等。当然，制作粗糙的求职网站最好不要展示，那只会适得其反。

三、网上求职的注意事项

（一）注意防范网络招聘的一些骗局

求职者为了防止网上诈骗，一定要登录正规网站。一般而言，正规网站上的招聘信息来源比较可靠，大学生应尽量在学校的就业网上寻找自己满意的职位，因为学校会对招聘单位的资质与招聘信息的合法性、真实性和有效性进行严格审查。因此，在网上求职时，应尽量寻找那些比较正规、知名的网站，以减少不必要的麻烦。

网络招聘的骗局通常有两类：一类是骗子公司要求求职者汇款，作为报名费、押金、手续费。凡是这类情况，求职者应当立即放弃，甚至可以举报。另一类是网上传销的骗局，声称只需要交几十元会费就可以在家创业。求职者在无法确定所要应聘单位的真实性与可靠性时，可以登录当地的工商局网站查询一下企业的注册情况，或者直接在"百度"里输入"公司名＋骗子公司"，看一下搜索结果，或者到一些求职论坛发帖请教，应该会有所收获。

（二）网上求职，注意保密

不要向任何网上"雇主"发送自己的某些个人重要资料，如身份证号码、信用卡号及银行账号，也不要在网站上透露详细的家庭地址。求职者只需要留下个人的电话、电子邮箱及自己的大概位置就可以了。由于网络的安全性还有待提升，个人或企业在网络上输入的信息有可能被他人窃取、利用，造成名誉和经济上的损失。

（三）筛选信息，重点关注

网上的信息量很大，但自己要有准确的定位，根据个人的专业、爱好、特长，有目标、有方向地向用人单位求职，否则，接下来的面试会让你疲于奔命，应接不暇。

投递简历前，要针对不同的用人单位分别编写自己的简历，表现出你对该行业和企业的了解，对该工作的重视。尽量避免在一周之内重复发送简历至同一家用人单位，这样不是在强调你求职的决心，而是在打扰用人单位正常的工作秩序。这种行为很可能引起用人单位的反感，从而过滤掉你的邮件，让可能存在的工作机会白白溜走。

课后拓展

模拟面试

下面是一个模拟的面试过程，包括问答技巧和应注意的面试礼仪，仅供大家参考。

Q——考官　　A——毕业生，求职者

敲门进入面试考场，坐定后，考官让求职者进行自我介绍。

［小提示：1. 第一印象是关键因素。2. 注意眼神接触，保持微笑。3. 注意礼貌。］

Q：从你的简历和求职信来看，你各个方面的条件都不错，能不能谈一下你在大学求学期间有没有什么相关的社会经验？

A：我学的是 XX 大学建筑设计专业，与社会接触比较多，我平时也比较喜欢参加学校活动和社会实践活动，是班级干部，连续两个暑假参加了××公司主办的设计论坛，在该公司做过市场兼职助理，做一些相关的联络工作……

[小提示：1. 回答问题要诚实、中肯，切忌撒谎和浮夸。2. 力争引起对方的共鸣。]

Q：为什么想到我们公司工作呢？

A：我在学校就业信息栏里看到贵公司的招聘公告，对贵公司刊登的职位信息做了一些研究，认为我所学的专业与贵公司的职位要求相符……

[小提示：1. 搜集公司资料，了解职务内容。2. 充分把握展示自己的机会。]

Q：如果你获得这个工作机会的话，你可不可以想象 5 年后的自己？你有没有考虑过自己的职业生涯规划？

A：虽然这个社会有很多不可预测的事情，但我还是认为自己在这 5 年里会随着公司一起成长。我在建筑领域的知识一定会紧紧跟随公司的最新发展，而我在设计上一定已经在较高层次上取得了较大的进步……

[小提示：充分表达出自己对工作的热忱和对自己未来的信心。这是任何个性的人力资源经理都喜欢的。]

Q：你觉得你有足够的能力来完成这份工作吗？

A：有。即使有某些经验不完善的地方，但我相信，当我逐渐熟悉公司的运作规程和操作环节后，我一定能……

[小提示：回答应表现出高度的自信心及魄力。]

Q：你所期望的待遇可能超过了我们公司的预期，我们无法满足你的要求，你能接受吗？

A：我所提出的期望待遇与国内这个行业的职位薪酬标准相比是属于中等偏上的，当然，具体的待遇标准还要由贵公司评估我的表现及资历来最后确定。我愿意在双方达成一个共识的基础上，在一定时期内按贵公司新入职员工的待遇标准工作……

[小提示：1. 回答这类问题的方法有很多种，要根据当时面谈的气氛和具体的情境来灵活回答。2. 勇于为自己争取公正的待遇，诚实而不欺瞒。3. 以双赢的心态去协商。4. 保持弹性，让一切充满可能。]

Q：你有没有什么要问的？

A：有。请允许我询问关于……方面公司的策略是什么？

[小提示：1. 切忌回答"没有问题"。2. 传达出争取工作的决心。3. 搞清楚有待了解的部分。]

Q：由于时间的关系，我们今天的面试就到此为止了。由于还有一部分候选人要进行这一轮面试，所以我们要在对所有参加面试的候选人进行全面比较、衡量后，才能确定合适的人选。有进一步的消息，我们会及时通知你的。谢谢你。

A：十分感谢您抽出宝贵的时间和我面谈，我从中受益匪浅。希望下次有机会再当面请教。再见。（将椅子放回原处后离开。经过前台时，向接待人员表示感谢。）

[小提示：1. 直到离开公司所有人的视野后，你的面试才算结束。2. 展现完美的人际关系能力。3. 如果公司门口有张纸片或小块杂物等，不要视而不见，而要捡起来扔进垃圾桶。这很可能是公司故意设计的面试细节，看看每个候选人是不是具有过人的观察力和从我做起的精神。]

面试结束后的 1~2 天，求职者可以以电子邮件的方式给面试官发一份感谢信，表示通过面试更进一步了解了公司的情况，表达自己仍然很想为该公司服务的愿望，也有信心做好自己所应聘工作，希望有机会向面试官多多学习。

模块三

上岗入职

SHANGGANG RUZHI

任务八　保障合法就业权利

学习目标

1. 了解毕业生就业的权利和义务，以及保护就业权利的途径。
2. 了解就业协议书的内容和法律效力。
3. 了解劳动合同的基本内容。
4. 熟悉社会保险的种类以及住房公积金的构成。
5. 熟悉违约手续的办理及劳动争议的解决。

子任务一　明晰就业权利与义务

一、毕业生的就业权利

普通高校毕业生就业制度改革正逐步走向市场化、法制化，但毕业生就业过程中仍然存在信息独占、不公平录用等侵犯毕业生权利的情况。高校毕业生在其整个求职择业过程中应增强法律意识，自觉遵守市场规则，并运用法律武器保护自己的合法权益。根据目前就业法律法规和政策有关规定，毕业生在就业求职过程中主要享有以下几个方面的权益。

（一）平等就业权

毕业生在就业求职过程中，享有平等就业权，就业时遵循平等、公平、公正的原则。根据国家有关规定，高校应届毕业生，在国家就业方针、政策指导下自主择业，只要符合国家的就业方针、政策，毕业生就可以平等、自主地选择用人单位，学校、其他单位或个人均不得干涉。

（二）获取信息权

获取信息权是保障毕业生择业成功的前提和关键，只有在充分了解就业政策、占有信息的基础上，毕业生才能结合自身情况选择适合自身发展的用人单位。毕业生的获取信息权表现在有权了解与就业有关的政策、信息，包括就业工作的程序、时间安排，政府和学校的政策，用人单位的各种人才需求信息，学生自己的各种资料和档案，等等。

各高校就业部门必须及时、全面地公开各类就业信息，各用人单位必须保证招聘信息的真实性，以保障毕业生的获取信息权。

1. 高校应及时、全面公开就业信息

目前，各省市已建立高校毕业生需求信息登记制度，凡需录用高校毕业生的用人单位，须到有关高校毕业生就业指导中心办理信息登记，由高校毕业生就业指导中心通过各种渠道向全校毕业生发布用人需求信息。各高校职能部门应当全面、及时、有效地将信息传递给全体毕业生，任何人不得隐瞒、截留需求信息。

2. 用人单位应如实提供招聘信息

毕业生有全面了解用人单位真实情况的权利，有权向用人单位详细了解用工意图、工作环境、劳动报酬和发展前景等各方面的情况。用人单位应本着对学生负责、对学校负责的态度向毕业生提供真实的招聘信息。

专场招聘会是许多大公司常用的招聘手段，深受大学生的欢迎。但是有不少企业并无招聘意图而是利用到高校举行招聘专场会的机会，进行产品推销或企业宣传，使得毕业生浪费了时间、精力，却一无所获。有些用人单位自我介绍言过其实，夸大薪资待遇，误导毕业生，这些行为都侵害了毕业生的获取信息权。

（三）被推荐权

高等学校在就业工作中的一个重要职责就是向用人单位推荐毕业生。历年工作经验证明，学校的推荐往往在较大程度上影响用人单位对毕业生的取舍。推荐是学校的基本责任，也是毕业生享有的基本权益。被推荐权主要包含这样几方面内容。

1. 公平、公正、平等地被推荐

学校对毕业生进行推荐应做到公平、公正，应给每一位毕业生以平等的就业推荐的机会，不能厚此薄彼。在对毕业生进行推荐时，应实事求是，根据毕业生本人的实际情况向用人单位进行介绍、推荐。不能故意贬低或随意捧高毕业生的在校表现。

2. 实事求是，择优推荐

学校根据毕业生的在校表现，在公正、公开、平等的基础上，可以择优进行推荐，用人单位在录用毕业生时也应坚持择优原则。真正在就业环节体现学以致用、人尽其才，才能调动广大毕业生和在校生学习的积极性。

（四）选择权

高校毕业生在国家就业方针、政策指导下自主择业，只要符合国家的就业方针、政策，就可以自主地选择用人单位，学校、其他单位或个人均不得干涉。任何将个人意志强加给毕业生，强令毕业生到某单位工作的行为都是侵犯毕业生选择权的行为。毕业生可结合自身情况与用人单位协商，要求学校予以推荐，直到签订就业协议以及被学校派遣至用人单位报到。

（五）接受就业指导权

我国《高等教育法》中规定，"高等学校应当为毕业生、结业生提供就业指导和服务"。由此可以看出在学校接受就业指导和服务是毕业生的一项重要权益。各高校应成立专门的学生就业指导服务机构，配备专门人员对毕业生进行就业指导与服务工作。

就业指导包括集体辅导和个别咨询，现在大部分高校的就业指导属于集体辅导，主要通过就业指导课、就业动员会、就业讲座等方式进行。毕业生通过接受就业指导，能够对自己准确定位，进行合理择业。当然，随着毕业生就业市场化的发展，毕业生也将由单方面从学校接受就业指导，转为主动寻求具有就业指导资质的社会机构的就业指导。

（六）公平待遇权

用人单位在录用毕业生的过程中，应公平、公正、一视同仁。然而，在就业实践中，毕业生的公平待遇权受到很大的冲击，也最令人担忧。由于各项配套措施相对滞后，完全公平的就业市场尚未真正形成，用人单位录用毕业生时存在不同程度的不公平、不公正现象，如性别歧视等。公平待遇权是广大毕业生迫切需要得到维护的权益。

（七）违约求偿权

毕业生、学校、用人单位三方签订就业协议后，或者毕业生与用人单位双方签订劳动合同后，各方当事人都应严格履行协议。任何一方提出变更或解除协议，均须得到其他当事人的同意，并应承担违约责任。对于用人单位无故要求解除就业协议的，毕业生有权要求对方严格履行就业协议或者要求对方承担违约责任，按照协议约定取得相应赔偿。

二、毕业生的就业义务

权利与义务是一对孪生姐妹，大学毕业生在享有国家规定的权利的同时，还必须履行一定的义务。

（一）服从国家需要的义务

虽然毕业生在就业时有了相当大的自主择业的权利，但是并不能排除服从国家需要的义务。当国家重点建设项目或某些行业急需人才的时候，应积极为国家的重点建设工程或项目服务，如志愿服务西部计划、"三支一扶"计划、服兵役等。

（二）向用人单位实事求是地介绍个人情况的义务

毕业生在向用人单位进行自我推荐、自我介绍和接受考察时，有义务全面地、实事求是地反映个人情况，以利于用人单位的遴选，不得夸大其词、弄虚作假。

（三）接受用人单位组织的测试或考核的义务

用人单位为了招聘到符合要求的毕业生，一般都要通过一些测试或考核手段来了解毕业生的情况，通过比较后做出是否录用的决定。因此，毕业生应积极配合，充分展现自己的能力，接受用人单位的测试和考核。

（四）严格按照就业协议及其他合法约定履行相应的义务

《民法典》第一百一十九条规定："依法成立的合同，对当事人具有法律约束力。"可见，依法成立的合同，受法律保护。毕业生应认真履行协议或合同，不得无故擅自变更或自行解除。如果单方违约，必须主动承担违约责任。

（五）遵守学校有关规定的义务

大学毕业生应按时离校、文明离校，及时办理相关离校手续，如归还公物、清偿债务。不履行相应义务的毕业生，应当受到应有的处理。

三、保护权益的途径

当就业过程中出现一些侵害自身权益的行为时，毕业生可通过以下途径对自身权益进行保护。

（一）行政部门的保护

当毕业生就业权益受到侵害时，可求助于当地就业主管部门。就业主管部门通过相应的行政行为来确定毕业生的权益，并对侵害毕业生权益的行为予以抵制或处理。当毕业生的合法权益（如遇到各项不合理的收费）受到侵害时，应该及时向当地行政部门（如劳动监察部门）投诉，以维护自己的合法权益，或者直接向主管用人单位的行政机关，如工商管理局投诉或举报。此外，还可以向新闻媒体反映情况。而因招聘导致财产被骗，损失较大的，或者遭遇传销陷阱被非法拘禁的，可以向公安机关报案以挽回损失。

（二）学校的保护

学校对毕业生权益的保护最为直接。学校可通过制定各项措施来规范毕业生就业指导和就业推荐，对于用人单位在录用毕业生过程中的不公平、不公正行为，学校有权予以抵制，以维护毕业生的就业权益。高等学校在毕业生签订就业协议过程中应进行监督和指导，对于用人单位与毕业生签订的不符合国家有关政策规定的就业协议，学校有权拒签。未经学校审核同意的就业协议不能作为编制就业方案的依据。

（三）毕业生自我保护

1. 毕业生要有法律常识

毕业生应了解目前国家关于毕业生就业的有关方针、政策和法律法则，熟悉毕业生在就业过程中的权利和义务，这是实现毕业生权益自我保护的前提。

2. 毕业生应有自律意识

毕业生要自觉遵循有关就业规则，接受其制约，保证自己的就业行为不违反就业规则，不侵害其他毕业生和用人单位的合法权益。

3. 毕业生要有维权意识

毕业生应学会运用法律手段维护自身的合法权益。据调查发现，面对招工骗局，向工商、公安和劳动监察部门投诉的人只占 15.26％，40％的人会采取更为传统的方式，如告诉亲朋好友，愤慨之余到论坛里揭露的占 8.95％，找平面媒体揭发的占 3.16％，而多达 32.63％的求职者则自认倒霉，不了了之。正是求职者一次次的忍耐、姑息让骗子更加肆意妄为。所以，为了使自己的权益不受侵害，也为了不让不法分子再加害其他求职者，毕业生一定要拿起法律武器，维护自己的权益。

4. 自我保护的途径

针对侵犯自身就业权益的行为，毕业生应该首先与用人单位协商解决。例如，为避免被用人单位以聘用考试为名侵占劳动成果，毕业生可以与用人单位事先讲明版权归属问题（最好是书面约定），一旦发现用人单位有不当行为，就要拿出依据与对方据理力争，争取圆满解决；若协商不成，可向签订协议所在地的毕业生就业工作主管部门申请调解；也可依法向有关部门申请仲裁或直接向人民法院提起诉讼。

子任务二　维护就业合法权益

虽然毕业生享有就业的权益，但在就业过程中还是会出现一些侵害毕业生权益的行为，毕业生应学会运用法律手段维护自身的合法权益。

一、就业协议与劳动合同

（一）就业协议

1. 就业协议的概念和特征

现行国家政策规定，高校毕业生就业必须与用人单位签订就业协议。所谓就业协议，是指高校毕业生与用人单位订立的确立劳动关系的协议。从实质上说，就业协议是劳动合同的一种特殊表现形式；从合同的性质看，它们都是用以确定劳动关系的；从订立的法律依据看，它们都依据了《中华人民共和国劳动法》及有关规定；从法律后果看，对两种合同的违反都要承担相应的法律责任。正因如此，劳动合同的有关规定原则上也适用于就业协议。

2. 就业协议的内容

就业协议的内容主要是用人单位承诺同意录用毕业生，毕业生承诺愿意到用人单位就业并在规定期限内报到。除此之外，双方可以就劳动法律关系的其他内容进行规定。为避免就业协议和劳动合同之间的矛盾，使就业协议拟定的权利与义务更加明确，目前有的地方已开始试行就业协议与劳动合同合二为一的做法，即在就业协议中增加规定一般劳动合同所应具备的内容。这种做法有利于切实保护毕业生和用人单位的合法权益，应该说是一个可取的选择。

 拓展阅读

劳动合同与就业协议之间的主要区别

1. 主体不同。劳动合同的主体是劳动者与用人单位；就业协议除毕业生和用人单位两方外，学校作为鉴证登记方，必须在协议上盖章。没有经过学校鉴证登记的协议不列入学生就业方案。学校进行鉴证旨在保护学生与用人单位的利益，维护协议的严肃性。

2. 内容不同。劳动合同的内容比较齐全，而就业协议的内容比较简单，其主要内容是毕业生如实介绍自己的情况，并表示愿意到用人单位就业，用人单位表示愿意接收毕业生。

3. 适用对象不同。劳动合同可适用于各类人员，而就业协议适用的人群相当单一，只适用于高校毕业生。

4. 签订时间不同。一般情况下，对毕业生而言是就业协议签订在前，劳动合同签订在后。就业协议是毕业生在找工作过程中落实用人单位后签订的，劳动合同是毕业生到用人单位报到后订立的。可见，对毕业生来说，就业协议与劳动合同是处于两个相互联系的不同阶段的协议。

3. 就业协议的法律效力

签订就业协议是一种法律行为，协议书一经签订，便视为生效合同，具有法律效力。签订就业协议，既是确认签约双方权利和义务的必要程序，也是处理就业纠纷的主要依据。毕业生应该正确认识和严肃对待就业协议书，慎重签订就业协议。如果因特殊原因确需解除的，要与用人单位协商好后解除。如果单方擅自解除协议，属违约行为，违约方应对另两方承担违约责任。但在下述情况下，单方可依法或依协议解除：学生未取得毕业资格，用人单位有权单方解除就业协议；依协议规定，毕业生未通过用人单位所在地组织的公务员考试，用人单位有权解除协议。此类单方解除，解除方无须对另两方负法律责任。如果毕业生、用人单位、学校三方经协商一致，解除原订立的协议，使协议不发生法律效力，则三方均无须承担法律责任。三方解除协议的，还须经主管部门批准办理，调整改派计划。

4. 签订协议时应注意的问题

（1）查明用人单位的主体资格。签订就业协议的当事人必须具备合法的主体资格。一般而言，用人单位必须具有从事各项经营或管理活动的能力，以及录用指标和录用自主权。

（2）按规定的程序签订协议。毕业生凭学校发放的就业协议书，与用人单位签约，然后交学校就业工作部门盖章。此程序由学校最后把关，更有利于维护学生的合法权益。

（3）有关条款的内容必须明确。毕业生在与用人单位签约时，要尽量采用示范条款，如确有必要进行变更，亦应在内容上明确。

（4）注意与劳动合同的衔接。由于毕业生就业协议签订在先，为避免在日后订立劳动合同时产生纠纷，应尽可能将劳动合同的主要内容体现在就业协议的约定条款中，并明确表示该部分内容在今后订立劳动合同时应予以确认。

（5）对合同的解除条件做事先约定。就业协议一经签订，就对双方当事人具有约束力，不得随意解除，否则应承担违约责任。

 经典案例

　　毕业生小刘由于不愿来回奔波，一再要求学院就业指导中心给他的就业协议书先盖章。就业指导中心的老师提醒他，如果学院事先签字盖章，可能会对他产生不利的影响。后来学院在他再三要求并写下责任承担书的情况下给他加盖了学院公章。结果用人单位拿到盖了章的就业协议书后，以公司总经理外出，单位公章拿不到为由，要他第二天来拿就业协议书。第二天，小刘看到就业协议书时傻眼了，待遇要求面目全非：5年内不得提出住房要求，10年内不能离开公司，工资待遇也降了下来，违约金由3000元变成了10000元。小刘还未出校门，就被用人单位"生动"地上了一堂不按程序签订就业协议的教训课。

（二）劳动合同

1. 劳动合同的概念

合同是民事主体之间设立、变更、终止民事法律关系的协议。劳动合同则是劳动者与用人单位确立劳动关系、明确双方权利和义务的协议。劳动合同的签订在法律上确立了劳动者与用人单位之间的劳动关系，使双方的有关权利和义务通过书面合同的形式确定了下来，并使之特定化和具体化。劳动者依据劳动合同在用人单位内担任一定的职务或工种的工作，遵守劳动法律法规和用人单位的规章制度，并完成劳动合同约定的生产（工作）任务；用人单位则依据劳动合同的约定为劳动者提供符合国家规定的劳动保护和劳动条件，督促劳动者履行劳动义务，并按照劳动者的劳动数量和质量支付劳动报酬，对劳动者享有的劳动权利提供保障。

2. 劳动合同的分类

按照《中华人民共和国劳动法》和《中华人民共和国劳动合同法》的相关规定，劳动合同可以分为固定期限劳动合同、无固定期限劳动合同和以完成一定工作任务为期限的劳动合同。

（1）固定期限劳动合同，是指用人单位与劳动者约定合同终止时间的劳动合同。合同期限届满，双方当事人的劳动法律关系即行终止。如果双方同意，还可以续签合同，延长期限。

（2）无固定期限劳动合同，是指用人单位与劳动者约定无确定终止时间的劳动合同。用人单位与劳动者协商一致，可以订立无固定期限劳劲合同。根据《中华人民共和国劳动合同法》第十四条规定："有下列情形之一，劳动者提出或者同意续订、订立劳动合同的，除劳动者提出订立固定期限劳动合同外，应当订立无定期限劳动合同：（一）劳动者在该用人单位连续工作满十年的；（二）用人单位初次实行劳动合同制度或者国有企业改制重新订立劳动合同时，劳动者在该用人单位连续工作满十年且距法定退休年龄不足十年的；（三）连续订立二次固定期限劳动合同，且劳动者没有本法第三十九条和第四十条第一项、第二项规定的情形，续订劳动合同的。用人单位自用工之日起满一年不与劳动者订立书面劳动合同的，视为用人单位与劳动者已订立无固定期限劳动合同。"

（3）以完成一定工作为期限的劳动合同，是指用人单位与劳动者约定以某项工作的完成为合同期限的劳动合同，如完成某项科研任务的劳动合同以及带有临时性、季节性的劳动合同。合同双方当事人在合同存续期间建立的是劳动法律关系，劳动者要加入劳动单位集体，遵守劳动单位内部规则，享受某种劳动保险待遇。

3. 劳动合同的基本内容

劳动合同的内容是指双方当事人达成协议的事项，即当事人应当享有的权利和应当履行的义务。劳动合同应当具备基本内容，明确双方当事人基本的权利和义务。如果一份劳动合同缺乏实质性的条款，或者虽有规定但其含义不明，这样的劳动合同就不能起到应有的作用。

根据《中华人民共和国劳动合同法》第十七条的规定，劳动合同应当具备以下条款。

（1）用人单位的名称、住所和法定代表人或者主要负责人。

为了明确劳动合同中用人单位一方的主体资格，确定劳动合同的当事人，劳动合同中必须具备这一项内容。

（2）劳动者的姓名、住址和居民身份证或者其他有效身份证件号码。

为了明确劳动合同中劳动者一方的主体资格，确定劳动合同的当事人，劳动合同中必须具备这一项内容。

（3）劳动合同期限。

劳动合同期限可分为固定期限、无固定期限和以完成一定工作任务为期限。劳动合同期限与劳动者的工作岗位、工作内容、劳动报酬等都有紧密联系，更与劳动关系的稳定紧密相关。合同期限不明确，则无法确定合同何时终止，以及如何给付劳动报酬、经济补偿等。因此，一定要在劳动合同中明确双方签订的是何种期限的劳动合同。

（4）工作内容和工作地点。

工作内容是指用人单位安排劳动者从事什么工作。该项内容是劳动者在劳动合同中确定的应当履行的劳动义务的主要内容，包括劳动者从事劳动的工种、岗位以及在生产或工作上应当达到的数量和质量或应当完成的任务。工作地点是劳动合同的履行地，是劳动者从事劳动合同中所规定的工作内容的地点，它关系到劳动者的工作环境、生活环境，以及劳动者的就业选择。劳动者有权在与用人单位建立劳动关系时知悉自己的工作地点，所以，这也是劳动合同中必不可少的内容。

（5）工作时间和休息休假。

工作时间是指劳动者在企业、事业、机关、团体等单位中，必须用来完成其所担负的工作任务的时间。一般由法律规定劳动者在一定时间内（工作日、工作周）应该完成的工作任务。休息休假是指企业、事业、机关、团体等单位的劳动者按规定不必进行工作，而自行支配的时间。休息休假是每个国家的公民都应享受的权利。《中华人民共和国劳动法》第三十八条规定："用人单位应当保证劳动者每周至少休息 1 日。"

（6）劳动报酬。

劳动报酬是指劳动者劳动的成果返还和劳动者履行劳动义务后必须享受的劳动利益。换言之，也就是用人单位支付给劳动者的工资、奖金、津贴等。劳动报酬的标准不得低于国家法律、行政法规的规定，也不得低于集体合同中的规定。

 经典案例

大学生小秦应聘到某房地产开发公司工作，当时双方口头约定，公司除了包吃住外，每月付给小秦工资 4600 元。但到了年终，小秦拿到的月工资是 3000 元。由于没有书面合同，后经人民调解委员会多次调解，双方达成了按每月 3600 元兑付工资的调解协议。

【案例分析】

《中华人民共和国劳动合同法》第十条规定："建立劳动关系，应当订立书面劳动合同。"劳动合同应当具备以下条款：用人单位的名称、住所和法定代表人或者主要负责人；劳动者的姓名、住址和居民身份证或者其他有效身份证件号码；劳动合同期限；工作内容和工作地点；工作时间和休息休假；劳动报酬；社会保险；劳动保护、劳动条件和职业危害防护；法律、法规规定应当纳入劳动合同的其他事项。

（7）社会保险。

社会保险是政府通过立法强制实施，由劳动者、劳动者所在的工作单位或社区以及国家三方面共同筹资，帮助劳动者及其亲属在遭遇年老、疾病、工伤、生育、失业等风险时，防止收入中断、减少和丧失，以保障其基本生活需求的社会保障制度，一般包括养老保险、医疗保险、失业保险、工伤保险和生育保险。

（8）劳动保护、劳动条件和职业危害防护。

劳动保护是指用人单位为了防止劳动过程中的安全事故，采取各种措施来保障劳动者的生命安全和健康。劳动条件主要是指用人单位为使劳动者顺利完成劳动合同约定的工作任务，为劳动者提供的必要的物质和技术条件。职业危害是职工生产劳动过程所发生的对人身的威胁和伤害。用人单位应当按照有关法律、法规的规定，严格履行职业危害防护的义务。

（9）法律、法规规定应当纳入劳动合同的其他事项。

劳动合同除上述规定的必备条款外，用人单位与劳动者还可以协商约定试用期、保守商业秘密、补充保险和福利待遇等内容。

劳动合同的解除必须依法进行

劳动合同解除是在当事人未完全履行合法法律行为的情况下发生的。当事人双方订立劳动合同的目的没有实现或者没有完全实现，必然给当事人一方或者双方的利益造成影响，因此，劳动合同的解除必须依法进行。

首先，劳动合同的解除要以当事人之间存在有效劳动合同为前提。当事人之间自始不存在劳动关系，或者原先存在的劳动合同关系已经消灭，则不发生劳动合同的解除。同时，当事人之间的劳动合同应当为有效劳动合同。

其次，劳动合同的解除须是当事人的解除行为。劳动合同是依法订立的，具有法律约束力，劳动合同的解除涉及合同双方当事人的切身利益，任何一方不得擅自解除。劳动合同的解除必须依据当事人的约定或法律的规定。

最后，劳动合同解除的直接后果是使劳动关系归于消灭，合同不再履行。

二、社会保险与住房公积金

社会保险与住房公积金是指用人单位给予劳动者的几种保障性待遇的合称，包括养老保险、医疗保险、失业保险、工伤保险和生育保险，以及住房公积金。

（一）养老保险

养老保险，全称社会基本养老保险，是国家和社会根据一定的法律和法规，为解决劳动者在达到国家规定的解除劳动义务的劳动年龄界限，或因年老丧失劳动能力退出劳动岗位后的基本生活而建立的一种社会保险制度。

养老保险的特点如下：

第一，由国家立法，强制实行，企业单位和个人都必须参加。符合养老条件的人，可在社会保险部门领取养老金。

第二，养老保险费用一般由国家、单位和个人三方或单位和个人双方共同负担，并实现广泛的社会互济。

第三，养老保险具有社会性，影响很大，享受人多且时间较长，费用支出庞大。因此，必须设置专门机构，实行现代化、专业化、社会化的统一规划和管理。

（二）医疗保险

医疗保险一般指基本医疗保险，是为了补偿劳动者因疾病风险造成的经济损失而建立的一项社会保险制度。通过用人单位与个人缴费，建立医疗保险基金，参保人员患病就诊发生医疗费用后，由医疗保险机构对其给予一定的经济补偿。

根据我国基本医疗保险待遇支付的基本要求，参保人到医疗保险机构报销自己看病就医发生的医疗费用，一般要符合以下条件：

第一，参保人员必须到基本医疗保险的定点医疗机构就医购药，或持定点医院的大夫开具的医药处方到社会保险机构确定的定点零售药店外购药品。

第二，参保人员在看病就医过程中所发生的医疗费用必须符合基本医疗保险药品目录、诊疗项目、医疗服务设施标准的范围和给付标准，才能由基本医疗保险基金按规定予以支付。

第三，参保人员符合基本医疗保险支付范围的医疗费用中，在社会医疗统筹基金起付标准以上与最高支付限额以下的费用部分，由社会医疗统筹基金统一按比例支付。

（三）失业保险

失业保险是指国家通过立法强制实行的，由用人单位、职工个人缴费及国家财政补贴等渠道筹集资金建立失业保险基金，对因失业而暂时中断生活来源的劳动者提供物质帮助以保障其基本生活，并通过专业训练、职业介绍等手段为其再就业创造条件的制度。

在我国，失业人员在满足"非因本人意愿中断就业""已进行失业登记，并有求职要求""失业前用人单位和本人已失业保险费满一年"三个条件后，方可享受失业保险待遇，待遇内容主要涉及以下几个方面：

第一，按月领取的失业保险金，即失业保险经办机构按照规定支付给符合条件的失业人员的基本生活费用。

第二，领取失业保险金期间的医疗补助金，即支付给失业人员领取失业保险金期间发生的医疗费用的补助。

第三，失业人员在领取失业保险金期间死亡的丧葬补助金和供养其配偶、直系亲属的抚恤金。

第四，为失业人员在领取失业保险金期间开展职业培训、介绍的机构或接受职业培训、介绍的本人给予补偿，帮助其再就业。

（四）工伤保险

工伤保险，又称职业伤害保险。工伤保险是通过社会统筹的办法，集中用人单位缴纳的工伤保险费，建立工伤保险基金，对劳动者在生产经营活动中遭受意外伤害或职业病，并由此造成死亡、暂时或永久丧失劳动能力时，给予劳动者及其实用性法定的医疗救治以及必要的经济补偿的一种社会保障制度。这种补偿既包括医疗、康复所需费用，也包括保障基本生活的费用。

工伤是指职工在工作过程中因工作原因受到事故伤害或者患职业病。根据《工伤保险条例》第十四条的规定，职工有下列情形之一的，应当认定为工伤：

第一，在工作时间和工作场所内，因工作原因受到事故伤害的；

第二，工作时间前后在工作场所内，从事与工作有关的预备性或者收尾性工作受到事故伤害的；

第三，在工作时间和工作场所内，因履行工作职责受到暴力等意外伤害的；

第四，患职业病的；

第五，因工外出期间，由于工作原因受到伤害或者发生事故下落不明的；

第六，在上下班途中，受到非本人主要责任的交通事故或者城市轨道交通、客运轮渡、火车事故伤害的；

第七，法律、行政法规规定应当认定为工伤的其他情形。

同时，根据本条例第十五条的规定，职工有下列情形之一的，视同工伤：

第一，在工作时间和工作岗位，突发疾病死亡或者在 48 小时之内经抢救无效死亡的；

第二，在抢险救灾等维护国家利益、公共利益活动中受到伤害的；

第三，职工原在军队服役，因战、因公负伤致残，已取得革命伤残军人证，到用人单位后旧伤复发的。

（五）生育保险

生育保险是国家通过立法，在怀孕和分娩的妇女劳动者暂时中断劳动时，由国家和社会提供医疗服务、生育津贴和产假的一种社会保险制度，也是国家或社会对生育的职工给予必要的经济补偿和医疗保健的社会保险制度。

我国生育保险待遇主要包括两项：一是生育津贴，用于保障女职工产假期间的基本生活需要；二是生育医疗待遇，用于保障女职工怀孕、分娩期间以及职工实施节育手术时的基本医疗保健需要。

（六）住房公积金

住房公积金即通常所说"五险一金"中的"一金"，指国家机关、国有企业、城镇集体企业、外商投资企业、城镇私营企业及其他城镇企业、事业单位为其在职职工缴存的长期住房储金。

住房公积金由两部分组成，一部分由职工所在单位缴存，另一部分由职工个人缴存。职工个人缴存部分由单位代扣后，连同单位缴存部分一并缴存到住房公积金个人账户内。职工和单位住房公积金的缴存比例均不得低于职工上一年度月平均工资的 5%，但不同的城市缴存比例有所不同。

住房公积金的提取及使用要遵从一定的章程，有以下情形之一的可以提取职工住房公积金账户内的存储余额：

第一，购买、建造、翻建、大修自住住房的；

第二，离休、退休的；

第三，完全丧失劳动能力，并与单位终止劳动关系的；

第四，出境定居的；

第五，偿还购房贷款本息的；

第六，房租超出家庭工资收入的规定比例的。

依照前面第二、三、四项规定提取职工住房公积金的，应当同时注销职工住房公积金账户。

三、就业权利的法律保障

（一）相关的法律政策

毕业生就业工作是一项政策性、时限性、操作性都比较强的工作。毕业生要学会依据国家有关就业的法律、法规来对自身的合法权益进行保护。与毕业生就业相关的法律、法规主要有《中华人民共和国高等教育法》《中华人民共和国民法典》《中华人民共和国劳动法》《劳动保障监察条例》《中华人民共和国公务员法》等。

（二）与就业协议有关的维权途径

大学毕业生就业中存在的一个突出问题，就是在履行就业协议的过程中，毕业生会与用人单位产生纠纷。当就业过程中出现一些侵害毕业生权益的行为，毕业生可通过以下途径对自身权益实施保护。

1. 双方当事人在自愿、平等的基础上协商解决纠纷

如果毕业生在履行就业协议的过程中，与用人单位产生纠纷，可以通过协商的方式解决。

2. 依靠学校的保护

学校对毕业生权益的保护最为直接。学校通过制定各项措施可以规范毕业生就业指导和推荐，当用人单位在录用毕业生过程中存在不公平、不公正的行为时，学校有权以拒绝签署就业协议等手段维护毕业生的就业权益。

3. 依靠行政、权力机关和新闻媒体力量保护自己的合法权益

当毕业生的合法权益受到侵害时，可以及时向当地行政部门（如劳动监察部门）投诉，也可以直接向有权主管用人单位的行政机关（如工商行政管理局）投诉或举报。经有关部门处理后，若毕业生合法权益仍未得到保护，毕业生有权依法向各级人民政府和人大机关申诉。此外，毕业生权益受到侵害时，还可以向有关新闻媒体披露真实情况，借此获得社会舆论的监督、关注和支持。

（三）就业后的维权途径

根据《中华人民共和国劳动争议调解仲裁法》第四、第五条的规定，"发生劳动争议，劳动者可以与用人单位协商，也可以请工会或者第三方共同与用人单位协商，达成和解协议""发生劳动争议，当事人不愿协商、协商不成或者达成和解协议后不履行的，可以向调解组织申请调解；不愿调解、调解不成或者达成调解协议后不履行的，可以向劳动争议仲裁委员会申请仲裁；对仲裁裁决不服的，除本法另有规定的外，可以向人民法院提起诉讼"。

可见，就业后的维权途径，即劳动纠纷处理途径主要有三种，即调解、仲裁、起诉。调解是指在查明事实、分清是非、明确责任的基础上，依照有关法律规定以及劳动合同的约定，推动用人单位和劳动者之间相互谅解，解决争议的方式。当调解不成，一方当事人要求仲裁的，可以向劳动争议仲裁委员会申请仲裁。诉讼程序是处理劳动争议的最终程序。对仲裁裁决不服的，可自收到仲裁裁决书之日起 15 日内向人民法院提起诉讼。

四、警惕求职陷阱

求职陷阱是用人单位以招聘、就业为名义进行非法牟利的活动，如求职者从事的工作内容与用人单位书面或口头承诺的不吻合，或诱使求职者支付额外资金，或迫使求职者从事违背社会风俗的活动等。

（一）求职陷阱出现的原因

据有关调查显示，遇到过求职陷阱的大学生求职者并不在少数。为什么会出现各种各样的求职陷阱呢？这要从社会、个人、企业三方面进行分析。

1. 社会因素

如前面所提到的，随着大学毕业生人数的增加，就业形势日趋严峻，这为一些用人单位利用大学毕业生对工作的渴求心理，制造各种求职陷阱，谋取非法利益，在客观上创造了条件。

2. 个人因素

大学毕业生社会阅历少，思想单纯，辨别力差，考虑问题往往简单化、表面化、理想化，再加上急于找工作的心理，很容易落入居心不良的用人单位设下的圈套。

3. 企业因素

由于我国目前就业市场的相关法律、法规尚不健全，一些企业利用网络、报纸等媒体频繁发布用人信息，这样做并不是为了招聘到真正的人才，而是为了从求职者身上骗取更多的钱财，或者为了其他的目的。

这种现象得不到有效遏制，是因为求职者很难对这些企业发布招聘信息的企图进行准确预知。按照目前的法律规定，只要招聘企业能够提供正规的营业执照和企业代码，就可以在有关媒体上发布招聘信息。只有当求职者落入陷阱之后，才会发现这些企业的不良动机。

（二）大学生求职常见陷阱

1. 传销陷阱

当前，一些传销组织利用大学毕业生求职心切的心理，以知名企业或单位的名义招聘毕业生，以要求面试或到单位实习为由，将毕业生骗到外地，收取其有效证件，控制其人身自由，诱骗、强迫其加入非法组织，给毕业生造成巨大损失。

2. 高薪陷阱

用虚假的高薪做诱饵来引诱求职者，当求职者上当后并不兑现或人为设置兑现障碍，求职者最终所获报酬与承诺数额有较大差距。

3. 虚饰岗位

用人单位原先在招聘会上所承诺的工作和职位，或用新名词、新概念等包装的岗位，与毕业生到用人单位后实际从事的工作和职位有很大差距。

经典案例

小林是会计学专业的毕业生，快毕业的时候，她在网上看到某房地产中介公司招聘会计，便去应聘。经过简单面试后，小林被录取了。可当她去报到时却被告知，按照公司的规定，所有员工必须在一线锻炼一段时间，熟悉整个公司的运作流程后方可回到本职岗位。于是小林就被分派到街区做业务员，每天的工作十分烦琐，而且公司迟迟不肯确定何时让小林回到会计岗位上。一段时间之后，小林无法忍受，只好提出辞职。公司以违反合约为由，要求小林支付违约金。

【案例分析】

小林的经历提醒大学生，在求职时一定要搞清楚职位的具体内容，仔细分析，询问工作细节。一些招聘单位在发布招聘信息时，经常对招聘职位的工作内容做模糊化处理，玩文字游戏，用一些听起来职位很高的虚职招聘大学生做业务员。此外，在面试的过程中以及与用人单位的具体接触中，求职者也要多留心，免得上岗后发现实际工作与预期的有出入，使自己陷入困境。如果招聘职位与实际工作内容明显不符将构成欺诈，劳动者可以向当地劳动监察部门举报。

4. 收费陷阱

一些用人单位和诈骗分子以各种理由向大学生求职者收取各种不合理费用，包括报名费、登记费、手续费、建档费、快递费、中介费、考试费、预留职位费、体检费、押金、保密费、培训费、置装费等。大学生交了钱之后用人单位却不履行承诺。应牢记，凡是要银行卡号和密码的，都是诈骗分子。有的非法职业中介改头换面，以"公司直招"或"求职顾问"的面目出现，非法收取各类费用。

5. 智力侵权陷阱

现在招聘过程中骗取"智力"的现象很常见。有些单位并不打算招人，却假装对应聘毕业生进行面试、笔试，把本单位遇到的问题以考查的形式要求求职者应答或进行设计，此后将求职者设计的计算机应用程序、广告策划方案等劳动成果据为己有。

 经典案例

小黄是计算机专业的一名应届本科毕业生，被一家小有名气的IT企业相中，并很快签订用工合同，双方商定试用期为3个月，试用期月薪为5500元。谁曾想，刚结束春节休假，他便接到人事部门的解约通知，称"通过试用，发现黄××不适合在本公司工作，决定解除双方的试用合同"。公司的决定让他感到非常突然，就在春节前，小黄通宵达旦、加班加点设计出来的一个应用软件还受到部门经理的夸奖。怎么突然就解约了呢？小黄感到十分不解。

【案例分析】

专家提醒求职者，在不能判断招聘单位的真实意图，又想取得工作机会的情况下，需要对自己的劳动成果进行保护。一方面，提交策划案等劳动成果时要准备两份，一份提交，一份自己留存，在留存份上要求用人单位签字确认，以便将来能够证明这是自己的劳动成果；另一方面，提交策划案时附上"版权声明"，并要求用人单位签收。

6. 试用期陷阱

有些用人单位采取只签试用期合同、试用期超过法定期限或以各种理由续签试用合同等方式，在试用期内支付较低工资或随意解除合同，或要求毕业生在试用期内承担违约责任，廉价使用毕业生劳动力，损害大学生的合法权益。

7. 合同陷阱

由于毕业生刚刚走上社会，对一些基本的法律法规知之甚少，在与用人单位签订合同时，往往落入用人单位设置的合同陷阱之中。这些违法的劳动合同主要有以下几种表现形式：

（1）格式条款。有些用人单位按照合同范本事先打印好聘用合同，表面上合同格式规范，但实际条款表述含糊，一旦发生劳动纠纷，用人方总会拿出"合同"为自己辩护。

（2）霸王合同。有些用人单位严重违反国家法律规定，只约定求职才应承担的义务和违约责任，而且常常是高代价的违约责任，但对于求职大学生的权利却没有实质性说明。

（3）生死合同。有些用人单位为逃避责任，违反国家法律规定，在签订合同时，要求求职方接受合同中的"生死协议"。即一旦发生病、伤、残、亡等意外事故，单位不承担任何责任。

（4）阴阳合同。有些用人单位与求职者签订两份合同，一份按照国家规定签订，以应付有关部门的监督检查；另一份则含有较多不合理条款，是双方真正履行的合同。

子任务三　处理违约责任与劳动争议

一、违约的不良后果

就业协议书一经毕业生、用人单位签署即具有法律效力，任何一方不得擅自解除，否则违约方应向权利受损方支付协议条款所规定的违约金。从实际情况来看，就业违约多为毕业生违约。毕业生违约，除本人应承担违约责任，支付违约金外，往往还会造成其他不良的后果，主要表现在：

（一）损害了用人单位的利益

用人单位往往为录用一名毕业生做了大量的工作，有时甚至对毕业生将要从事的具体工作也做了安排。毕业生就业时间相对比较集中，一旦毕业生因为某种原因违约，势必使用人单位的前期努力付诸东流，再招聘其他毕业生在时间上已不允许，从而给用人单位造成较大的影响。

（二）影响学校的声誉和信誉

用人单位往往把毕业生的违约行为视为学校管理不严造成的，从而影响学校和用人单位的合作关系。从历年情况来看，一旦有毕业生违约，用人单位在几年内都不愿再到这所学校挑选毕业生。面对激烈的就业竞争，用人单位的需求就是毕业生成功就业的前提，如此下去，必定影响今后学校毕业生的就业。

（三）影响其他毕业生顺利就业

用人单位到校挑选毕业生，一旦与某毕业生签订就业协议，就不可能再录用其他毕业生。若日后该毕业生违约，有些当初希望到该用人单位工作的其他毕业生由于录用时间等原因无法补缺，造成了就业资源的浪费。因此，毕业生在就业过程中一定要慎重选择，认真履约。

二、违约所承担的责任

就业协议或劳动合同签订后要认真履行，否则会构成违约。合同签订后，当事人因自己的过错造成合同没有履行或没有适当履行的，要按照法律规定或当事人约定承担相应的法律责任。

（一）用人单位的责任

用人单位违反劳动合同承担的责任不仅有一般民事责任，还有行政责任。

1. 民事责任

民事责任是合同当事人所承担的给予受损人赔偿的责任。用人单位有下列情形之一，对劳动者造成损害的，应赔偿劳动者损失：

（1）用人单位故意拖延不签订劳动合同，即招用后故意不按规定签订劳动合同以及劳动合同到期后故意不及时续签劳动合同的；

（2）由于用人单位的原因签订无效劳动合同，或签订部分无效劳动合同的；

（3）用人单位违反规定或劳动合同的约定侵害女职工或未成年工合法权益的；

（4）用人单位违反规定或劳动合同的约定解除劳动合同的；

用人单位对劳动者造成损害后，应当给予相应的损失赔偿，其赔偿的标准为：

①造成劳动者工资收入损失的，按劳动者本人应得工资收入支付给劳动者，并加付应得工资收入的25%作为赔偿费用。

②造成劳动者劳动保护待遇损失的，应按国家规定补足劳动者的劳动保护津贴和用品。

③造成劳动者工伤、医疗待遇损失的，除按国家规定为劳动者提供工伤、医疗待遇外，还应支付劳动者相当于其医疗费用的25%的赔偿费用。

④造成女职工和未成年工身体健康损害的，除按国家规定提供治疗期间的医疗待遇

外，还应支付相当于同期医疗费用 25% 的赔偿费用。

⑤劳动合同约定的其他赔偿费用。

用人单位招用尚未解除劳动合同的劳动者，对原用人单位造成经济损失的，除该劳动者承担直接赔偿责任外，该用人单位应当向原用人单位进行赔偿。向原用人单位赔偿损失主要包括：

第一，对生产、经营和工作造成的直接经济损失。

第二，因获取商业秘密给原用人单位造成的经济损失。此项赔偿额按《中华人民共和国反不正当竞争法》的相关规定执行。

2. 行政责任

简单地说，行政责任就是在行政上有管理关系的当事人之间，被管理者有违法行为而向管理者承担的责任。例如，劳动行政部门就是用人单位的管理者，它有权责令有违法行为的用人单位承担行政责任。用人单位未按《中华人民共和国劳动法》规定的条件解除劳动合同或者故意拖延不签订劳动合同的，除依法承担赔偿责任外，劳动行政部门应责令改正，逾期不改的应通报批评。

用人单位解除劳动合同后，未依照法律、法规规定给予劳动者经济补偿的，劳动行政部门依照经济补偿的有关规定，应责令其支付劳动者的经济补偿，并可要求其按相当于支付劳动者经济补偿总和的 1～5 倍支付给劳动者赔偿金。

赔偿金是《中华人民共和国劳动法》中的一个特定概念，它具有以下几点特征：

(1) 由用人单位向劳动者支付；

(2) 支付数额按劳动者实际损失的一定倍数计算；

(3) 支付的依据是法律规定而不是双方的约定；

(4) 由劳动行政部门责令支付。

（二）劳动者的责任

劳动者违反规定或劳动合同的约定解除劳动合同，对用人单位造成经济损失的，劳动者应赔偿用人单位的损失。主要包括：

第一，用人单位招收录用期间为其所支付的费用；

第二，用人单位为其支付的培训费用，双方另有约定的，按约定办理；

第三，对生产、经营和工作造成的直接经济损失；

第四，劳动者违反劳动合同中约定的保密事项，对用人单位造成经济损失的，也按《中华人民共和国反不正当竞争法》的第二十条规定支付用人单位赔偿费用；

第五，劳动合同约定的其他赔偿费用。

需要注意的是：用人单位在与劳动者签订劳动合同时，不得以任何形式向劳动者收取定金、保证金（物）或抵押金（物），也不得扣留、抵押劳动者居民身份证、暂住证和其他证明个人身份的证件。对擅自扣留、抵押劳动者居民身份证等证件和收取抵押金（品）的，公安部门和劳动行政部门会责令用人单位立即退还给劳动者本人。

三、违约手续的办理

在签订完就业协议或劳动合同后，也许经过一段时间的考虑，大学毕业生觉得所签的单位并不适合，或者有其他原因导致要改变所签协议时，就不可避免地涉及违约问题。那么，什么是违约？相关的手续该如何办理呢？

（一）违约的具体表现

一般而言，学校这一方不会出现违约的情况。目前的违约主要是毕业生和用人单位违约，主要有以下几种形式：

1. 毕业生违约

（1）同时与多家单位签约，再定取舍。

（2）先确定一个用人单位托底，一旦找到更理想的用人单位，则抛弃前者，选择后者。

（3）向用人单位提供不真实的个人情况。

（4）其他违约行为。

2. 用人单位违约

（1）拒绝接收毕业生。

（2）提供不真实的情况和虚假材料，误导毕业生与之签约。

（3）其他违约行为。例如：为约束毕业生而收取一些不合理费用；违反行政法规、规章；不执行有关规定，侵害毕业生的合法权益。

（二）违约的处理

就业协议书经各方签字、盖章后方能生效，用人单位、毕业生、学校三方应严格履行该协议，无特殊情况，任何一方不得擅自违约。若毕业生或用人单位出于自身原因，单方面提出解除协议，按以下办法处理：

1. 毕业生协议违约的处理

毕业生应首先向已签约的用人单位提出违约申请，征得用人单位及其主管部门的同意后，承担违约责任并交纳违约金，然后持用人单位的解约函和已签订的就业协议书到学校毕业生就业工作部门提出申请，经学校就业工作部门批准，方可签订新的就业协议。

2. 用人单位违约的处理

若用人单位无故要求解约，毕业生有权要求对方严格履行就业协议，否则用人单位应对毕业生按约定承担违约责任。

3. 继续升学违约的处理

已签订就业协议书的毕业生考研后，应及时通知签约单位取得谅解，若原签约单位不予追究，则不按违约处理，否则按违约处理，由毕业生本人承担一切责任，档案转至原签约单位。

因升学深造而无法履行就业协议可能是形成违约的原因，但毕业生在签约前应就此与用人单位进行充分沟通，而不要刻意隐瞒，据实相告一般都会取得用人单位的谅解。

4. 毕业生单方违约的处理

毕业生未征得用人单位同意提出单方违约的，学校原则上不予受理，按原就业协议书派遣。采取借用、欺骗、自制等非法手段获取多份就业协议书并同多家用人单位签订就业协议的，原则上派遣回生源地，造成不良影响的，视情节轻重给予纪律处分。

四、劳动争议及解决

大学生就业时，与用人单位签订的劳动合同、就业协议书以及其他的一些书面约定，都是重要的法律文件，对其性质和相互关系一定要搞清楚。如果发生劳动争议，可以以这些法律文件为依据进行合理解决。

（一）劳动争议概述

劳动争议，又称劳动纠纷，其广义是指劳动关系双方当事人或其团体之间关于劳动权利和劳动义务的争议；其狭义仅指劳动关系双方当事人之间关于劳动权利和劳动义务的争议。在劳动立法和劳动法学中，一般取其狭义。

1. 劳动争议的界定

劳动争议的当事人，一方为劳动者或其团体，另一方为用人单位或其团体。若争议不是发生在劳动关系双方当事人或其团体之间，即使争议内容涉及劳动问题，也不构成劳动争议。例如，劳动者之间在劳动过程中发生的争议，企业之间因劳动力流动发生的争议，劳动者或企业与劳动行政部门在劳动行政管理中发生的争议，劳动者或企业与劳动者服务主体在劳动服务过程中发生的争议，都不属于劳动争议。

2. 劳动争议的内容

劳动争议的内容涉及劳动权利和劳动义务，即劳动争议以劳动权利和劳动义务为标的。劳动权利和劳动义务是依据《中华人民共和国劳动法》具体确定的，因而劳动争议在特定意义上是因实施《中华人民共和国劳动法》而产生的争议，如就业、工时、工资、劳动保护、保险福利、职业培训、民主管理、奖励惩罚等各个方面。因而，劳动争议的内容相当广泛。

3. 劳动争议的形式

劳动争议的形式，表现为当事人双方提出不同的主张和要求，即当事人双方对劳动权利和劳动义务的确定或实现各持己见，既包括当事人一方反驳另一方的主张或者拒绝另一方的要求，也包括当事人向国家机关、劳动争议处理机构或有关团体提出给予保护或处理争议的请求。

（二）确定劳动争议发生之日

《关于贯彻执行〈中华人民共和国劳动法〉若干问题的意见》（以下简称《意见》）

第八十五条对《中华人民共和国劳动法》第八十二条中的"劳动争议发生之日"做了规定，即"'劳动争议发生之日'是指当事人知道或者应当知道其权利被侵害之日"。如何理解该条款"劳动争议发生之日"的真实内涵，直接关系到劳动者的合法权益能否得到法律的保护。

劳动争议是指劳动关系当事人即用人单位与劳动者之间，因实现劳动权利、履行劳动义务而发生的纠纷，又称劳动纠纷。如果劳动者权益被实际侵害，但劳动者不知或一段时间后才知晓，则"'劳动争议发生之日'是指当事人知道或者应当知道其权益侵害之日"，显然明示了这样几点：一是权利被侵害之日与劳动争议发生之日是不同的概念，权利被侵害并不意味着劳动争议的事实发生或一定发生；二是先有权利被侵害之日，而后才存在劳动争议发生之日；三是权利被实际侵害不能推论或视为"当事人知道或者应当知道"。将劳动争议发生之日理解为权利被侵害之日，或者将权利被侵害之日视为当事人知道或者应当知道权利被侵害之日，都是违背《中华人民共和国劳动法》的立法精神的。

（三）劳动争议处理的程序

《中华人民共和国劳动法》第七十七条规定："用人单位与劳动者发生劳动争议，当事人可以依法申请调解、仲裁、提起诉讼，也可以协商解决。"由此可见，劳动争议处理程序分为四个阶段：

1. 协商

劳动争议发生后，当事人应首先进行协商，协商一致后，双方可达成和解协议，但和解协议无必须履行的法律效力，而是由双方当事人自觉履行。协商不是处理劳动争议的必经程序，当事人不愿协商或协商不成，可以向本单位劳动争议调解委员会申请调解或向劳动争议仲裁委员会申请仲裁。

2. 调解

劳动争议发生后，当事人双方愿意调解的，可以书面或口头形式向调解委员会申请调解，调解委员会接到调解申请后，可依据自愿、合法原则进行调解。调解委员会调解劳动争议，应当自当事人申请调解之日起 30 日内结束；到期未结束的，视为调解不成，当事人可以向当地劳动争议仲裁委员会申请仲裁。经调解达成协议的，制作调解书，双方当事人自觉履行。

调解不是劳动争议解决的必经程序，调解协议也无必须履行的法律效力。当事人不愿调解或调解不成，可直接向劳动争议仲裁委员会申请仲裁。

劳动争议当事人向企业劳动争议调解委员会申请调解，从当事人提出申请调解之日起，仲裁申诉时效中止，企业劳动争议调解委员会应当在三十日内结束调解，即中止期间最长不得超过三十日。结束调解之日起，当事人的申诉时效继续计算。调解超过三十日的，仲裁申诉时效从三十日之后的第一天继续计算。

3. 仲裁

劳动争议发生后，当事人可直接向劳动争议仲裁委员会申请仲裁。劳动争议申请仲裁的时效期间为一年。申请人申请仲裁应当提交书面申请。劳动争议仲裁委员会收到仲裁申请之日起五日内，认为符合受理条件的，应当受理，并通过申请人；认为不符合受理条件的，应当书面通知申请人不予受理，并说明理由。受理后，应当在收到仲裁申请的四十五日内做出仲裁裁决。仲裁委员会可依法进行调解，经调解达成协议的，制作仲裁调解书。仲裁调解书具有法律效力，自送达之日起具有法律约束力，当事人必须自觉履行，一方当事人不履行的，另一方当事人可向人民法院申请强制执行。

当事人对劳动争议仲裁委员会做出的仲裁裁决不服的，可在收到仲裁裁决书的 15 日内向人民法院提起诉讼。逾期不起诉，仲裁裁决即发生法律效力，当事人必须自觉履行，一方当事人不履行的，另一方当事人可向人民法院申请强制执行。

职工一方在 30 人以上的集体劳动争议适用特别程序，仲裁委员会处理职工一方人数在 30 人以上的集体劳动争议案件，应当组成特别仲裁庭进行仲裁，特别仲裁庭由 3 名以上仲裁员单数组成。

4. 诉讼

诉讼程序是处理劳动争议的最终程序。依据《中华人民共和国劳动法》规定，劳动争议当事人对仲裁裁决不服的，可自收到仲裁裁决书之日起十五日内向人民法院提起诉讼。期满不起诉的，裁决书即发生法律效力。未经仲裁的劳动争议，法院将拒绝受理。

劳动争议案件由人民法院民事审判庭审理。依据《中华人民共和国民事诉讼法》的规定，人民法院适用普通程序审理的案件，应当在立案之日起六个月内审结。有特殊情况需要延长的，经本院院长批准，可以延长六个月；还需要延长的，报请上级人民法院批准。依据《中华人民共和国民事诉讼法》，当事人不服地方人民法院第一审判决的，有权在判决书送达之日起十五日内向上一级人民法院提起上诉。当事人不服地方人民法院第一审裁定的，有权在裁定书送达之日起十日内向上一级人民法院提起上诉。

（四）劳动争议的处理机构

在我国，劳动争议的处理机构有三种类型，即调解（调停）机构、仲裁机构和司法机构。

1. 调解（调停）机构

劳动争议调解（调停）机构是只能进行调解而不能做出裁决的机构，在我国是在用人单位内部设立的劳动争议调解委员会。劳动争议调解委员会由职工代表、用人单位代表和工会代表组成，劳动争议调解委员会主任由工会代表担任。

2. 仲裁机构

在我国指劳动争议仲裁委员会。劳动争议仲裁委员会由劳动行政部门代表、同级工会代表、用人单位方面的代表组成，劳动争议仲裁委员会主任由劳动行政部门代表担任。

3. 司法机构

我国没有设立专门负责审理劳动争议案件的劳动法院，因而，劳动争议的司法审判机构就是人民法院，一般是由民事审判庭来审理的。

课后拓展

模拟劳动争议仲裁

【活动目的】

通过模拟劳动争议案件，使学生通过分析和研究案例，模拟案件的处理，解释法律规定，熟悉劳动争议的解决办法，加深对法律知识的了解，弘扬法治精神。

【活动过程】

1. 将学生分组，每组 8～10 人，可由教师指定分组，也可学生自由组合。

2. 每组学生分别在网上查找有关大学生求职就业过程中的劳动争议案例，并选一个案例结合《中华人民共和国劳动法》等相关法律进行分析和小组讨论。

3. 分配角色。角色包括：首席仲裁员，仲裁员，申诉方，被申诉方代理人，书记员，评论人。

4. 劳动仲裁模拟。由学生扮演仲裁参与人角色，以仲裁审判为参照，模拟审判本组选定的劳动争议案件。

【活动点评】

教师结合相关法律对仲裁结果进行讲解和点评，并对每个同学在模拟过程中的表现进行综合点评。

【活动总结】

学生总结本次活动的收获，总结劳动争议的解决办法。

任务九 提升就业能力

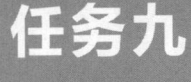

1. 培养社会角色意识，适应角色的转变。
2. 了解职业素质的构成，掌握提升职业素质的方法。
3. 学会处理职场人际关系，适应职场环境。

子任务一 适应角色转变

走向社会，开始立业、创业之后，就要明晰社会对自己职业角色的期望，要主动按照社会与职业岗位对角色的要求来塑造自己，充分做好角色必备的心理、技能等方面的准备。只有这样，才能获得社会对毕业生所担任的职业角色的认同，从而在新的人生旅途中创造辉煌的业绩。

一、培养社会角色意识

（一）培养角色意识

不同的职业岗位赋予劳动者不同的职责，学生由学校步入社会，角色发生了变化，其义务、责任、权利等也随之变化，在进入职业社会前就要确定新的角色意识。由于学校生活相对单一，加之青年人喜好幻想，又由于各种传播途径表达的社会理想模式在一定程度上抬高了学生对社会的期望值，往往造成一些毕业生对新环境估计不足，不能面对社会现实妥善处理各种矛盾，按社会角色规范要求自己。心理素质不稳定的毕业生则容易心理失衡，影响个人的发展。因此，正确地认识社会，对所担任的新的社会角色做好心理准备，是十分重要的。

对于将要担任的角色，除做好认识上、心理上的充分准备外，还要恰如其分地估计自己对角色的实际担任能力。由于每个人的自身素质、生活阅历、适应能力等各不相同，担任角色的能力也有差异，因此，要对自己的业务专长、性格特点、身体状况、处事态度等有比较客观的认识。如果这种估计与新角色有差异，则要进行必要的自我调整和自我训练，以达到新角色的要求。

（二）明晰角色期望

任何一种职业，都有一定的职业要求和规范。每个人对于自己将要从事的职业都要有强烈的责任感和事业心，掌握工作岗位对职业角色的期望，做到遵守岗位职责，讲究职业道德。

子曰："三人行，必有我师焉。"刚参加工作的毕业生应该尊重同事，不论面对年长者还是年轻人，上级还是下级，都要有以人为师的态度，因为他们在这个工作岗位上或许已工作多年，比自己更有实际经验，切不可给人留下傲慢、肤浅的印象。要赢得同事的信任，得到同事的帮助和支持，应该从小事做起，从本岗位做起，不怕脏、不怕累，脏活累活抢着干。眼高手低，自命清高，不做实事，在工作中是行不通的。

初入社会的毕业生要了解社会和周围人群的特点，了解角色规范，观察和了解他人对事物的评价，从而学会担任角色。例如，机关工作人员喜欢安静的工作环境，言谈举止比较庄重，而船员则性格豪爽，这是由于工作性质与环境不同，人员层次与文化存在差异。但是，一个人无论担任什么角色，都必须根据岗位的需要去努力实现角色对自己的期望。

（三）实现角色转换

个人在社会中的位置是随着社会环境和职业岗位的变化而变化的。毕业生进入社会，走上工作岗位，角色发生了变化，就必须按照社会与工作岗位对角色的要求来塑造自己。

刚刚步入社会的毕业生，由于年龄、知识、阅历、能力、社会实践经验等方面的局限，面临错综复杂的问题时会感到力不从心。有些毕业生由于在经济和生活上长期依赖家庭，在自己碰到具体问题时，摆脱不了依赖心理，因此，在尚未进入社会前，要有意识地接触社会、了解社会，培养必要的心理素质，积极调整自己的行为，提高适应能力。

总之，胜任新角色是一个由感性认识到理性认识的过程，要经过进入社会前的准备和进入社会后的观察、实践才能适应，直至得心应手。现实中的角色适应虽然复杂，但只要平时注意加强个人修养，严格要求自己，完全可以胜任所担任的新角色。

二、角色转换的原则

角色转换是一个艰苦而长期的过程，需要坚持不懈的努力。同时，在角色转换过程中需要注意以下几条原则：

（一）热爱本职工作，甘于吃苦

热爱本职工作，甘于吃苦，是学生角色向职业角色转换的基础。刚刚走上工作岗位的大学生，应当尽快从学生生活的模式中走出来，全身心地投入工作岗位中。如果"身在曹营心在汉"，经过几个月甚至一年的适应还静不下心来，这不仅对自身的角色转换不利，而且会影响个人职业兴趣的培养和工作成绩的取得。甘于吃苦是角色转换的重要条件，只有甘于吃苦，才能更快适应工作，及时进入角色并实现角色的顺利转换。

（二）虚心学习，提高能力

虚心学习，提高能力，是角色转换的重要手段。由于专业课程设置的相对狭窄和大学生活的短暂，大学生在学校学习到的知识毕竟是有限的，尤其是随着科学的发展和技术的进步，新的知识和技能不断出现，很多知识和能力都需要大学生在工作实践中去学习、锻炼和提高。面对全新的职业，大学生需要从头学起，虚心向有丰富经验的领导、技术人员、师傅、同事学习，学习他们观察问题、分析问题和解决问题的方法，不断丰富自己的专业知识，提高自己的专业技能，最终达到自我完善，尽快实现角色转换。

（三）善于观察，勤于思考

善于观察，勤于思考，是角色转换的有力保障。大学生进入职业角色后，只有善于观察，勤于思考，才能及时发现问题，并运用自身掌握的知识努力去解决问题，真正探索到职业对象的内部结构，掌握第一手资料。职场新人只有勤于思考，在工作中才会有自己的独立见解，并逐步具备独立开展工作的能力，从而更好地承担角色责任。

（四）勇挑重担，乐于奉献

勇挑重担，乐于奉献，是完成角色转换的重要标志。大学生走上工作岗位之后，应当从一开始就严格要求自己，树立主人翁意识，增强社会责任感，培养无私奉献精神，任劳任怨，不计较个人得失，努力承担岗位职责，主动适应工作环境，促使自己更好、更快地完成角色转换。

 经典案例

做一名优秀的员工

一位心理学家在研究过程中，为了实地了解人们对于同一件事情在心理上所反映出来的个体差异，就来到一座正在施工的大厦，与现场忙碌的敲石工人进行交谈。

心理学家问他遇到的第一位工人："请问你在做什么？"

这个工人很烦躁："在做什么？你没看到吗？我正用这个重得要命的铁锤，来敲碎这些该死的石头。而这些石头又特别硬，害得我的手酸麻不已，可真不是人干的工作！"

心理学家又找到第二位工人："请问你在做什么？"

第二位工人无奈地答道："我在敲石头。为了每周 500 元的工资，我才会做这份工作，若不是为了一家人的温饱，谁愿意干这份粗活！"

心理学家问第三位工人："请问你在做什么？"

第三位工人眼中闪烁着喜悦的光芒："我正参与兴建这座雄伟华丽的大厦。落成之后，这里可以容纳许多人工作。虽然敲石头的工作并不轻松，但当我想到将来会有无数的人来到这儿，心中就感到特别有意义。"

【案例分析】

同样的工作，同样的环境，不同的人有截然不同的工作态度。

第一位工人是完全被动的人。可以设想，在不久的将来，他将不会得到任何工作的眷顾，甚至可能成为生活的弃儿。

第二位工人是麻木的，对工作的概念只有钱。他抱着为薪水而工作的态度，为了工作而工作，永远无法成为企业可依靠、领导可信赖的员工。

第三位工人的话完美地体现了工作的哲学：自动自发，自我奖励，视工作为快乐。持有这种工作哲学的员工，就是每一个企业所追求和寻找的优秀员工。

三、角色转换的对策

（一）加强调适，适应角色转换

刚走上工作岗位的毕业生，从学生群体迈向了从业者群体，由受教育者转变成教育者、管理者，由依赖型消费者转变为自给型的生产者，这必然导致工作方式和生活方式的转变。作为社会的一员，毕业生既享有成人的权利，又要尽成人的义务，所以要尽快从昔日天真、无忧的校园生活中走出来，以务实的生活态度、合理的时间支配、高效的工作作风、积极的精神面貌，勇敢地投身于新的生活。毕业生要加强心理调适，建立起良好的职业心理、劳动心理和道德心理，使之与自己的社会角色相互适应、协调发展，以尽快地缩短角色转换和心理调适期。

（二）处理好关系，尽快适应社会

在一个集体中，要想有效地工作，就必须建立起和谐的人际关系。刚刚走上工作岗位的毕业生，由相对单纯宁静的校园突然踏入纷繁复杂的社会，难免会产生种种惶惑和不适应之处。社会不是真空的，人不能孤立存在，工作上需要他人支持，生活上需要他人帮助，行为上需要他人理解。毕业生在这段时日内，尤其需要建立和谐的人际关系，树立良好的第一印象，积极主动地去适应社会。具体来说，就是要做到：平等待人，互相团结；尊重他人，讲究礼貌；宽以待人，严于律己。此外，还要掌握与人相处的艺术，如对上级服从而不盲从，为人规矩而不拘谨，上班早到、下班迟退，面带微笑，学会忍让与坚持原则的统一，等等。

（三）加强学习，增强适应能力

毕业生往往对现实的估计和对自我的设计过于理想化，步入社会后很容易出现个人的主观愿望与生活实际发生冲突的情况。为避免这种认识上的偏差，毕业生在步入社会前，必须加强学习，提高对国情和社会现状的认识。不断发展的社会，对人才素质的要求越来越高，毕业生除了应具备一些专业能力外，还需具备一些其他能力，如组织管理能力、决策能力、协调能力、语言文字能力、创造能力、交际能力等。

（四）确立目标，脚踏实地奋斗

毕业生走上工作岗位，开始了人生旅途中的一段新征程。祖国辉煌的未来和自己人生美好的前景已经展现在面前。然而，成功之路并不平坦，毕业生只有确立合适的目标，经过长期的艰苦奋斗，事业才能成功。

子任务二　提升职业素质

一、职业素质的内涵

我们每一个人都渴望成功，然而，决定成功最关键的因素是什么？有一种说法，成功＝职业素质＋专业知识，而且职业素质比专业知识更加重要。职业素质是人成长的根基，决定着我们成长的高度，如果没有职业素质做基础，专业知识就失去了依托，这样一来，个人不仅无法取得事业上的成功，还可能产生其他负面影响。

（一）职业素质的定义

职业素质是指劳动者在一定的心理和生理条件的基础上，通过教育、培训、劳动实践和自我修养等途径逐步形成和发展的，能在相应职业活动中发挥作用的内在要素和品质。简单地说，职业素质就是指从业人员顺利完成特定职业活动所应具备的综合素质。

（二）职业素质的特征

1. 职业性

不同的职业，要求的职业素质是不同的。对建筑工人的素质要求不同于对护士的素质要求，对商业服务人员的素质要求不同于对教师的素质要求。

2. 稳定性

一个人的职业素质是在长期的学习和工作实践中积累而成的，它一旦形成，便具有相对的稳定性。当然，随着继续学习以及工作和环境的影响，这种素质还可以继续提高。

3. 内在性

从业人员在长期的职业活动中，经过学习、认识和亲身体验，会形成判别工作各方面是非得失的能力。这种有意识地内化、积淀和升华的心理品质，就是职业素质的内在性。

4. 整体性

一个从业人员的职业素质和他的整体素质有关。我们说某人职业素质高，不仅指他的思想政治素质、职业道德素质高，也指他的科学文化素质、专业技能素质高，甚至还包括良好的身体及心理素质。一个从业人员虽然思想道德素质好，但科学文化素质、专业技能素质差，就不能说这个人整体素质高。相反，一个从业人员的科学文化素质、专业技能素质都不错，但思想道德素质比较差，我们同样不能说这个人整体素质好。所以，职业素质的一个很重要的特点就是整体性。

5. 发展性

一个人的素质是通过教育、社会实践和社会影响逐步形成的，它具有相对性和稳定性。但是，随着社会发展对人们不断提出新的要求，人们为了更好地适应、满足社会的发展需要，总是会不断地提高自己的素质，所以素质具有发展性。

 拓展阅读

沙子与珍珠

有一个自以为是的年轻人，毕业以后一直找不到理想的工作。他抱怨怀才不遇，痛苦绝望之下，来到大海边，打算就此结束自己的生命。这时，正好有一个老人从这里走过。老人问他为什么要走绝路。他说，自己不能得到别人和社会的承认，没有人欣赏并且重用他。

老人从脚下的沙滩上捡起一粒沙子，让年轻人看了看，然后就随便地扔在沙滩上，对年轻人说："请你把我刚才扔在地上的那粒沙子捡起来。"

"这根本不可能！"年轻人说。

老人没有说话，接着又从自己的口袋里掏出一颗光亮的珍珠，还是随便扔在了沙滩上，然后对年轻人说："你能不能把这颗珍珠捡起来呢？"

"这当然可以！"年轻人说。

每个人都必须知道自己是一粒普通的沙子还是一颗有价值的珍珠。如果是一粒沙子，要使自己卓然出众，那就要努力使自己成为一颗珍珠。从沙子到珍珠的蜕变，正如同一个平庸的人成为拥有一技之长的人才，需要个人努力培养自己的职业素质。

（三）职业素质的构成

1. 职业道德素质

职业道德素质是从业人员的根本素质，是一个合格的职业劳动者的必备条件。所谓职业道德，是指从事一定职业劳动的人在特定的工作和劳动中以其内心信念和特殊社会手段来维系的、以善恶进行评价的心理意识、行为原则和行为规范的总和。它是人们在从事职业劳动的过程中形成的一种内在的、非强制性的约束机制。

一般来说，职业道德素质可以从职业态度和职业伦理两个方面来看。职业态度是劳动者对社会、职业和广大社会成员履行职业义务的基础，其个性品质表现为责任感、自尊、自控、正直和诚实。职业伦理是各种职业规范转化为从业人员职业行为、道德品质的重要环节，包括职业理想、职业态度、职业义务、职业技术、职业荣誉和职业作风等。

在一个社会里，尽管某一特定行业可能对职业道德有一些特殊的要求，但不同职业在职业道德方面的要求往往会存在共同性。例如，各行业都要求从业者具有爱岗敬业、诚实守信、文明礼貌等优秀品质。这些良好的职业道德素质，不仅是自己职业生涯成功的保证，也是保证产品质量、推动企业生产发展和社会发展的需要。

2. 职业知识素质

职业知识素质是指职业要求必备的文化基础知识、专业知识和人文科技素养方面的理论知识，如数学、英语、政治、写作、计算机应用等文化基础知识，各相关职业领域的专业知识，本专业的相近职业、交叉职业的基础理论和基本知识。现在，不少企业往往对一些知识复合型人才更为青睐。例如，许多企业的管理干部都不是学管理出身的，而是既懂技术、又懂管理的复合型人才。

可见，仅有知识的数量积累还不能满足职业的需要，必须具备合理的知识结构才能适应职业的需求。比如，学经济的学生还必须学习人文、自然科学等方面的知识，这样才能适应职业的需要。

3. 职业能力素质

职业能力是指由专业能力、方法能力、社会能力和自主能力等综合而成的能力素质，而不仅仅指职业技能或操作能力。其中，专业能力是指从事职业活动所需的单项操作技能和综合专业能力，它是职业能力的核心素质；方法能力是指从事职业活动的工作方法和学习方法；社会能力是指从事职业活动所需的社会行为能力，包括组织管理能力、人际交往和沟通能力等；自主能力是指具有自主性、能动性的主体能力，在变化的环境中获得成功的自我提高能力、技能革新与创造能力、迁移能力、发展能力以及职业习惯等。通过对职业能力素质结构的分析可以看出，创造性地运用知识解决实际问题的职业能力才是企业最为关注的。当然，我们也不能忘记，知识、经验是形成职业能力的重要基础。

4. 生理、心理素质

生理素质和心理素质是从业人员最基本的素质。

生理素质也称为身体素质，是从业人员体格和精力的统称，主要是由人的自然生理结构、生理机能、人体运动状况构成的，如力量、速度、耐力、灵活性、平衡性、柔韧性等，还包括劳动后恢复体力的能力。不同职业对从业人员身体素质的要求是不同的。从事铸造、冶炼、建筑、搬运等劳动强度大的职业，对力量、耐力等要求较高；从事脑力劳动的职业，对智力、专注力等方面要求较高。良好的身体素质是我们选择职业、从事职业活动的本钱。

心理素质包括的范围比较广，主要包括人的情感、意志、性格、兴趣、气质、价值观等。良好的心理素质对人的职业成功影响极大。实际上，很多人的成功都不是取决于智力水平，而主要是取决于心理素质。来自哈佛大学的研究表明，学生在校学习成绩的好坏与他在以后的职业生涯的成功与否并无多大关系。跟踪调查的事实表明，成功85%取决于积极的职业态度，剩下的15%才是本人的职业技能。许多职场人士也认为，知识不足尚可弥补，能力不足尚可培养，可人的心理素质却很难改变，而这些非智力因素又会极大地影响其知识、能力水平的提高。

除了以上所讲述的将职业素质分为职业道德素质、职业知识素质、职业能力素质和生理心理素质外，也有人将职业素质归纳为职业素质基础和职业技能这两个方面。职业素质基础是职业人除职业技能之外的所有职业素养，是职业人发展成为高素质者必备的素质底蕴。例如，有端正的职业品质，对职业地位有客观的认识，遵守职业道德和社会公德，遵守法律和行规，能与人合作和沟通，诚实守信，爱岗敬业，有积极健康的职业心态，勇于参与竞争，敢于迎接挑战，敢于创业、创新，善于调整心态和精神状态，善于接受新事物、新知识、新观点、新方法，等等。

二、职业素质提升

（一）提升专业能力

随着我国高等教育大众化和"后学历时代"的来临，有些人认为专业知识和技能在就业过程中所起的作用会越来越小，培养综合素质比掌握专业知识和技能更加重要，综合素质对于大学生就业和职业发展的帮助更大。这种观点有一定的道理，但是过于偏激。专业能力和综合素质就像一个人在职业发展道路上的一双翅膀，失去了其中一只翅膀，怎么会飞得高，飞得远呢？从我国现在的经济发展状况以及劳动力市场的要求来看，专业知识和技能仍然是影响大学生就业的重要因素。正如西方学者恩德尔斯所言："专业人员和专家在社会中正在变成更为重要和有影响的群体。"一些研究也表明，找到和保持一个好的工作，专业的知识和技能是十分重要的，没有专业知识和技能的人大多只能被迫从事没有技能的简单劳动。在经济衰退时期，那些最早被解雇的员工往往是那些没有足够的专业知识的人或仅有过时专业知识的人。可以说，专业知识和技能能够为大学生将来的职业发展奠定良好的基础。

1. 培养和增强对专业的兴趣

专业兴趣是指一个人喜爱某一专业，它是一种专业选择与态度方面的倾向。在我国目前的社会状况下，由于不同的职业间社会地位和收入差异较大，再加上高考制度的影响，有相当一部分的大学生所学的专业并不是自己最感兴趣的。这也就造成了这些大学生对专业学习缺乏热情，投入的精力不足，每天都在混日子，应付老师，也应付家长和自己。在他们看来，学习成绩好坏不重要，只要能拿到毕业证就行。这样做的结果，就是白白浪费了大学美好的学习时光，更耽误了自己的前程。

兴趣是最好的老师，每个人都会对自己感兴趣的事物给予更多的关注，并从中感到愉悦、轻松、充满乐趣，表现为积极而且自觉自愿的正面情绪。因此，对本专业的兴趣对大学生的学习和将来的职业发展都是至关重要的。兴趣是可以培养的，在学习这个专业之前，你可能对这个专业缺乏兴趣，但是通过学习、了解和体会，会慢慢增强对专业的兴趣，从而增加学习的动力。

培养和增强专业兴趣的途径和方法有很多，主要包括以下几个方面：

（1）重视课堂学习。课堂是大学生进行专业知识学习的主阵地。课堂学习是一种高效率获取知识的学习途径。

（2）接受专业兴趣熏陶。在校学习期间，积极参加学校、学生会组织的专业兴趣小组、社团、协会等，通过参加专业活动更加全面地了解专业、熟悉专业，从而进一步喜欢自己的专业。

（3）开阔专业视野。充分利用图书馆、网络资源，以及参加各类专业知识讲座、参与企业实训实习的机会，更全面、更广泛、更深入地了解专业的发展状况及国内外的最新研究成果，通过对专业发展前景的了解，激发自己对专业学习的兴趣。

（4）获得专业成就。在学习过程中，多参加职业技能比赛、技艺展示等活动，让自己利用专业技能取得成绩，获得心理上的满足感，从而提升对专业的兴趣。

2. 提高专业技能

专业技能是指将所掌握的专业理论知识综合运用于实践的能力。

"行是知之始，知是行之成。"专业知识只有转化为实践能力并在工作中表现出来，才能发挥作用。首先，要认真学习文化知识和专业理论知识，因为文化知识和专业理论知识是专业技能的基础。其次，只有书本知识，而动手操作能力差的毕业生是不受用人单位欢迎的。知识的转化需要实践，因此，在学好文化课和专业理论课的基础上，大学生应充分利用实习、实验、实训的机会，有意识地锻炼自己，从而将理论知识转化为实践动手操作能力。另外，还要多实践、勤思考、善总结，努力培养自己分析问题和解决问题的能力。

 经典案例

招聘会上，毕业生小何没有像一般求职者那样忙着递交简历，而是向招聘人员咨询："请问，贵单位需要做什么工作的人？"招聘人员回答："我们需要产品设计的实物绘图人员，就是将研发人员设计的草图或设计思想，用三维图形表现出来，以便有关领导决策。"小何想了想，又看了看招聘人员使用的计算机问道："您的计算机中有没有绘图软件？"招聘人员点了点头。"能不能让我试试？"小何诚恳地问道。得到了肯定的答复后，小何开始在计算机上操作。他的头脑中呈现出了在实习工厂做过的一个产品的三维图，所以很快就在计算机上绘制出了一个加湿器的三维图。招聘人员开始微笑着询问小何的姓名、毕业的学校、所学专业、在哪些地方实习过……小何递上了简历，招聘人员表示，欢迎小何到他们企业工作，并介绍了企业的业务前景、交通环境、人员结构、工资待遇等情况。小何为自己受到赏识而高兴，表示愿意在适当的时间到单位看看，如果双方满意，可以签订协议。于是，小何在与招聘人员互换了联系方式、约定了联系时间后，有礼貌地告辞了。

【案例分析】

大学毕业生要想受到用人单位的青睐，不仅要具有一定的理论和科学知识素养，而且需要具有把理念、想法、决策等转化为物质形态的产品的能力。

（二）培养综合素质

综合素质是指专业知识和技能之外的素质，是从业人员取得事业成功必须具备的基本能力，是一种超越具体职业和岗位、对人的终身发展起着重要作用的能力，是人们在教育或工作等各种不同的环境中培养和发展出来的、从事任何职业都必不可少的能力。

1. 决策能力

决策能力就是对未来行为目标的决断和选择的能力。良好的决策能力可以实现对目标及其实现手段的最佳选择，可以少走弯路、少犯错误，以较小的代价取得进步和成功。对于即将毕业的大学生来说，他们面临求职择业的种种问题，别人的意见和忠告各种各样，何去何从，最终要靠自己做决定。显然，这是对自己决策能力的一次考验。在未来的工作中，各种问题及其变化都需要自己迅速做出反应，及时予以处理，因此，培养自己的决策能力是非常重要的。

培养决策能力要从日常小事做起，不要事事请别人为自己拿主意，要养成多谋善断的习惯。这样日积月累，今后遇到重大事情时，才不至于无所适从。

2. 创新能力

创新能力是在多种能力发展的基础上，利用已知信息，创造新颖独特且具有社会价值的新理论、新思维、新产品的能力。它是一种综合性的、高层次的思维能力和行动能力。从社会角度来讲，经济的发展、科技的进步离不开发明创造；对个人来说，成功成才依赖于发明创造。用人单位需要具有创新能力的大学毕业生，创新能力包含多方面的内容，如强烈的好奇心，细微的观察力，勇于探索的精神以及提出问题、分析问题、解决问题的能力等。大学生要自觉地培养自己的这些能力，为走上工作岗位后进行创造性的工作打下坚实的基础。

3. 适应能力

现实社会常常不尽如人意，错综复杂、千头万绪的现实生活常常使刚刚步入社会的大学毕业生很不适应。他们面对现实生活中的消极现象往往产生不安、不满的情绪，这对其职业发展是极其不利的。适者生存，生存下来才能够发展。大学毕业生只有注意培养自己适应社会的能力，走向社会后才能尽可能地缩短自己的适应期，充分发挥自己的聪明才智。

一个人适应社会的能力是其基本素质、能力的综合反映，适应社会能力与其思想品格、知识技能、活动能力、创造能力、人际交往能力以及健康状况等密切相关。一般来说，一个素质比较高、各方面能力比较强、身心健康的大学毕业生走上社会后，很快就能适应环境、适应工作，即使是在比较困难的条件下和比较差的环境中，也能通过自己的努力取得好的成绩，或者变不利的环境为有利的环境。

对社会和环境的适应，是主动、积极的适应，不是消极的等待，更不是对落后、消极现象的认同。适应要同发展结合起来，如果只讲适应，不思进取，社会和个人都得不到进步。

4. 实操能力

实操能力是专业工作者必须具备的一种实践能力。在现实生活中，大学生实际动手操作能力的强弱，将直接影响到其自身作用能否发挥。所以，大学生应克服注重理论学习、轻视实践操作的倾向。

一个人操作能力的水平主要体现在操作的速度、准确性和灵活性三个方面。大学生要提高自己的动手操作能力，关键在于多看、多练。多看、多接触就可以掌握一些基本的操作程序和方法，多练才能真正提高自己的动手操作能力。毕业生如果在实际操作上掌握一个或几个过硬的本领，一定会受到用人单位的青睐。

5. 表达能力

表达能力是指运用语言阐明自己的观点、意见或抒发思想、感情的能力。它包括口头表达能力、文字表达能力、数字表达能力、图示表达能力等几种形式。对于大学毕业生而言，表达能力的重要性是不言而喻的，在求职面试的时候就会对此有深切的体会。求职材料的撰写、各种材料的组织、面试时的交谈表达等，其中的每一个环节都需要较强的表达能力。

6. 交往能力

交往能力实际上就是与他人相处的能力。社会上的人际关系不像学校中的同学、师生关系那样简单。大学生步入社会后，要与形形色色的人发生这样或那样的关系。如何正确、有效地处理与协调职业生活中人与人的各种关系，不仅影响一个人对环境的适应情况，而且影响其工作效率、心理健康状况和事业的成败。大学毕业生在刚刚走上工作岗位时，由于阅历不深、缺少经验，往往在各种错综复杂的关系面前茫然无措，苦于无法适应，常常感叹"工作好干，关系难处"。因此，大学生自觉培养良好的人际交往能力就显得尤为重要。

7. 组织能力

尽管不是每个大学毕业生都会从事组织管理工作，但是每个人在未来的工作中都会不同程度地需要组织管理才能。现代社会中，组织管理能力不仅是领导干部、管理人员应当具备的，其他专业人员也应具备。即使一心做科研的科学家，在负责一个科研项目时，也需要利用自己的组织管理能力把所有科研人员的积极性调动起来，把大家的智慧激发出来。随着时代的发展，纯"书生型"的人才已不能适应社会的需要，不论哪个专业的毕业生，都必须既有精深的专业知识，又有一定的组织管理能力，这不仅是顺利就业的需要，更是职业生涯发展的需要，是时代的客观要求。

子任务三 职场人际关系处理

一、与上司相处

（一）做好下属的本分工作

牢记忠诚和责任。忠诚是下属的本分，也是在职场中获得良好生存和发展空间的前提。忠诚意味着自觉维护上司的权威，服从上司的指示和安排，诚恳地接受上司的批评和建议；竭力做好自己分内的工作，在工作上与上司密切配合，在人际交往中尊重和理解上司。责任则是做好本职工作的基本态度。社会学家戴维斯说："放弃了自己对社会的责任，就意味着放弃了自身在这个社会中更好的生存机会。"责任就是对自己所负的职责的忠诚和信守，既然选择从事一种职业，选择了一个岗位，就必须接受它的全部，包括批评和指责，因为这本就是工作的一部分，不能仅追求享受工作带来的种种益处。

（二）维护上司的声誉

维护好上司的声誉是处理好与上司关系的关键。上司之所以是上司，一定会有他的独特优势。下属无论在公开场合还是私下场合，都要多讲上司的长处，帮助上司树立威信，维护其良好声誉。这样能够获得上司更多的信任。

（三）了解上司的个人习惯和喜好

初入职场，对上司的喜好要用心观察，不能莽撞行事。多了解上司的工作经历、个性、喜好，以此来预判上司的心境和期望。这样的下属往往容易受到上司的青睐和倚重。

（四）与上司的个人关系要适度

无论在什么时候，无论在哪里，上司永远是上司。与上司过分亲密，一方面容易使上司觉得不安全，有负担；另一方面容易引起同事的不信任，可能导致他们与自己对立。不能将事业建立在与上司亲密的个人关系上，这是十分脆弱和危险的。另外，即使你们的关系很亲密，也要注意对上司有起码的敬畏和尊重。

 经典案例

小宁参加工作还不到一年。一次，她听同事说某经理在会上批评她工作不认真，觉得很委屈，就想找经理谈谈自己到底存在哪些问题。她没有与经理预约就直接走进其办公室，第一句话就是："我听说您在会上批评我工作不认真，我想问您我存在哪些问题？"经理非常生气："我没说过这话，谁说的，你把他找来。"结果自然是不欢而散。

【案例分析】

如果小宁注意沟通方式，从汇报工作的角度，了解经理对自己的工作评价，再请经理指出自己今后努力的方向，就能达到较好的沟通效果。

二、与同事相处

在职场，与同事相处的时间一般会占据一天的三分之一，甚至更多。如果和同事的关系不好，工作中就很难得到他们的配合和支持，所以，与同事相处得如何会对自身工作效率以及工作认同感产生很大的影响。

（一）严以律己，宽以待人

在办公室里与同事相处久了，对彼此之间的优点、缺点、兴趣爱好、生活习惯都有了一定的了解。作为同事，我们没有理由要求同事的喜好与自己一致，要学会宽容地对待他人。

（二）相互尊重

与同事发生误解和争执的时候，一定要换个角度，站在对方的立场上思考，多尊重对方，不要因为一时冲动揭其隐私。任何的背后议论和指桑骂槐，最终都会在贬低对方的过程中也破坏自己的形象。我们对待同事要诚挚、热情，以自己对他人的尊重换取他人对自己的尊重。

（三）珍惜情谊，相互谦让

因性格、兴趣、能力等因素，同事在工作的过程中往往会产生友谊。同事之间需要友谊，友谊可以温暖心灵，可以营造轻松愉快的工作氛围，从而提高工作效率。同事之间缺乏友谊，大多是因为没有真心地对待这份情感。如果彼此间真诚相待，相互了解，相互谦让，慢慢就会理解和接受对方思考问题的方式和价值观，从而减少不必要的冲突、误会。

（四）保持一定距离

同事之间的关系有时是很微妙的。在职场，同事应当保持一定的距离，不论私底下关系如何，但凡涉及工作，应当对事不对人，讨论或决策时应慎重地支持。支持意味着接纳他人的观点和思想，而一味支持只能导致盲从，也会产生拉帮结派的嫌疑，影响单位决策层的信任。

三、与下属相处

职场中的每个人虽然在职位上有差异，但人格上是平等的。在下属面前，领导应展现人格魅力与平易近人的工作作风，从而形成良好的工作关系。

（一）了解下属，帮助下属

在工作中了解下属、帮助下属其实是在帮助自己。了解下属是上级与下级相处的基本前提。了解下属的生活状态、心理需要及发展需要，积极理解他们，帮助他们，这样下属的积极性才能发挥得更好，工作就会完成得更出色，也让自己获得更多的尊重，树立起开明的形象。而聆听更能体会到下属的心境，了解工作中的情况，为准确反馈信息、调整管理方式提供了依据。美国一家著名公司的负责人曾表示：当管理者与下属发生争执，而管理者不耐心聆听、疏导，以至于大部分下属不听指挥时，首先他要处理的是把管理者换掉。

（二）尊重、信任与适当地授权

上下级之间应当相互尊重，在发生误解和争执的时候，要多做反思，换位思考。同时，对待所有下属一定要一视同仁，公平公正，这样才能获得下属的敬重，才能更好地调动员工的积极性。在工作的过程中需要适当地放权，避免下属因为能力得不到发挥、信任感得不到满足而产生工作隔阂和不满。上级越是信任下级，就越愿意授权给下级；被授权越多，下级就越尊重上级。这样的上下级关系才能有效地促进工作的开展，进入良性循环状态。

3. 有担当，有肚量

在工作中，对下级做得对的地方要给予肯定和支持；当下级出现工作失误时，只要不是原则性问题，应宽容对待，不要一棒子打死，不给下级改正的机会和空间。对自己做得不对的地方要敢于承认，对于自己授权给下级的工作要敢于对下属负责并承担责任。

四、与合作伙伴相处

在竞争激烈的现代社会中，合作伙伴对你的工作十分重要，伙伴多了意味着你业绩的增长，很多成功人士都是社交的高手。

（一）广泛结交

一个人很少会在同一个单位终其一生，大家都必须不断地找工作、找生意、求生存。因此，每个人在工作和生活中都会遇到这样或那样的难题，正所谓"朋友多了路好走"，所以，在工作中多交一些朋友很有必要。有时，张三可以帮你解困，李四可以帮你排忧，你感到难办的事，朋友却能帮你处理得很好。

（二）持久联络

我们虽在职场中，但也不能过于势利。因此，空闲的时候给曾经的工作伙伴打个电话、发个微信，哪怕只是只言片语，他们也会心存感激。你可以借助与工作伙伴、老乡、同学共同的业余爱好而建立自己的社交圈。

五、与竞争对手相处

工作中存在着许多复杂的利益关系，所以在职场中你会碰到许多竞争对手。许多人对竞争者四处设防，有的还会在背地里给人下套。这种尔虞我诈的人际关系，只会让人与人之间越来越冷漠，导致工作无从开展。

俗话说得好："没有永远的敌人，也没有永远的朋友！"在一个团队里，每个人的工作都很重要，任何人都有自己的优势和长处。当你超越对手时，没必要小瞧人家，别人也在努力上进；当人家跑得比你远时，你也不必心存芥蒂，因为工作是大家团结一致努力的结果，每个人都流下了汗水。无论对手如何使你难堪，千万别跟他较劲，先静下心来干好手中的工作，以出色的业绩彰显自己的实力。

总之，人际关系是现代社会发展中不可或缺的一种资源，良好的人际关系可以为我们的工作及职业生涯创造一个广阔的发展空间。

课后拓展

人际交往能力测试

人际交往能力指的是与人打交道的能力。人际交往能力强的人一般比较善于交际，与朋友、同学和周围的人接触面很广，对与人打交道的事情比较感兴趣，具有很强的人际沟通潜力。本测试共有 30 道题，请仔细阅读每一个题目，根据自己的实际情况在相应的题目后画"√"。

测试题目	符合	不符合
1. 不管别人有没有要求，你都主动提出建议，告诉别人应当如何去做。		
2. 你经常与朋友津津有味地谈起一些他们不认识的人。		
3. 对自己种种不如意的事情，总喜欢找别人倾诉。		
4. 你常常在别人没有提出要求的情况下，主动表达你的观点。		
5. 和朋友一起外出娱乐、吃饭时，你希望各付各的钱。		
6. 你经常许诺但不兑现。		
7. 你为自己绝对直言而自豪。		
8. 当别人谈到你不喜欢的话题时，你就不说话了。		
9. 当他人在融洽地交谈时，你会贸然出现。		
10. 别人交谈时，你愿意打断他们的谈话内容。		
11. 你觉得独自一人吃饭是一种享受。		
12. 不到每个人都疲倦时，你不会告辞。		
13. 购物或乘车时，如果售货员或售票员态度不好，你会非常生气。		
14. 你不能准确地表达自己的想法，容易被人误解。		
15. 当别人谈到自己的时候，你首先觉得讨厌。		
16. 你不想知道别人在想什么。		
17. 你不想与不能帮助自己的人来往。		
18. 你认为与不懂道理的人谈话等于对牛弹琴。		
19. 你认为人的言行有两面性，不能只看表面。		
20. 听别人自我夸耀时，你觉得无聊。		
21. 有时听别人说话时，你很快就能抓住自己所需要的内容。		
22. 你总是先向别人问好。		

测试题目	符合	不符合
23. 别人说话时，你总想插嘴。		
24. 你觉得反正说了也没用，所以干脆谁也不理。		
25. 和人交往时，你总是处于被动状态。		
26. 你常常无法与别人搞好关系。		
27. 你生气时就爱挑对方的毛病。		
28. 在匆忙的路上，别人向你打招呼："你好啊！"你会停下脚步，与其交谈。		
29. 你对人常怀有恶意。		
30. 讲述一件事情时，你会把每个细节都讲出来。		

【评分方法】

凡在 1、2、3、5、6、7、8、9、10、11、12、13、14、15、16、17、18、20、23、24、25、26、27、29、30 题目中选"不符合"的各记 1 分，选"符合"的不记分；在 4、19、21、22、28 题目中选"符合"的各记 1 分，选"不符合"的不记分。

【结果分析】

分数越高，说明你的交往能力越强。

1. 总分为 24～30 分，人际交往能力非常强。

2. 总分为 18～23 分，人际交往能力较强。

3. 总分为 12～17 分，人际交往能力不强。

4. 总分为 11 分及以下，人际交往能力很差。

参考文献

[1] 李斌. 大学生职业发展与就业指导 [M]. 北京：科学出版社，2020.

[2] 贾国江. 大学生职业生涯规划 [M]. 北京：北京师范大学出版社，2019.

[3] 张金明. 大学生创业与就业指导 [M]. 北京：电子工业出版社，2019.

[4] 马力，刘康宁. 大学生职业生涯规划 [M]. 上海：同济大学出版社，2019.

[5] 柳欣. 大学生职业规划与就业指导 [M]. 北京：清华大学出版社，2019.

[6] 黄必义. 大学生职业发展与就业指导教程 [M]. 2 版. 北京：高等教育出版社，2021.

[7] 杨道远，邓剑虹. 大学生职业发展与就业指导 [M]. 3 版. 北京：中国人民大学出版社，2021.

[8] 戴艳，吴乐央. 大学生职业生涯规划 [M]. 3 版. 北京：高等教育出版社，2019.

[9] 孙巍. 大学生职业生涯规划 [M]. 北京：人民邮电出版社，2019.

[10] 曹敏. 大学生职业发展与就业指导 [M]. 北京：高等教育出版社，2021.

[11] 杜学森. 职业发展与就业指导 [M]. 北京：北京理工大学出版社，2019.

[12] 张德琦. 大学生职业生涯规划 [M]. 北京：化学工业出版社，2020.

[13] 常栩雨. 大学生职业生涯规划与就业指导 [M]. 北京：北京师范大学出版社，2021.

[14] 文峥嵘，叶蓉. 大学生基本职业素养 [M]. 北京：北京师范大学出版社，2021.

[15] 刘岳，王蕊. 大学生职业发展与就业指导 [M]. 南京：南京大学出版社，2020.